Ray Nolan

Das
NOSTRADAMUS
Testament

Prophetie oder Botschaft
aus der Zukunft?

Wilhelm Heyne Verlag
München

HEYNE SACHBUCH
19/636

Die komplette Ausgabe (inklusive Originalfaksilime und Übersetzung)
des Autors Ray Nolan ist bei Langen Müller Herbig erschienen.

Umwelthinweis:
Dieses Buch wurde auf chlor- und säurefreiem Papier gedruckt.

Taschenbuchausgabe im Wilhelm Heyne Verlag GmbH & Co. KG,
München
http://www.heyne.de
Copyright © 1996 by Langen Müller in der F.A. Herbig
Verlagsbuchhandlung, München
Bildnachweis: Alle Abbildungen stammen aus dem Archiv des
Verfassers.
Umschlaggestaltung: Atelier Bachmann & Seidel, Reischach
Satz: DTP/Walleitner
Druck und Verarbeitung: Pressedruck, Augsburg

ISBN 3-453-14858-4

*Der Schlüssel mag nun offenliegen,
aber ich habe nie verstanden,
wie das, was ist, so werden kann,
wie es sein wird.*

*Der Generation nach Klemens XV.
gewidmet,
denn sie wird verstehen,
was ihre Väter gerade erst zu lernen
beginnen . . .*

Ray Nolan

.1.5.95.

Pardon, Sorry, Entschuldigung!

In diesem Buch werden eine Menge vorangegangener Veröffentlichungen anderer Autoren (die meisten nahmen für sich in Anspruch, den jahrhundertealten Nostradamus-Schlüssel geknackt zu haben) ad absurdum geführt. Es war jedoch niemals meine Absicht, die Leistungen und oft jahrelangen Bemühungen und Forschungsarbeiten früherer Nostradamus-Experten zu schmälern oder zu kritisieren. Ich hielt es vielmehr für meine Pflicht, durch das Offenlegen der unzähligen, oft unterschiedlichsten Deutungen, Übersetzungen und Schlüssel auf die Vielzahl von Möglichkeiten hinzuweisen, das Nostradamus-Werk zu interpretieren und daraus möglicherweise falsche Schlüsse zu ziehen.

Meinen Ausführungen liegt eine Idee zugrunde, welche es notwendig machte, künftigen Generationen ein klares Bild über die bis heute herrschende Hilflosigkeit beim Entschlüsseln und Verstehen des Nostradamus-Werkes zu vermitteln, wobei sich der Autor des vorliegenden Buches »Das Nostradamus-Testament« nicht ausschließt.

Zu demonstrieren, wie falsch wir alle mit dem Entschlüsseln der Prophezeiungen des Sehers Michel Nostradamus lagen, wurde somit zu einer Notwendigkeit. Es galt, aufzuzeigen, wie wichtig es ist, durch »künftige Hilfe« ein Ausufern der Millionen Deutungsmöglichkeiten zu verhindern, damit die Bestimmung des Werkes nicht gefährdet wird und es seine ihm zugewiesene Zeit durch ein neu aufflackerndes Interesse an den Voraussagen erreicht.

Ich entschuldige mich daher in aller Form bei den zitierten Autoren und bedanke mich auf diesem Wege gleichzeitig für die Hilfe, die mir aus der Vergangenheit, Gegenwart und der Zukunft zuteil wurde . . .

Ray Nolan

Inhalt

Lieber Nostradamus! 12

1. Kapitel
Die Gänsehaut-Chronik des Michel Nostradamus 17
Wahrheit, Dichtung, Interpretation 17
Goebbels und der verrückte Chinese oder:
10 Autoren – 10 Deutungen 21
Entscheidungsschlacht, islamische Invasion
oder Dritter Weltkrieg? 28
Gibt es einen Nostradamus-Schlüssel? 34

2. Kapitel
Mit einem Fuß auf dem Scheiterhaufen 38
Eine ungewöhnliche Planeten-Konstellation 38
Scharlatan oder Prophet? 44
Eine erstaunliche Biographie 53
Fuchs oder Prophet? 65

3. Kapitel
Verflucht, wer meine Ruhe stört! 71
Adolf Hitler und die Vorsehung 72
Ein folgenschwerer Irrtum 75
Die geheimnisvolle Buchstabentabelle 78
Zwischen den Zeilen – das Leseraster des Sehers 79
Alles nur Zufall? 82
Die geheimnisvolle Schlüsselzahl 90

4. Kapitel
Das 2. Jahrtausend: Chronik des Schicksals 97
Prophetie oder niedergeschriebene Geschichte? 108
Die islamische Revolution 111
Nostradamus über den Untergang der »Titanic« 114
1940 - 1945 Der Holocaust im »Dritten Reich« 116

USA/Irak – der Golfkrieg 1991   117
Wird so der Dritte Weltkrieg ausgelöst?   118
Nostradamus nennt deutlich Hitlers Namen!   119
Nostradamus über den Kennedy-Mord   122
4. August 1962 – Nostradamus über die
Kennedy-Monroe-Affäre   126
Stirbt Papst Johannes Paul II. in Lyon?   127
Jäger oder Gejagte – Wer sind die Opfer?   129
USA/Japan 1941 – Der Überfall auf
Pearl Harbor   131
Wie ein Blitz aus heiterem Himmel naht die
Katastrophe   133
Rechtsradikaler Terror und Anschläge auf
Ausländer-Wohnheime   136
USA, 14. April 1865: Abraham Lincoln wird
erschossen   139
1957 – Der Griff nach dem Weltraum und der
erste Schritt zum vereinigten Europa   140
Der Tod wird zum Tag der Geburt   141
Erinnern Sie sich noch? Diana, Goebbels und
der verrückte Chinese   143
Stunde Null – Wenn die Welt im Sterben liegt   148
Alles noch einmal? London in Schutt und Asche   149
USA, 26. Februar 1993 – Bombenanschlag
trifft den sensiblen Puls der US-Finanz- und
Wirtschaftswelt   151
Südamerika/Paraguay: Land mit Zukunft oder
Aufruhr und blutige Revolutionen?   154
Wieder Krieg in Deutschland?   157

5. Kapitel
Mit besten Grüßen aus der Zukunft   **161**
Die Grenzen des Möglichen   166
Besucher aus dem All?   170
Der Zeit-Kick: In einer Sekunde
durch die Ewigkeit?   185

Kommt Nostradamus aus der Zukunft? 189
Der Glücksritter, der alle verblüfft 195

6. Kapitel
»Zerstört den Regenbogen nicht!« **201**
Der 1. Nachlaßbrief des Michel Nostradamus:
Erste Übersicht für die Zeit von 1913 bis 2012 214
Das Ende des 2. Jahrtausends und der
Beginn der neuen Epoche 1994–2017 218
Planet Erde – Der Mensch und seine Umwelt 240
Die Vierzeiler 4/28 bis 4/33 246

7. Kapitel
Daten, Fakten, Namen:
Der geheimnisvolle Nostradamus-Schlüssel **253**
Die erste wichtige Regel für Ihre Berechnungen 256
Der Nostradamus-Schlüssel – Spannender als ein
Krimi! 257
Die Nostradamus-Trickkiste – Ein Wort über »pi« 282
Lehrbeispiel Vers 3/77 284
Erklärungen zu den Vierzeilern im 4. Kapitel 292
Teilweise entschlüsselte Textversion des
Nachlaßbriefes an Sohn Cäsar 305

Ausklang **309**

Merke Dir, Freund: Jede Prophezeiung eines Weisen
ist besser, als ohne Halt und ohne eine Linie dahinzuleben!
Rein nüchtern betrachtet, wäre Dir natürlich gesichertes
Wissen lieber,
entsetzlich aber, wenn drei, vier Dinge sich tatsächlich er-
füllten!
Ob Du dann immer noch nach dem Fünften gierst . . . ?

Agrippa von Nettesheim

Lieber Nostradamus!

Sich hinzusetzen und an jemanden zu schreiben, der vor mehr als 400 Jahren einen ausgeprägten Hang an den Tag legte, die Menschheit mit seinen düsteren Prophezeiungen zu schockieren, ist doch schon eine recht merkwürdige Sache. Erst jetzt, kurz bevor mein Buch fertig ist, schreibe ich diesen Brief an Dich, Nostradamus, der Du von heute ab vor 431 Jahren, 2 Monaten und 17 Tagen verstorben sein sollst. Ich habe bewußt und mit voller Absicht diese Formulierung gewählt, die hier und da sicherlich Anstoß erregen wird. Mein Buch und die Tatsache, daß es nach Dir um die Prophetie recht still wurde, erklären aber vieles . . .
Inzwischen ist es neun Jahre her, daß ich zum ersten Mal in Deinen sogenannten Prophezeiungen las. Völlig fasziniert von dem, was da an Ereignissen und Voraussagen offen dargelegt wurde, klapperte ich die Buchläden ab, um jede erdenkliche Neuerscheinung zu kaufen oder zu bestellen. Nach dem vierten Buch wurde ich schon ein bißchen unruhig. Irgendwas in dieser Reihe beeindruckender Interpretationen schien nicht zu stimmen! Dann – etwa nach dem siebten oder achten Buch – war alles ziemlich klar: Im Prinzip konnte niemand etwas mit Deinen Versen anfangen, denn vom ersten bis zum letzten Autor deutete jeder Deine Prophezeiungen vollkommen anders!

Lediglich der erste Brief, der sogenannte »Nachlaßbrief« an Deinen Sohn Cäsar, wies in groben Zügen mehr oder weniger Ähnlichkeiten auf. Ansonsten fehlte in jeder Zeile auch nur die Spur einer übereinstimmenden Deutung. Nun, ab dem Tag dieser Erleuchtung, daß nur in einem kompletten, in sich geschlossenen alten »Original-Nostradamus« die so unzählig auftauchenden Widersprüche Zeile für Zeile geklärt werden könnten, begann sich das Leben Ray Nolans zu ändern. Zunächst klammheimlich, dann massiv!

So war meine neunte Buchanschaffung ein im Privatbesitz befindlicher Nachdruck von 1668 – Wort für Wort eine genaue Kopie der Ausgabe von Lyon, 1568, welche jedoch bei Benoist Rigaud, einem anderen Verleger, erschienen war. Völlig anders als jene Prophezeiungen, die ich bisher gelesen und zunächst als die einzige Wahrheit inbrünstig hingenommen hatte, stieß ich hier, im französischen Original, nun plötzlich auf Voraussagen, die am Ende nichts mit den bekannten Übersetzungen gemein hatten. Unverständliche, kaum begreifbare Texte, aber eben völlig anders als jene, die ich bis dahin kennengelernt hatte!

Das, was bei den Autoren ein U-Boot-Periskop war, entpuppte sich als schlichtes »Auge des Meeres«, und die »ferngelenkten Raketen mit Atomsprengköpfen«, welche angeblich New York zerstören würden, zeigten sich als »Speere und Feuer«, die vom Himmel fallen. Keine U-Boote, kein zerstörtes New York, keine Atomraketen!

So, lieber Nostradamus, fing also alles an. Eigentlich wollte ich nur herausfinden, was Du wirklich gesagt und geschrieben hast, in jener düsteren Zeit, in der Du damals lebtest und die Schergen der Inquisitionstribunale zu fürchten hattest. Was steckt hinter Deinen so merkwürdig formulierten Prophezeiungen . . .? Gibt es überhaupt einen verborgenen Schlüssel, oder hast Du die Menschen Deiner Zeit bis in unsere Epoche hinein einfach nur ausgebluft? Wer, Nostradamus, warst Du – ein überragendes Genie, ein Weiser, ein Scharlatan?

Und noch eine Frage, die zunächst etwas absurd klingt: Bist Du, der diese Voraussagen niedergeschrieben hat, tatsächlich im Jahr 1566 gestorben, oder wirst Du erst noch geboren werden? Wo liegt die Wurzel Deiner Voraussagen, die ich jetzt, da ich an dem so wohlbehüteten Schatzkästlein Deines Schlüssels gekratzt habe, nur noch ungern als »Prophezeiungen« bezeichne? In der Vergangenheit, in der Zukunft, oder irgendwo zwischen den Zeiten...? Wenn man im dechiffrierten Text den Namen »Hitler«, die Daten vom Untergang der »Titanic« oder jene vom Aufreißen der Ozonschicht findet, dann – so denke ich – ist eine solche Frage durchaus berechtigt.

Wo, lieber Nostradamus, steuern wir hin, mit all unserem Fortschritt und Erfindungsreichtum? Nähern wir uns dem Chaos oder dem Paradies? Wäre es richtiger gewesen, zu schweigen, statt Teile des Schlüssels bekanntzugeben? Soll man etwa wieder vergraben, was ans Tageslicht gebracht wurde oder – wie Du – in dunklen, kaum verständlichen Worten sprechen? Leider, mein Freund, lehrtest Du mich nicht, mit einer solchen Bürde umzugehen...

Es scheint, daß wir heute in jener Epoche leben, wo sich die Wissenschaften mit Riesenschritten jenem Punkt nähern, den Du die »Zerstörung des Regenbogens« nanntest. Aber was ist zu tun? Kann man am Rad der Zeit drehen, Schicksal spielen, oder sogar die Zukunft manipulieren?

»Es steht geschrieben...«, heißt es, und so, wie es geschrieben steht, haben sich von jeher die Dinge erfüllt. Sind Prophezeiungen dann vielleicht nichts anderes als niedergeschriebene Geschichte? Und könnte es nicht sein, daß wir seit Tausenden von Jahren das sagenumwobene »Atlantis« suchen, ohne zu merken, daß wir selbst auf diesem hochexplosiven Pulverfaß leben? Wann wird der Mensch endlich begreifen, daß der Ursprung allen prophetischen Wissens in seiner eigenen Zukunft liegt?

Hilf mir dabei, lieber Nostradamus, die Dunkelheit zumindest etwas zu erhellen! Gib einige Daten frei, damit zumindest ein paar Verantwortliche dieser Welt ihre Chance erhalten, zu erkennen, daß das, was in unserer Zeit als »Prophetie« nur noch belächelt wird, in Wirklickeit auf dem starken Fundament niedergeschriebener Ereignisse basiert, die für die Menschen Deiner Zeit schon längst zur abgehakten Geschichte gehören.

Zugegeben, es ist nur ein Versuch, aber vielleicht auch unsere allerletzte Chance, aus Sodom und Gomorra doch noch ein Paradies werden zu lassen …

Mit den herzlichsten Grüßen aus meiner Zeit,

Ray Nolan

Denn nichts ist verhüllt, was nicht enthüllt wird,
und nichts ist verborgen, was nicht bekannt wird.
Was ich Euch im Dunkeln sage, davon redet am hellen
Tag,
und was man Euch ins Ohr flüstert, das verkündet von den
Dächern!

Matthäus 10/26

1. Kapitel

Die Gänsehaut-Chronik des Michel Nostradamus

Wahrheit, Dichtung, Interpretation

Geheimnisvolles, Unbegreifliches faszinierte von jeher die Menschen, und daran hat sich bis heute wohl kaum etwas geändert. So gesehen war der Erfolg des »Sehers« Michel Nostradamus bereits mit der Veröffentlichung seiner ersten prophetischen Bücher im Jahr 1555 garantiert. All das, was auch heute nicht aus den Medien fortzudenken ist – spannende Action, Mord und Totschlag, nervenkitzelnde Intrigenspielchen, Geschichten um Geld, Liebe, Macht und Abenteuer – dies alles findet sich als geballte Ladung in seinem inzwischen jahrhundertealten Werk wieder. Aber – und das ist es, was beim Lesen unvermeidlich eine Gänsehaut verursacht – , die zwölf Kapitel seines Buches sollen die komplette Menschheitsgeschichte widerspiegeln – beginnend mit dem Jahr 1555 und hineinreichend in eine weit vor uns liegende Zukunft.

Von seltsamen Kreaturen ist da die Rede, von mehrköpfigen Monstern und von Kindern, welche mit »zwei Zähnen im Rachen« geboren werden; von Epidemien, Seuchen, Vernichtungskriegen und von Fischen, die in den Flüssen kochen. Mißgeburten regieren die dezimierte Menschheit, Herrscher bringen sich gegenseitig um, und Wesen, halb Mensch, halb Schwein, erscheinen am Himmel . . . Düstere Aussichten für unsere Zukunft, denn kaum eine dieser gruseligen Erscheinungen gab es bisher auf dieser Welt; sie müßten uns also – das ist die logische Konsequenz – in naher oder in geraumer Zukunft das Leben zur Hölle machen.

Waren es zunächst nur kleine, den drucktechnischen Möglichkeiten früherer Jahrhunderte entsprechend per Hand gefertigte Auflagen, die einem überschaubaren Leserkreis zur Verfügung standen, so finden Nostradamus-Bücher inzwischen ein Millionenpublikum! In der Tat ist es schwer, sich der Faszination der in düsterer Sprache formulierten Prophezeiungen zu entziehen. Einer Sprache, so schreibt Michel Nostradamus, die notwendig sei, um den Fortbestand seines Werkes durch die Jahrhunderte zu sichern. Eine klarere Sprache, folgert er, zöge die Vernichtung seiner Voraussagen nach sich. Diese jedoch sollten »Eingeweihten« bis ins Jahr 3797, dem Ende seiner Prophezeiungen, zur Verfügung stehen.

Um »Ungebildete, Toren, Astrologen und Barbaren« vollends zu verwirren, habe er, Michel Nostradamus, nicht nur eine dunkle, ja biblische Sprache gewählt, sondern auch die chronologische Einordnung der mehr als 1100 Verse unmöglich gemacht. Die zeitliche Reihenfolge sei völlig durcheinandergewürfelt und nur mittels eines okkulten Schlüssels richtig zu ordnen.

Was dem Leser bleibt, ist dumpfes Brüten über unverständlichen Texten, die sich – bei nüchterner Betrachtung – nicht geschichtlich einordnen lassen. Dennoch haben uns unzählige sogenannte Nostradamus-Experten und Autoren in den vergangenen 439 Jahren immer wieder bewiesen, mit welch eleganter Leichtigkeit man die schwammig formulierten Verse jeder beliebigen Epoche zuordnen kann, wenn man nur genügend an ihnen herumfeilt, deutet und manipuliert. Und nur so läßt es sich wohl auch erklären, warum nahezu alle Nostradamus-Autoren bis zum heutigen Tag stets klüger als ihre Leser waren und es immer wieder verstanden, all das in präzisem Klartext niederzuschreiben, was einst in einer Sprache ersonnen wurde, die selbst in der Zeit des Nostradamus niemand enträtseln konnte.

Ein Spaziergang durch den blühenden Garten ehemaliger und aktueller Nostradamus-Literatur legt schonungslos offen, was keiner der Autoren eigentlich wahrhaben möchte: Die überlieferte Textform läßt sich ohne einen Schlüssel weder durch ihre textliche Aussage noch irgendwie anders chronologisch einordnen oder klar deuten, was jeder Spekulation Tür und Tor öffnet. Die unzähligen verschiedenen Interpretationen gleicher Verse bei verschiedenen Autoren sprechen da eine sehr deutliche Sprache.

Jahrhundertelang baggerten nahezu sämtliche »Nostradamus-Experten« genau an jener Stelle, die der Seher punktgenau für sie bestimmt hatte: an einem geheimnisvoll anmutenden Textgebilde, das erst gar nicht den Gedanken aufkommen ließ, unter ihm schlummere vielleicht ein tiefes Geheimnis! Eine hervorragende Idee, die nur einem Zweck dienen sollte: Den Eingang zum wohl faszinierendsten Buch der Menschheitsgeschichte zu tarnen!

Wer sich einmal die Mühe macht, fünfzehn oder zwanzig verschiedene Nostradamuswerke aus den letzten hundert Jahren unter die Lupe zu nehmen, der wird sehr rasch erkennen, daß die sogenannten »Experten« und Nostradamus-Forscher eine stark ausgeprägte Neigung an den Tag legten, ihre (neuen) Versinterpretationen jeweils dem Zeitgeist und Wissensstand ihrer Gegenwart anzupassen. Dadurch wurden zwangsläufig aus einem »Feuer fällt vom Himmel« Fesselballone, später Zeppeline, dann Flugzeuge und schließlich Atomraketen. Ebenso markant zeigt sich der Hang vieler Autoren, bereits bei der Übersetzung der französischen Originaltexte viel eigenes Gedankengut einzubringen, was dem Leser dann häufig als exakte Übersetzung präsentiert wird.

Irgendwo habe ich einmal in einem klugen Buch gelesen, daß wir Menschen immer und zu jeder Stunde darauf warten, daß jemand kommt, der uns sagt, was wir tun und glauben sollen, oder der uns eine eigene Entscheidung abnimmt. In dieser Behauptung steckt viel Weisheit! Auf meinem Schreibtisch liegen auch einige von Bekannten ausgeliehene Nostradamus-Bücher, in denen meine Freunde mit Gelb- oder Rotstiften markierten, welche Textpassagen sie besonders beeindruckt hatten. Und hier waren nicht die verwirrenden Wort- und Satzkreationen des Michel Nostradamus gekennzeichnet, sondern in fast allen Fällen das, was die Autoren als ihre Interpretation dazugeschrieben hatten! Also nicht »Rauch, Feuer, Schwefel fällt vom Himmel«, sondern danach: »Ist dies eine Umschreibung für Panzer, Geschütze und Raketen?« war unterstrichen!

Sollte es uns nicht zu denken geben, wenn wir den Originalversen des »Sehers« (die nur sehr wenige Menschen kennen) weniger Beachtung schenken als dem, was andere aus ihnen herauslesen, hineininterpretieren und uns dann als ihre leuchtende Erkenntnis mitteilen?

Es ist eine unumstößliche, wenn auch traurige Tatsache, daß Nostradamus nicht durch das »verblüffend richtige Eintreffen seiner Prophezeiungen«, wie man immer wieder auf den Bucheinbänden nachlesen kann, berühmt wurde, sondern daß er seinen Ruhm einzig und allein dem Umstand zu verdanken hat, daß er sich ebenso in düsterer Sprache sowie sachlich unklar ausdrückte. Oder noch deutlicher: Nostradamus wurde zum »größten Propheten aller Zeiten«, weil man ihm ständig Dinge in den Mund legte, die er so niemals gesagt bzw. geschrieben hat!

So haben inzwischen auch die präzisen Interpretationen der »Nostradamus-Experten« ihre deutlichen Spuren hinterlassen. Auf meinen Reisen habe ich allein in Südamerika vier deutsche Siedlerfamilien kennengelernt, die nach der Lektüre von Nostradamus-Taschenbüchern ihrem Heimatkontinent ein für allemal den Rücken kehrten, um dem bevorstehenden »alles vernichtenden Dritten Weltkrieg«, oder (im Fall der Familie B. aus dem schwäbischen Raum) um dem »Dritten Antichristen, Michail Gorbatschow, der Europa ins Chaos stürze«, zu entfliehen.

Goebbels und der verrückte Chinese oder: 10 Autoren – 10 Deutungen

Dabei hätte vermutlich der Kauf von drei oder vier weiteren Taschenbüchern den Auswanderern Zeit, Mühen und eine Menge Kosten erspart. Vergleicht man nämlich einmal die Deutungen gleicher Verse bei verschiedenen Nostradamus-Interpreten, wird zumindest eines klar: So präzise deutbar, wie auf den Bucheinbänden immer wieder gerne hervorgehoben wird, scheinen die Voraussagen des alten Propheten gar nicht zu sein.

Insbesondere dann nicht, wenn man gewissermaßen durch die Hintertür, und ohne einen richtigen Schlüssel zu kennen, den Versuch unternimmt, die Verse geschichtlich zu deuten oder einzuordnen!

Der Nostradamus-Vierzeiler, 1. Centurie, Vers 63, behandelt einen relativ einfach lesbaren Text, der sich in nüchterner Übersetzung etwa so liest:

1/63
Die vergangenen Greuel dezimierten die Erde,
lange Zeit der Friede, entvölkerte Welt.
Sicheres Reisen durch Himmel, Erde, Meer & Wellen,
dann entstehen von neuem die Kriege.

Die Übersetzung klingt zwar nicht besonders elegant und etwas holprig, dafür gibt sie aber ziemlich korrekt den Stil wieder, mit dem Nostradamus dereinst seine Verse verfaßte. Was aber machten die verschiedenen Autoren aus diesem Vierzeiler?

Dr. N. Centurio, deutscher »Nostradamus-Experte« der fünfziger Jahre, investierte viel gedankliches Eigengut in seine Übersetzungen, die er leider allesamt ohne den französischen Originaltext vorstellte (Berlin 1953). Vers 1/63 übersetzte er so:

Die Blumen sind verblüht, die Welt wird öder.
Der Friede hat lange nur noch in menschenleeren Gegenden eine
Heimstatt.
Der Herr (Christus) wird wandern durch Himmel, Land und
Meere und über Wogen schreiten.
Dann werden von neuem Kriege geweckt.

Der Franzose Dr. Max de Fontbrune, der als einer der kompetentesten französischen Nostradamus-Forscher angesehen wird, hatte das Pech, einer prosaisch veranlagten Übersetzerin in die Hände zu fallen, die die Originaltexte bis zur Unkenntlichkeit verstümmelte. In der deutschen Ausgabe »Was Nostradamus wirklich sagte« ist unter dem Obertitel »Friede kündet die Endzeit und das Kommen des Herrn an« in Versform zu lesen:

1/63
Nach den Plagen werden die Welt mißhandeln,
Frieden wird zu Himmel, Land und Meer.
Lange Zeit den Erdenball durchwandeln,
Dann richt Mars auf's Neue wieder her.

Fiel der Vers bei Dr. Centurio noch in die Zeit des Dreißigjährigen Krieges, bei Dr. Max de Fontbrune gehört er – äußerst prosaisch und verfremdet – bereits in die (hier zeitlich nicht fixierte) Endzeit unseres Planeten. Völlig anders sieht es hingegen Eberhard Fuchs (»Nostradamus«, Rastatt 1987), der im gleichen Vers »die exakte Beschreibung« der Jahre nach dem Zweiten Weltkrieg herausliest:

Eine exakte Beschreibung der vergangenen dreieinhalb Jahrzehnte seit Kriegsende 1945. Mit den »Plagen« sind die Wirren des Krieges und die Auswirkungen, Zerstörung, Armut und Krankheit gemeint. »Friedlich« bezieht sich auf den Weltfrieden; lokale Unruhen hat es auch in dieser Epoche gegeben. Daß die

»Welt kleiner geworden ist«, empfinden wir selbst im Alltag, wenn wir ein Flugzeug besteigen: eine Stunde Flugzeit von München nach Hamburg, sieben Stunden mit der Concorde von Europa nach Amerika – die modernen Verkehrsmöglichkeiten haben die Länder näher zusammenrücken lassen.

So einfach scheint es zu sein, die Verse des Michel Nostradamus ohne einen Zeitschlüssel deuten und einordnen zu können! Der Haken daran: Jeder Autor siedelt den Vers in einer anderen Zeit an und liest auch völlig unterschiedliche Ereignisse heraus. Wie abenteuerlich die Übersetzungen oder Interpretationen aber auch ausfallen mögen – eines haben fast alle Autoren gemeinsam, nämlich die widersprüchliche Aussage, daß zwar ihre Deutung endlich die richtige sei, daß man andererseits aber nur dann einen Vers exakt deuten könne, wenn man in der Lage sei, mittels eines (bisher noch unbekannten) Schlüssels das entsprechende Jahr zu berechnen. Und trotz dieses krassen Widerspruchs wird immer wieder – ohne Kenntnis eines solchen Schlüssels – an den Versen herumgebastelt, gefeilt und geknetet, um gewissermaßen durch die »Hintertür« die entsprechende Zeit fixieren zu können, eine Milchmädchenrechnung, die niemals aufgeht.

So haben sich in Ermangelung eines Schlüsselsystems, das eine Berechnung von Jahreszahlen für jeden Vers möglich machen könnte, in der heutigen Zeit viele Autoren darauf spezialisiert, in den eigenartigen Wortschöpfungen und Umschreibungen des Sehers eine auf Symbolik gestützte, fragmentarische Sprache zu erkennen. Unverständliche Wörter, aber auch ganz normale Begriffe wie »Rot«, »Blau«, »Regen«, »Tier«, »Galeere« usw. erhalten dadurch einen völlig neuen Sinn. Damit sind den Spekulationen keinerlei Grenzen mehr gesetzt, und eine neue Generation von Pseudo-Sprachwissenschaftlern erhebt sich aus dem Meer von Nostradamus-Interpreten.

Nach Dr. Centurio bedeutet »der alte Vollbart« nichts anderes als »Venedig«, wohingegen mit dem »Wolf« das Land »Italien« gemeint sei. Bei Manfred Dimde ist ein »Kopf« eine »im Weltraum kreisende Computeranlage«, und – so der Autor – mit einem »Speer« meine Nostradamus tatsächlich einen »besonderen Typ Raumschiff«.

Die Karlsruher Juristen Eilenberg und Kraus (»Entschlüsselte Zukunft – gedeutete Vergangenheit«, W. Roller Verlag, 1981) machten aus dem Verklamüsern von Nostradamus-Wortschöpfungen gleich eine ganze Wissenschaft, welche (so der Verlag) »als Meilenstein in der Nostradamus-Geschichte angesehen werden kann«.

Und auch der Deutsche Ernst R. Ernst mauserte sich zu einem recht eigenwilligen Sprachexperten (»Nostradamus – vom Mythos zur Wahrheit«, Wien 1986). Ernst will erkannt haben, daß z. B. der Nennung von Farben, Zahlen, Planeten usw. eine völlig andere Bedeutung beizumessen ist.

Blau steht, so der Autor, für England; Grau symbolisiere den »zum Tode gebückten Menschen und den vom Alkohol Berauschten«, wogegen Rot für »die peinliche Befragung durch Folter (Märtyrer)« stehe. Wer das Pech hat, beim ersten Nostradamus-Kontakt ausgerechnet auf sein Buch zu stoßen (ohne französischen Text), wird mit einem so verfremdeten Werk konfrontiert, daß das Thema Nostradamus ein für allemal abgehakt werden dürfte.

Generell läßt sich über die meisten Bücher dieses Genres sagen, daß dem Leser nur in Ausnahmefällen gestattet wird, sich über Inhalt und Sinn der prophetischen Vierzeiler und Briefe seine eigene Meinung zu bilden. Was man ihm vorsetzt, ist oft eine lauwarme Suppe ersponnener Interpretationen, die in der Regel höchste Anforderungen an die eigene Kritiklosigkeit stellt. Zudem wurden die Verse meist nur auszugsweise, gerade so, wie man sie brauchte oder deuten konnte, vorgestellt.

Geradezu meisterhaft beherrscht das jugendliche Autoren-Duo Eilenberger-Schubert diese Technik. In ihrem Buch »Nostradamus – Zukunftsbilder einer anderen Wirklichkeit«

(München 1993) beweisen die Autoren ausgiebig, daß sie zwar in den Studienfächern Griechische Geschichte und Physik aufgepaßt haben – Französisch aber wohl nicht zu ihren Stärken gehörte.

Aus einem »Auge des Meeres, wegen geizigem Hund« übersetzen sie flugs »Die Periskope der U-Boote suchen das Meer wie Hunde nach Beute ab«. Und da, wo in der korrekten Übersetzung

Pfeiler und Mauern schwach werden, aber wie durch ein Wunder der König und 30 seines Gefolges überleben,

präsentieren Wolfram Eilenberger und Viktor Schubert eine Übersetzung, die dem verblüfften Leser eindrucksvoll demonstriert, welch geniale Voraussagen Nostradamus vor einigen hundert Jahren gemacht hatte:

Eine Explosion zerreißt Mauerteile, Pfeiler stürzen. Der Führer wird wie durch ein Wunder mit 30 Anwesenden gerettet.

Aber – man weiß, daß sich heißes und kaltes Wasser zu lauwarmem vermischt, wenn man es zuvor nicht trennt. Und dies – so die Autoren – träfe auch für die Nostradamus-Verse zu. Denn wie bei der Quantentheorie, könne man nur durch die Verschmelzung zweier Teilbeschreibungen dem Wesen der Vierzeiler näher kommen. Auch – so die Autoren – »wenn man dadurch immer noch ein unvollständiges Bild von der Zukunft erhält.«

Nachdem schließlich Aristoteles, Platon, ja selbst Albert Einstein und seitenlange Referate über die Quantentheorie zur Untermauerung ihrer »Spiegelachsen-These« herhalten müssen, erkennen sie am Ende, wie sehr man doch im Rahmen der Zukunftsinterpretation »auf unseren begrenzten Horizont und die ihn sprengende Phantasie angewiesen ist.«

In den letzten 50 Jahren erschienen meines Wissens nur

zwei Bücher im deutschen Sprachraum, die als Übersetzungswerke (fast) alle Verse der Nostradamus-Centurien vorstellten:

1. Dr. N. Centurio,»Nostradamus«, Berlin 1953 (alle Verse – bis auf vier oder fünf Ausnahmen – ausschließlich in deutscher Sprache, ohne französischen Originaltext). Die, wie der Verlag vorsichtig im Titel schreibt,»zeitnahen Übersetzungen« bilden eine Mixtur aus Interpretationen und Übersetzungen, welche durch angehängte zusätzliche Deutungen keine Fragen offenlassen. Dadurch erfährt man nicht das, was Nostradamus prophezeite, sondern ausschließlich das, was der Autor herauslas und mit einer enormen Trefferquote an Fehlern (Jahreszahlen, Ereignisse) festlegte.

2. Kurt Allgeier,»Die Prophezeiungen des Nostradamus«, München 1988. Der einzige mir bekannte Versuch, den deutschen Übersetzungen die französischen Texte gegenüberzustellen. Die Übersetzungen sind leider durch Bindewörter (besserer Lesefluß) ausgeschmückt, und der französische Urtext wurde bedenklich schludrig und fehlerhaft in Satz gegeben. Zuweilen fehlen ganze Worte, oder die merkwürdige Schreibweise des Michel Nostradamus wurde eigenwillig korrigiert. Als Druckvorlage wurde (lt. Allgeier, Telefonzitat, 1990) eine italienische Nostradamus-Ausgabe benutzt, weil diese »besser zu lesen gewesen sei«. Leider fehlen die Zusatzverse des 7. und 8. Kapitels, sowie sämtliche Verse ab der 11. Centurie (einschließlich aller Sechszeiler und Présages), womit dieses an sich gut gemeinte Werk zwar für Schlüsselknacker wertlos, aber als informatives Nachschlagewerk durchaus empfehlenswert ist.

Immerhin ist es dem inzwischen verstorbenen Dr. N. Centurio zu verdanken, daß das komplette Nostradamus-Werk mit seinen 1166 Versen erstmalig in deutscher Sprache erschien. Daß die Übersetzungen mehr oder weniger gelungene Interpretationen beinhalten, liegt sicherlich auch an der immensen Schwierigkeit, Nostradamusverse überhaupt in eine andere Sprache umzusetzen. Wie schon einmal erwähnt, tun sich selbst die Franzosen schwer, wenn es darum geht, Nostradamus zu verstehen. Wer Unverständliches in eine andere Sprache übersetzen möchte, der wird also kaum umhin können, auch eigenes Gedankengut einzubringen und Sätze so zu formulieren, wie er sie begreift, aber wie sie ursprünglich vielleicht gar nicht gemeint waren.

Um so erstaunlicher ist es, wenn man immer wieder auf Buchtiteln und Einbänden Sätze liest, wie: »Seine präzisen Prophezeiungen haben sich erschreckend bestätigt« oder: »Was der französische Seher wirklich sagte«.

Das, was Nostradamus wirklich sagte, liest sich aber bei den verschiedenen Autoren immer wieder völlig anders! Oder funktioniert es vielleicht doch irgendwie, ohne Zahlenschlüssel, ausschließlich auf Grund der textlichen Aussagen und zumindest bei relativ leicht verständlichen Versen, die Vierzeiler geschichtlich richtig einzuordnen?

Der 28. Vers in der zweiten Centurie (2/28) wurde in der Vergangenheit von verschiedenen Autoren immer wieder gerne zitiert und besprochen. Seine ersten beiden Zeilen sind relativ einfach zu übersetzen.

Die Zeilen 3 und 4 hingegen liefern einen mehr oder weniger konfusen Text, mit dem beispielsweise ein Sprachcomputer wenig anfangen könnte. Der Vers eignet sich jedoch hervorragend dazu, bestimmte Übereinstimmungen bei den verschiedenen Autoren herauszufiltern.

Entscheidungsschlacht, islamische Invasion oder Dritter Weltkrieg?

Testen wir also noch einmal anhand des 28. Verses der zweiten Centurie, ob es möglich ist, einen typischen Nostradamustext – ohne Kenntnis eines Zeitschlüssels – historisch richtig einzuordnen:

2/28
Der Vorletzte mit dem Beinamen des Propheten
wählt Diane als seinen Tag (der) Ruhe.
Weites Umherschweifen wegen frenetischem Test
und erlöst ein großes Volk von Kämpfern.

So etwa liest sich der übersetzte französische Originaltext, der ohne Kenntnis eines Schlüssels nicht allzuviel hergibt. Die Nostradamus-Autoren belehren uns jedoch eines besseren. Ihre Übersetzungen und Deutungen, oder die Kombination von beidem, lassen keinen Zweifel daran aufkommen, daß sie in der Regel erheblich klüger zu sein scheinen als ihre Leserschaft.

Wolfram Eilenberger und Viktor Schubert machten aus dem »Ruhetag« kurzerhand einen »atheistischen Feiertag der Kommunisten im Jahr 1999«, wohingegen Kurt Allgeier hier auf (den Nicht-Atheisten) Papst Johannes Paul II. verweist, der ja bekanntlich sehr viel herumreise.

Völlig anders sieht das wieder Jean Charles de Fontbrune, der inzwischen mit dem auflagenstarken Thriller »Nostradamus – Historiker und Prophet« (Originalausgabe Monaco 1982) das Erbe seines verstorbenen Vaters antrat:

Der vorletzte Papst wird sich auf dem Aventin niederlassen und dort sterben; der Stuhl Petri wird leerstehen wegen eines von weither gekommenen Verrückten, der die Chinesen von Steuerabgaben befreien wird.

Dr. Centurio sieht hier »wahrscheinlich eine Mischung zwischen Mohammed und Gandhi, der den Montag als Feiertag einführt«. Bei Eberhard Fuchs dagegen wird – halten Sie sich fest! – »der libysche Staatschef Muhamar al Ghaddafi an einem Montag Ägypten oder Europa überfallen«, und T. Pakraduny (»Die Welt der geheimen Mächte«, Wiesbaden o. J.) sieht im »Vorletzten« den ehemaligen Reichsmarschall Hermann Göring. Dieser, so der Autor, frönte der Jagdleidenschaft, und Diana sei bekanntlich die Göttin der Jagd.

Rudolf Putzien (»Nostradamus – Weissagungen über den Atomkrieg«, München 1968) erkennt in dem »Vorletzten« einen Yogi oder einen Mann, der (aus welchen Gründen auch immer) »eine sehr hochstehende Frau verehrt«. Sein Wirken erfolge – so unterrichtet der Autor den verblüfften Leser – wenn »das große deutsche Volk nach dem drohenden Dritten Weltkrieg vom Druck befreit wird.«

Dem jedoch kann sich das Autorenteam Eilenberg/Kraus nicht anschließen. Mittels sprachwissenschaftlicher Fußnoten wartet das Duo mit einer echten Überraschung auf: »Der vorletzte Prophet war von seiner Redegewalt her Josef Goebbels. Die Göttin Diana darf in diesem Text nicht als Göttin der Jagd, sondern muß als Fruchtbarkeitsgöttin gelesen werden. Die zahllosen Liebschaften des Propagandaministers sind bekannt.«

Weitere Köstlichkeiten von Ernst R. Ernst, in dessen Übersetzung sogar der »Vorletzte« zum »Verletzten« wird, will ich dem Leser nicht vorenthalten:

Der Verletzte mit dem Propheten-Beinamen
wählt sich die Nacht für seine Arbeit und sein Stillwerden.
Weit schweift es durch seinen hektischen Kopf herum,
um so viel Volk vom Betrogen-Sein zu befreien.

Dieser »Übersetzung« folgt noch eine Deutung, die ich hier aber besser verschweige . . .

Man verstehe mich nicht falsch. Hier geht es wirklich nicht darum, die Kollegen aus der schreibenden Zunft niederzumachen. Mit dieser Demonstration mußte einmal verdeutlicht werden, wie sehr man sich ohne Kenntnis eines Schlüssels in Texte, Auslegungen und Epochen verrennen kann.

Es ist schlichtweg falsch, wenn immer wieder behauptet wird, die prophetischen Vierzeiler des Michel Nostradamus ließen sich einzig und allein aufgrund ihrer textlichen Aussage auch nur annähernd richtig deuten oder gar zeitlich korrekt bestimmen.

Würde man die vorangegangenen Interpretationen der verschiedenen Autoren glossierend zu einem neuen Vers zusammenstellen, käme etwa folgendes Resultat zustande:

Der Verletzte mit dem Beinamen Hermann Göring wird auf einer weiten Reise den Yogi und Propheten Muhamar al Ghaddafi von einer großen Last erlösen. Josef Goebbels ernennt dann am Montag einen verrückten Chinesen zum Papst, wodurch augenblicklich Johannes Paul II., der eine sehr hochgestellte ägyptische Frau verehrt, von seinen Steuerabgaben befreit wird.

Allzu schnell machten die Autoren aus »dem Vorletzten mit dem Beinamen des Propheten« einen »vorletzten Propheten«. Der »winzige« Unterschied zwischen »wählt Diane zu seinem Ruhetag« und »den Tag der Diane zu seinem Ruhetag« fand ebenfalls keine Beachtung. Wenn wir später diesen Vers wirklich entschlüsseln, wird sehr rasch deutlich, wie wichtig aber diese »kleinen Unterschiede« sein können. Vorab – falls Sie etwas neugierig geworden sind – dies: Es geht in diesem Vierzeiler tatsächlich um einen Papst, der in unserem Jahrhundert lebte und verstarb. Nostradamus nennt präzise das Todesjahr, den Monat, den Tag, sowie den Namen des verstorbenen Papstes und dessen bürgerlichen Namen!

Beleuchten wir aber zunächst noch einmal die Nostradamus-Szene mit all ihren schillernden Übersetzungen, Ideen, Deutungen und falsch geknackten Codes. Ich denke, danach wird begreiflich, warum für mich irgendwann der Tag kommen mußte, an dem die Anschaffung eines alten französischen Originals absolut unumgänglich wurde.

Die Übersetzungen und Deutungen in den unzähligen Nostradamus-Publikationen, die sich im Laufe der Zeit bei mir angesammelt hatten, waren so falsch, so unterschiedlich, jedoch auch dermaßen faszinierend und aufregend (bevor sie sich in den meisten Fällen als falsch erwiesen), daß die Beschaffung einer Originalschrift des Sehers wirklich notwendig wurde. Ich wollte endlich selbst herausfinden, was Nostradamus vor mehr als 400 Jahren tatsächlich gesagt hatte, und nicht das, von dem andere lediglich glaubten, dieses oder jenes könne er damit gemeint haben.

So gesehen habe ich es also all den Dr. Centurios, de Fontbrunes, van Loogs und Putziens mit ihren prognostizierten Entscheidungsschlachten, nicht stattgefundenen Kriegen und Invasionen zu verdanken, daß ich mich überhaupt tiefer in die Sache hineinarbeitete.

Immerhin verdanken wir den Irrtümern dieser Autoren unser Leben – denn hätten sie recht behalten, wären wir allesamt bereits seit Jahrzehnten mausetot!

• Pater Innocent Rissaut (»La fine dei tempi«, Padua 1948) sagte für die Jahre 1971 bis 1980 eine sehr kurze Friedenszeit voraus. Dann tobte der Dritte Weltkrieg fürchterlicher als je zuvor. Er endete schließlich 1983 mit dem Sieg der Russen. Ab 1988 (dazwischen Waffenstillstand und Unterdrückung) kam es dann zur amerikanischen Gegenoffensive. Seine Weisheiten entnahm der Pater den »präzisen Prophezeiungen« des Michel Nostradamus.

• Michele de Soca (Verlag Chacornac) erwartete für das Jahr 1983 den Dritten Weltkrieg – ein Chaos, welches er als den Gipfel an Grausamkeiten sah. Auch Donato Piantanida verkündete in seinem Buch »Nostradamus und das Ende der Zeit« (1965) totale Vernichtung, Folter und blutige Invasionen in zwei schrecklichen Kriegen, die niemals stattfanden.

- Bei A. Voldben (»Nostradamus – die großen Weissagungen über die Zukunft der Menschheit«, Rom 1976) hätten zwischen 1979 und 1982 mohammedanische Heere über Spanien, Italien, Frankreich und Ungarn hergefallen sein müssen. Papst Johannes Paul II. starb – will man dem Autor Glauben schenken – bereits im Jahr 1987 in Gefangenschaft. Bei Jean Charles de Fontbrune sogar noch früher: nach dem Amtsantritt des französischen Staatsoberhauptes François Mitterand.

- Für E. M. Ruir (»Nostradamus – les proches et les derniers événements«, Paris 1953) ertrank Europa weitaus früher im eigenen Blut: Unter dem Oberbefehl des 7. Antichristen fielen im Jahr 1973 »die arabischen Horden« über Europa her. Sie landeten selbst mit Fischerbooten, Schaluppen und Ruderbooten. Das Kommando übernahmen die Chinesen, welche gemeinsam mit den Russen – unter der Flagge des Islam (welche Konstellation!) – von Algerien aus gestartet waren. Irgendwie muß es dann aber zu einer unbegreiflichen Wandlung gekommen sein, denn 14 Jahre später (1987) sollte der Kommunismus ganz Asien überschwemmen und sich von dort aus in rasendem Tempo bis ins Innere Australiens und Kanadas verbreitet haben!

- Edgar Cayce, vielgepriesener Geistheiler und Nostradamus-Kenner prophezeite, daß im Jahr 1969 Kalifornien in den Pazifik fiele. Charles Long, ein amerikanischer Pater und Prediger, erkannte hingegen messerscharf, daß die Welt am 21. September 1945 um 17 Uhr 33 verdampfen würde. Er verbreitete diese schauerliche Weltuntergangsstory in Briefen an alle Staatsoberhäupter. In Pasadena mieteten er und seine Anhänger die Stadthalle, wo man die letzten sieben Tage (vor dem sicheren Weltuntergang) fastend und ohne Schlaf verbrachte. Als sich die letzte Stunde näherte, sang und betete die kleine Schar inbrünstig. Da jedoch weder um 17.33 Uhr noch Stunden später die Erde zu verdampfen begann, löste sich die Gruppe wieder auf.

- Will man dem Autoren-Gespann V. J. Hewitt und Peter Lorie glauben (»Nostradamus – seine Prophezeiungen endlich entschlüsselt«, München 1991), dann kehrte am 4. Februar 1992 der rumänische Ex-König Michael in sein Land zurück, um seine Amtsgeschäfte wieder aufzunehmen, während Prinz Charles den britischen Thron im Jahr 1991 bestieg, um dann am 2. Mai 1992 zum König gekrönt zu werden. Am 8. Mai 1993 zerstörte um 7.05 Uhr ein gigantisches Erdbeben Kalifornien, bei dem – Nostradamus habe das ebenfalls prophezeit! (Zitat: »Das System wird vollständig enthüllt«) – der amerikanische Schauspieler Tom Cruise helfen würde, Verschüttete zu bergen. Im gleichen Jahr wurde übrigens – nach Hewitt-Lorie – George Bush wieder in seinem Präsidentenamt bestätigt, und die katholische Priesterschaft begann durch den AIDS-Virus auszusterben.
- Konrad Klee (Zitat: »Besonders präzise Entschlüsselung«), sagte im Jahr 1982 den Ausbruch des Dritten Weltkriegs für August 1990 voraus. In Paraguay lebt eine Familie, die nach der Lektüre seines Buches den südamerikanischen Kontinent für ihr Überleben auswählte. Seit 1990 wartet man in mit Lebensmitteln und Wassertanks vollgestopften, in die Erde eingebuddelten Übersee-Containern auf das bis heute ausgebliebene Ende der Welt.
- Nach Dr. Max de Fontbrune wurde Adolf Hitler schon 1941 in einer Entscheidungsschlacht im Schweizer Jura geschlagen (!). Für Hanns Kurth, der sich in den siebziger Jahren auch als »Briefkasten-Onkel« bei einigen deutschen Illustrierten einen Namen machte, erhielt England 1985 den »Todesstoß durch das Schwert«.
- Karmohaksis (1959) fand heraus, daß im gleichen Jahr

(1985) das legendenumwobene Atlantis aus dem Meer auftauchen würde. Die Erdachse verschiebe sich, und dort, wo zuvor immer England auf den Landkarten verzeichnet war, fände nun der Nordpol seine neue Heimstatt. Diese gigantische Umweltkatastrophe bewirke, daß endlich alle Menschen wie Brüder seien. Und in Rußland herrsche fortan ein mildsommerliches Klima.

Prof. Eberhard Bauer, Leiter des Freiburger Instituts für Grenzgebiete der Psychologie, brachte während der Irak-Krise 1991 die unzähligen Weltkriegsprophezeiungen der »Nostradamus-Experten« treffend auf einen Nenner: »Das eigentliche Wunder sind die Interpretationen, die Unverständlichem einen Sinn zu geben versuchen (»journal«, 1991).

Gibt es einen Nostradamus-Schlüssel?

Wann immer unser Alltag durch die Frage »Wie geht es nun weiter, und was wird uns die Zukunft bescheren?« bedroht wird, neigen wir dazu, uns bei kompetenten Autoritäten oder »Eingeweihten« eine Antwort einzuholen. Nüchtern betrachtet, haben Nostradamus-Autoren also die gleiche Bürde zu tragen wie Astrologen: Ihren Rat suchen wir nur, wenn unsere derzeitige Lage hoffnungslos erscheint. Sind wir gesund, glücklich und ohne Probleme, brauchen wir anscheinend auch keine Horoskope. Und spielt die Welt vor unserer Haustür ausnahmsweise einmal nicht verrückt, brauchen wir auch keinen Nostradamus.
Beim Beispiel der Siedlerfamilie in Paraguay, die in einem Container auf das Ende der Welt wartet, weiß man am Ende nicht, ob die Schuld an diesem – immerhin doch sehr einschneidenden lebensverändernden – Ortswechsel bei der kritiklosen Gutgläubigkeit des Lesers oder beim Autor zu suchen ist. Doch allein die Tatsache, wie viele Men-

schen auf scheinbare »Experten-Aussagen« reagieren, sollte genügen, um die prophetischen Vierzeiler des Sehers so vorzustellen, wie er sie wirklich geschrieben hat. Der Hinweis, dieses oder jenes könnte so gemeint sein, darf in derartigen Büchern niemals fehlen. Vor allem dann nicht, wenn nach Meinung des Autors Ereignisse aufgeführt sind, die in unmittelbarer Zukunft liegen oder überhaupt künftig zu erwarten wären.

So gesehen drängt sich eine Frage überdeutlich in den Vordergrund: Wer war eigentlich jener Mann, der unter dem Namen Nostradamus als größter Prophet aller Zeiten in die Geschichte eingegangen ist? Ein Genie? Möglicherweise sogar ein Verrückter?

Wenn er weder Traumtänzern, Betrügern, Scharlatanen oder sonst welchen Außenseitern zuzuordnen ist, sondern tatsächlich prophetische Gaben besaß und Visionen empfing, die ihn zutiefst beeindruckten – wie präzise und zuverlässig sind derartige Zukunftsgesichte eigentlich? Können prophetische Visionen so genau sein, so präzise, daß man sie nur in verfremdeter, kaum verständlicher Sprache niederzuschreiben wagt? Lassen sie sich zeitlich fixieren, chronologisch irgendwie zuordnen? Kann man Fehlprognosen herausfiltern und künftige Ereignisse zeitlich genau erkennen?

Und – vorausgesetzt, daß ein Schlüssel zu seinen »Prophezeiungen« existiert, mit dessen Hilfe wir erstmalig exakte Daten für die eingetroffenen und noch nicht eingetroffenen Voraussagen errechnen – müssen wir uns dann nicht ernsthaft die Frage stellen, wie, um alles in der Welt, solche Daten und Fakten in ein jahrhundertealtes Buch gelangen konnten?

Wenn wir mittels eines durchlaufend gleichen Schlüssels ausrechnen könnten, daß Nostradamus bereits vor dem Jahr 1555 niederschrieb, daß ein Mann namens Napoleon am 5. Mai 1821 sterben, der Ozeanriese »Titanic« im April 1912 sinken, Dresden am 12. Februar 1945 in Schutt und

Asche gebombt werden, und ein persischer Herrscher präzise am 27. Juli 1980 in Ägypten sterben würde – lassen sich so exakte Daten und Aussagen dann auch weiterhin unter dem Oberbegriff »Prophezeiungen« ansiedeln?

Sind prophetische Visionen – ich setze einmal voraus, daß es sie tatsächlich gibt – nicht eher Bilder, die sich wie ein Film vor dem geistigen Auge abspulen, also bildhafte Eindrücke, die sich zeitlich niemals genau fixieren lassen und sich dem »Propheten« ebenso diffus zeigen, wie er sie später niederschreibt?

Nostradamus selbst weist den Begriff »Prophet« weit von sich. In seinem Brief an Sohn Cäsar, datiert vom 1. 3. 1555, schreibt er, daß er zwar ein »Seher«, aber kein »Prophet« sei. Was will er uns mit diesem Hinweis sagen?

Ein Berg voller interessanter Fragen türmt sich vor uns auf! Für einige werden wir Lösungen und Antworten suchen und auch finden, andere wiederum werden unbeantwortet bleiben. Das bedeutet aber auch, daß dieses Buch ein ganz anderes »Nostradamus-Buch« sein wird als jene Veröffentlichungen, die den Lesern in den vergangenen Jahren und Jahrhunderten präsentiert wurden.

Einen Schlüssel zu »knacken«, der seit Jahrhunderten in einem bestens versiegelten Schatzkästlein schlummerte, ist die eine Sache. Nach dem Ursprung dieser Offenbarungen zu suchen, weiter und tiefer unter der Oberfläche der angebotenen lesbaren Texte nach Verborgenem zu fahnden, ist die andere Sache. Und wenn man dann nach und nach zu begreifen beginnt, daß das, was geschrieben steht, nicht zwingend einer prophetisch-visionären Vorausschau gleichkommen muß, sondern vielmehr auch niedergeschriebene Geschichte sein könnte; wenn die Theorie, Zeit sei absolut relativ, allmählich begreifbarer wird; und wenn wir endlich beginnen, umzudenken, öffnen sich plötzlich die Türen zu einem völlig anderen Verständnis und zu einer Welt voller abenteuerlicher Fragen, die nach einer Antwort verlangen.

Und – angenommen, wir finden einen Schlüssel, der uns nicht nur mitteilt, was war, sondern auch das, was kommen wird – können wir dann etwas verändern, am Rad der Zeit drehen? Läßt sich die Zukunft beeinflussen, wenn sie (wann und wie es auch geschehen sein mag) bereits niedergeschrieben wurde?

Wäre es dann nicht möglich, daß wir seit Jahrtausenden nach dem untergegangenen Kontinent Atlantis suchen, ohne zu merken, daß wir vielleicht gerade auf ihm leben?

Wir staunen noch heute über den mächtigen Blitz des biblischen Gottes, durch den Sodom und Gomorra in Schutt und Asche gelegt wurden. Aber – könnten Sodom und Gomorra nicht nah sein, verdammt nah?

Es steht geschrieben.

2. KAPITEL

Mit einem Fuß auf dem Scheiterhaufen

Eine ungewöhnliche Planeten-Konstellation

Da saß er also, der Mann in mittleren Jahren, und schrieb im Schein einer Öllampe oder eines Talglichtes mit einem Federkiel Dinge nieder, die uns über Jahrhunderte hindurch Kopfzerbrechen bereiten würden.

Es waren harte Zeiten. Die Winter beißend kalt, die Nächte rabenschwarz. Hexenverbrennungen gehörten zum Alltag der Menschen, die Pest grassierte und radierte ganze Landstriche aus.

Elektrizität, Taschenrechner, Flugzeuge, Dampfschiffe, eisgekühlte Cola – nichts, was uns heute inzwischen selbstverständlich geworden ist, kannte jener Mann, der später unter dem Namen Michel Nostradamus als »größter Prophet der Menschheit« in die Geschichte eingegangen ist.

Die Männermode gleicht in dieser Epoche denen der sieben Zwerge aus dem Märchen. Die kurze Zipfelmütze ist in. Das Beinkleid besteht aus eng an den Waden anliegenden Hosen, die sich in Höhe der Oberschenkel zu kleinen Ballons entwickeln. Über dem Wollhemd trägt man aufgeplusterte, kurze Jacken, die die Männer aussehen lassen wie zur Balz aufgeblähte Frösche, und den Hals drückt ein gewaltiger, gefältelter Kragen ab.

Jeder, der irgendwie gelehrt wirken will, trägt in dieser Zeit einen Bart. Je länger der Bart, desto weiser der Mann.

Gewisse Bedürfnisse werden im Garten erledigt. In vornehmen Häusern mit Dienstpersonal benutzt man dazu – besonders in den klirrendkalten Wintermonaten – ein beliebiges Zimmer, welches, wenn es »voll« und nicht mehr begehbar ist, von einem Hausknecht gereinigt wird. Urintöpfe werden im Garten entleert, in den Städten allerdings ohne viel Federlesen auf die Straße geschüttet.

Das Trinkwasser ist daher nicht gerade das beste, die Brunnen sind oft verseucht. Wer die Ruhr nicht zu Hause bekommt, den erwischt es irgendwann auf Reisen, in einer Herberge, bei Freunden. Typhus, die schwarze Pest, Syphilis, Gicht und die Ruhr fordern täglich tausendfach ihren tödlichen Tribut. Harte Zeiten.

Der am 14. Dezember 1503 geborene Michel de Notredame schließt im Jahr 1533 an der medizinischen Fakultät der Universität von Montpellier sein Studium ab und siedelt sich im südfranzösischen Agen als Arzt an. Inzwischen dreißigjährig, lernt er hier den Humanisten César de l'Escalle kennen, der sich bereits unter dem Namen Scaliger einen Namen gemacht hat. Die beiden werden zu engen Freunden, aber schon bald eilt dem ungleichen Paar – Scaliger ist erheblich älter als der frischgebackene Doktor aus Montpellier – der Ruf äußerst unangenehmer Zeitgenossen voraus. Beide gelten als Besserwisser, hochnäsig und eingebildet – nicht gerade ein gutes Fundament, um neue Freunde zu gewinnen.

Der fast sechzigjährige Humanist heiratet die blutjunge, sechzehnjährige Audette de Roques-Lobejac, und auch Michel de Notredame findet bald darauf eine Lebensgefährtin, die ihm zwei Kinder, Tochter und Sohn, schenkt. Das Glück währt aber nur für kurze Zeit. Frau und Kinder – die Namen sind nicht überliefert – sterben. Da auch die Todesursache nirgendwo erwähnt ist, kann man nur vermuten, daß sie möglicherweise gemeinsam einer Epidemie zum Opfer fielen. Auch die Freundschaft der beiden exzentrischen Männer geht in die Brüche. Noch als Greis, etwa zwanzig Jahre nach der gemeinsamen Zeit in Agen, läßt der ohnehin bärbeißige Scaliger scharfe Attacken gegen Nostradamus ab.

In einem Aufruf »An das französische Volk!« schreibt er:

*Leichtgläubiges Frankreich! Was erwartest Du, wenn Du nach
den Worten des Nostradamus gierst? Welch übler Jude hat Deinen Charakter verändert? Du duldest, daß sein Verbrechen Deine erhabene Herrschaft lächerlich macht!
Begreifst Du nicht, daß dieser widerliche Aufschneider nur Possenspiel treibt? Es bleibt die Frage nach dem Dümmeren: Der
nichtsnutzige Scharlatan, oder Du Frankreich, der seinen Betrug
sogar gutheißt?*

So ganz abwegig scheint die Idee also nicht zu sein, daß
Nostradamus es verstanden haben könnte, uns mit seinen
haarsträubenden, schauerlichen Versen, Textgebilden und
merkwürdigen Wortkreationen fast ein halbes Jahrtausend
lang sowohl an der Nase herumzuführen als auch in Atem
zu halten. In der Tat scheinen einige seiner Verse so
schwammig formuliert, daß man selbst dann nichts rechtes
mit ihnen anfangen kann, wüßte man die dazugehörende
richtige Jahreszahl.
Der Vierzeiler 4/33 gibt ein treffendes Beispiel für einen
scheinbaren Nonsens-Vers ab. Hier heißt es:

4/33
*Jupiter joint plus Venus qu' à la Lune,
Apparoissant de plenitude blanche:
Venus cachée sous la blancheur Neptune,
De Mars frappée, par la grande branche.*

*Jupiter, mehr mit Venus als dem Mond verbunden,
zeigt sich von hellem Glanz:
Venus verborgen unter dem Schein Neptuns,
von Mars geprägt, durch die große Verzweigung.*

Was, um Himmels Willen, kann man mit einem solchen
Vers anfangen, selbst wenn man weiß, zu welchem Jahr er
gehört? Warum wurde er überhaupt von Nostradamus verfaßt? Offensichtlich handelt es sich hier um eine astrologi-

40

sche Konstellation, die uns leider – aus welchen Gründen auch immer – keine Auskunft darüber gibt, was denn nun passiert, wenn die benannten Planeten im aufgeführten Verhältnis zueinanderstehen. Das »Wenn die Sterne so und so stehen, dann passiert folgendes« fehlt.

Jean Charles de Fontbrune, der im Jupiter (in alten astrologischen Lehren gilt der Planet als symbolischer Beherrscher von Himmel und Erde) eine Umschreibung für den »allgemein herrschenden Weltgeist« erkennt, ordnet diesen Vers für die Zeit nach dem (seit 15 Jahren ausstehenden) Dritten Weltkrieg an.

Als »Übersetzung« ist in der deutschsprachigen Ausgabe zu lesen:

Die Welt wird mehr unter dem Einfluß der Ausschweifung und der Lüge als unter dem der republikanischen Prinzipien stehen, die sich im Schein der Lauterkeit präsentieren werden. In England wird sich die Ausschweifung unter (dem Deckmantel) der Lauterkeit verbergen, und das Land wird von der Ausweitung (wörtlich: Verästelung) der schweren kriegerischen Konflikte getroffen werden.

Da hier eigentlich nur noch die Wörter »Schein« und »verbergen« stimmen, zeigt dieser Text mehr als deutlich, was man aus schwammigen Formulierungen alles herauslesen kann, wenn man nur möchte! Merkwürdig nur, daß der Autor – wie fast alle anderen vor ihm – die eigentliche und gar nicht so unauffällige Sensation übersehen hat, oder sie zumindest nicht erwähnte!

Haben Sie sie entdeckt? Wenn nicht, trösten Sie sich. Selbst eingefleischte Astrologen und Astronomen lesen über den Vers hinweg, ohne stutzig zu werden. Ich habe die oben aufgeführte astrologische Konstellation unzählige Male vor Freunden und Bekannten zitiert und sie zudem noch darauf aufmerksam gemacht, daß es nicht darum gehe, ob derartige Gestirnstände überhaupt astrologisch möglich seien. Kein einziger war unter ihnen, den irgend etwas an dem Text störte.

Denkwürdig an diesem Vierzeiler ist der Planet »Neptun«, den Nostradamus ganz offensichtlich im Zusammenhang mit einer astrologischen Konstellation erwähnt, in welcher noch vier weitere Planeten aufgeführt werden. Tatsächlich wurde Neptun – den wir in unserem Kopf den alten Planeten zuordnen – aber erst vor etwas mehr als hundert Jahren entdeckt (!) – 1845/46 durch Challis, Adams, Leverrier und Galle. Er erhielt folglich auch erst 291 Jahre nach Nostradamus seinen Namen !

Der Name »Neptun«, den sich erst 1846 ein Mann für den gerade neu entdeckten Planeten ausdachte, ziert seit dem Jahr 1555 den für alle lesbaren Text des 33. Verses in der 4. Centurie – man braucht also keinen Schlüssel, kein Codewort (wo einem Irrtümer unterlaufen könnten), um ihn nachzulesen! Hier steht also für jeden lesbar ein Wort, das strenggenommen in den astrologischen Tabellen aus der Epoche des Sehers noch gar nicht existierte!

Ein »prophetischer Zufallstreffer«?

Sog sich Nostradamus bei der Nennung von vier bereits bekannten Planeten den Namen des – noch gar nicht getauften und entdeckten – fünften Planeten aus den Fingern? Der Einwand einiger neuzeitlicher Kritiker, mit »Neptun« habe Nostradamus vermutlich den römischen Meeresgott gemeint, läßt sich angesichts der anderen im gleichen Vers aufgeführten Planeten, Jupiter, Venus, Mond und Mars, nicht sonderlich ernstnehmen. Eine weitere Nennung von Neptun in Verbindung mit anderen Planeten befindet sich in Présages 12 im 2. Teil des Nostradamus-Werkes.

Wer also war dieser Mann? Ein begnadeter Prophet, oder – wie César de l'Escalle einst lauthals verkündet hatte – ein »widerlicher Aufschneider und nichtsnutziger Scharlatan«? Finden wir in seinem Buch oder in seinem Lebenslauf eine Antwort auf diese so überaus wichtigen Fragen? Ich persönlich frage mich schon, ob ich mit dem Machwerk eines

Spinners oder Traumtänzers viel Zeit verplemperte, oder ob »vielleicht doch etwas Wahres dran war« an der Behauptung, er sei zwar kein »Prophet« im herkömmlichen Sinne, aber er kenne dennoch die Zukunft der Menschheit. Nach dem, was ich bisher so alles in deutscher Sprache von und über Nostradamus gelesen hatte, mußte ich nun, da ich mich mit dem Original einer alten französischen Fassung vertraut zu machen hatte, erkennen, daß nichts, aber auch rein gar nichts so klar und präzise formuliert worden war, wie die Autoren immer behauptet hatten.

In den Vierzeilern und Briefen wimmelte es von Fehlern, und durch den Mangel an Verben wirkten die so berühmt gewordenen Weissagungen des Michel Nostradamus wie sinnloses Stammeln. Das Ganze war dann noch – eigentlich gar nicht zeitgemäß – in einer holprig klingenden, prosaischen Versform untergebracht. Dieses selbst in seiner Muttersprache kaum noch deutbare Machwerk gipfelt schließlich im Vorspann des Buches, in dem zu lesen ist:

Reveües & corrigées suivant les premieres Editions
imprimées en Avignon en 'l an 1558. & à
Lyon en l'an 1558. & autres

Durchgesehen und korrigiert gemäß den ersten Ausgaben
gedruckt in Avignon im Jahr 1558. & zu
Lyon im Jahr 1558. & anderen

Daß ausgerechnet in einem solchen Satz das erste Wort »Revues« (≈ durchgesehen, geprüft) mit verdrehtem »ue« geschrieben wird, woraus dann »reveües« (≈ grübeln, nachdenken) wird, ist natürlich mehr als witzig. Ebenso könnte eine Zeitung via Inserat »einen fehigen Mann zum Gorrikieren« suchen. (Ein Trema, also Punkte über einigen Vokalen in der französischen Sprache, dient der Betonung. Es zeigt zum Beispiel über dem »u« an, daß dieser im Endvokal betont wird – er wird nicht wie im Deutschen zu »ü«.

Auch der Buchstabe »e« wird zuweilen durch ein Trema gekennzeichnet.)

Der kaum verständliche Text, die Verballhornung der französischen Sprache mit all ihren Schreib- und Druckfehlern und das konfuse Herumhüpfen auf völlig andere, wieder kaum begreifbare Schilderungen in den jeweils folgenden Versen ließen bei nüchterner Betrachtung nur einen Schluß zu: Nostradamus war entweder im Alter von 50 Jahren verrückt geworden, oder hinter allem lag eine nur schwer begreifbare Absicht!

Klammert man zunächst einmal die geistige Umnachtung des Michel Nostradamus aus, läßt sich ein logisches Denkspiel aufbauen, das zu einem verblüffenden Ergebnis führt: Abgesehen von der Tatsache, daß sich seine (angeblich zukunftsvorausschauenden) Verse nicht datenmäßig erfassen und auch die Reihenfolge der Vierzeiler keinerlei chronologische Zusammenhänge erkennen lassen, ist eine Interpretation der Texte glattweg unmöglich. Wer daran zweifelt, möge noch einmal aufmerksam das erste Kapitel des vorliegenden Buches lesen.

Scharlatan oder Prophet?

Die beiden Begleitbriefe zu den Centurien – einer wird als Vermächtnis des Sehers an seinen damals zweijährigen Sohn Cäsar angesehen, der andere ist an den zu seinen Zeiten regierenden König Heinrich II. von Frankreich (Henri II.) gerichtet – beweisen, daß Nostradamus auf einem sprachlich höheren Niveau stand, als es seine Vierzeiler widerspiegeln. Neben seiner Muttersprache soll er auch perfekt Latein und Hebräisch (Nostradamus war jüdischer Abstammung; er bekannte sich erst im Mannesalter zum Christentum) beherrscht und weitere Grundkenntnisse in Italienisch und Englisch besessen haben. Auf seinen Reisen nach Luxemburg, Trier und durch das alte Deutschland dürfte er auch einige Brocken Deutsch gelernt haben. Man darf also davon ausgehen, daß nicht nur monströse Fabelwesen und eigene Wortschöpfungen, sondern selbst die häufige Vergewaltigung einfachster Worte, das Falschsetzen bestimmter Satzzeichen und Fehler in der Groß- und Kleinschreibung von ihm beabsichtigt waren. Hier erhebt sich nun die Frage, warum er das tat. Wollte er sich durch die eigenwillige Schreibweise interessant machen? War alles nur ein riesengroßer Bluff? Wenn ja – kann Geltungssucht allein einen relativ wohlhabenden Arzt dazu treiben, Nonsenstexte zu verfassen und sie womöglich auch noch zu verschlüsseln?

Oder hatte Nostradamus wirklich zukunftsvorausschauende Visionen, die er in verschlüsselter Form zu Papier brachte?

Zu allen Zeiten gab es Traumtänzer, Verblendete, Scharlatane und Spinner, die von ihren verrückten Ideen überzeugt waren. Nostradamus hier einzuordnen, fällt zwar aufgrund seiner Biographie etwas schwer, da aber auch – oder besser ausgedrückt: – da insbesondere Betrüger, Scharlatane und Blender oft zu Ehren und Reichtum gelangen, darf uns der Lebenslauf eines renommierten Arztes nicht täuschen. Scharlatane mit hohem Wissensstand und überdurchschnittlicher Intelligenz können, wenn ihnen danach ist, eine Menge zustande bringen!

Andererseits müßte ein auf Bluff aufgebautes Werk, das für sich den Anspruch erhebt, man könne es mittels eines ausgeklügelten Codes knacken, irgendwann einmal als Nonsens entlarvt werden. Mit der Veröffentlichung eines derartigen Blendwerkes müßte somit vom Autor auch in Kauf genommen werden, daß er bereits zu Lebzeiten als Betrüger bloßgestellt werden könnte. Daß erst Hunderte von Jahren vergehen würden, bis der Nachweis über Sinn oder Unsinn erbracht wäre, hätte Nostradamus damals sicherlich nicht (als Betrüger ohne hellseherische Fähigkeiten) voraussehen können.

In einer Zeit, da Neider, Andersgläubige und die Inquisition mit Argusaugen über die geistige Konformität der Zeitgenossen wachten; da man nur allzu rasch als Magier, Hexer oder Verbündeter Satans abgestempelt war; in einer Zeit, da brave, unbescholtene Bürger ersäuft, verbrannt oder geviertelt wurden, nur weil die Kuh, an der man gestern vorbeispaziert war, inzwischen vom Blitz getroffen wurde – in einer solchen Zeit war es im wahrsten Sinne des Wortes ein gefährliches Spiel mit dem Feuer, sich als Prophet oder »Seher« zu produzieren. Ob ein Betrüger – ein intelligenter Betrüger – ein derartiges Risiko eingegangen wäre, läßt sich heute kaum mehr beantworten. Ein findiger Kopf hätte aber gewiß nach einem etwas sichereren Weg zum schnellen Geld gesucht. Eine goldene Nase verdiente man sich damals als Autor ohnehin nicht.

Durchleuchten wir also einmal die zweite Möglichkeit: Nostradamus war kein Betrüger, kein Scharlatan, der den kürzesten Weg zum Scheiterhaufen anstrebte. Nehmen wir einmal an, sein Werk enthielte tatsächlich eine verschlüsselte Botschaft, die er in prophetischen Visionen sah und anschließend niederschrieb. Dann muß hier aber auch die Frage erlaubt sein, warum ein Prophet seine visuellen Eingebungen überhaupt verschlüsselt.

In den vergangenen zehn Jahren habe ich einige hundert Prophezeiungen gelesen, die sich in alten antiquarischen Büchern und Berichten bei mir ansammelten. Keine einzige wäre es wert gewesen, sie bis zur Unkenntlichkeit zu verstümmeln! Mein Verstand und meine Erfahrungen akzeptieren bestenfalls die These, daß es möglich sein kann, globale Ereignisse oder künftige Dinge, die das Umfeld des »Empfängers« betreffen, in Visionen vor dem geistigen Auge wahrzunehmen. Doch solche außersinnlichen Eingebungen lassen sich weder zeitlich fixieren noch detailliert auf bestimmte Regionen oder Menschen festlegen.

Daß nun ein derartiges Medium geschichtliche Ereignisse Hunderte von Jahren voraussieht, ist – wenn nicht unmöglich – zumindest eine extreme Ausnahme. In der Regel setzt die Präkognition jeweils mit dem Herannahen von Ereignissen in Form bildhafter Visionen ein.

Eine zeitliche Einordnung dieser »Vorankündigungen« wird vom Seher meist erst später und nur gefühlsmäßig vorgenommen. Einen anderen Weg datenmäßiger Erfassung gibt es nicht, da Kalenderblätter, Uhren usw. wohl nur in ganz wenigen Ausnahmefällen den Inhalt einer Vision begleiten.

So können sich selbst außergewöhnlich klare prophetische Visionen – immer vorausgesetzt, daß es sie tatsächlich gibt – im Prinzip als falsch erweisen, weil der erwartete Zeitpunkt des Eintreffens völlig falsch geschätzt wurde. Jeder Versuch, diesen Zeitpunkt vor dem Eintreffen eines Ereignisses irgendwie anders zu ermitteln, kann aber immer nur zu spekulativen Ergebnissen führen.

Der als »Wald-Prophet« bekanntgewordene Seher Mathias Lang prophezeite im Jahr 1753 – rund 200 Jahre nach Nostradamus:

Kurze Sommer werden kommen, und Winter und Sommer sind kaum mehr auseinanderzuhalten! Dann wird gebaut werden, nix als gebaut! Lauter Rotdachl-Häuser bauen die Leut', alles schneeweiße Häuser, und grad so, als wollten's nimmer fort! Dann aber wird abgeräumt …

Eine derartige Präkognition ist bei entsprechender Veranlagung durchaus möglich, ohne dabei jedoch zwingend eintreffen zu müssen. Ob bereits »abgeräumt« wurde, oder ob das Ereignis noch bevorsteht, wissen natürlich auch hier nur einige Buchautoren genauer . . .

Ist es aber notwendig, eine solche, immerhin doch sehr deutliche Situationsschilderung, nach Art des Nostradamus zu verschlüsseln? Wird eine derartige Vision interessanter, wenn man aus ihr einen holprigen Vers in kaum verständlicher Sprache kreiert?

Kurz die Sommer, warm die Winter,
Weiß die Städt, oben all nur rot.
Lange drin & doch nicht weit dahinter:
Feuer, Hagel, Pest & Tod.

Dieses Gedicht, frei nach »Nostradamus-Art«, habe ich mir gerade ausgedacht. Klingt es aufregender als die echte Vision des Mathias Lang? Vermutlich nicht! Und so erhebt sich wieder einmal die Frage, warum sich ein hellseherisch begabter Mensch die Mühe macht, aus Visionen, die ihm wichtig erscheinen, unverständliche Gedichtchen zu kreieren und seine (zeitlich nicht festlegbaren) Eingebungen und Visionen auch noch verschlüsselt.

Erschienen ihm seine »Zukunftsgesichte« so wichtig, so beeindruckend, daß er sie den Menschen mitteilen wollte und dafür gerne Kopf und Kragen riskierte? Wenn das der Fall war, dann müssen diese Visionen weit über das Maß einer normalen prophetischen Sicht hinausgegangen sein und äußerst präzise bestimmte Ereignisse angezeigt haben, die der Seher zwar selbst verstand, die er jedoch in dieser klaren Form nicht niederschreiben wollte, oder – dem Unbill seiner Zeit angemessen – nicht niederschreiben konnte!

Verstehen Sie das bitte richtig: Es müssen völlig unnormale, glasklare Visionen gewesen sein. Auf ein solches Phänomen wartet das Freiburger Institut für Grenzgebiete der Psychologie schon seit Jahrzehnten. Aber es wird nicht kommen, weil es sich immer wieder zeigt, daß sich spontane Visionen wohl hier und da wirklich (irgendwann) erfüllen können, daß sie jedoch mit einer enorm hohen Fehlerquote verbunden sind. Kurz: sobald man damit beginnt, Visionen zu produzieren, je häufiger derartige Wahrnehmungen in unser Bewußtsein vordringen, um so mehr haben individuelle Einbildungskraft, Wunschdenken und Angst freies Spiel. An dieser Tatsache führt kein Weg vorbei. Die »großen Hellseher unseres Jahrhunderts« wie Jane Dixon,

Edgar Cayce, Hanussen usw. haben allesamt eine erschreckend lange Liste von prophetischem Humbug vorzuweisen.

In welche Schublade läßt sich nun die schillernde Persönlichkeit eines Michel Nostradamus stecken? Gaukler, Scharlatan, Wichtigtuer? Ein Traumtänzer, der seine Hirngespinste zu Papier brachte? Oder steckte ein wirklich hellseherisches Phänomen hinter den Versen, die uns – nüchtern betrachtet – eigentlich nur das erzählen, was wir in sie hineindeuten?

Da man, wie wir feststellten, selbst als »Spitzen-Prophet« mittels visionärer Eingebungen kaum die Namen und Daten von Personen oder Ereignissen aus fernen Jahrhunderten erblicken kann, dürften die Verse folglich auch keine (verschlüsselten) präzisen Daten, Namen und Fakten enthalten. Oder diese chiffrierten Fakten und konkreten Daten beruhen auf bloßer Annahme und müßten sich nach inzwischen mehr als vier vergangenen Jahrhunderten großenteils als falsch erweisen.

Die Erklärung des Sehers, diese Daten habe er »astronomisch und im Einklang mit der berechenbaren Astrologie« ermittelt, mochte vielleicht die Menschen seiner Zeit befriedigt haben. Heute darf man die Behauptung, visionäre Eingebungen ließen sich astrologisch berechnen, für ebenso albern halten wie die Meinung, man könne Träume mittels astrologischer Berechnungen zeitlich fixieren.

Warum also diese verzerrte Wiedergabe von Ereignissen, die Nostradamus so wichtig erschienen, daß er durch seine Veröffentlichung den schrecklichen Gang zum Scheiterhaufen riskierte? Im Nachlaßbrief an Cäsar schrieb er:

Ich wollte eigentlich schweigen und von der Niederschrift ablassen ... doch schließlich beschloß ich, mich aufzutun und die Ereignisse, insofern sie von allgemeinem Interesse sind, mit verschlossenen und verwirrenden Sätzen darzulegen ...

Was kann man mit chronologisch durcheinandergewürfelten, schwammig formulierten Reimen anfangen, die sich über einen Zeitraum von mehr als 2200 Jahren (von 1555 bis ins Jahr 3797) erstrecken sollen? Wem nutzt der Hinweis, daß »nahe bei Italien ein Mann geboren wird, der mehr ein Schlächter als ein Prinz sein wird« (Vers 1/70), wenn sich nicht einmal erahnen läßt, ob dieser Bursche nun um 1590, 1769 oder zweitausend Jahre später geboren wird – also ein »Spielraum« an so immens vielen Jahren wie die Zeit zwischen der Ur-Ur-Ur-Oma der ägyptischen Königin Cleopatra bis in unsere Epoche!

Warum schwieg der Seher nicht, wie er es zunächst beabsichtigt hatte? Warum schrieb er die »Ereignisse, die von allgemeinem Interesse« sein sollten, mit diesen »verschlossenen und verwirrenden Sätzen« nieder?

Tatsächlich gäbe es noch eine weitere Möglichkeit, die uns zumindest – bis auf die Tatsache, daß sie uns allzu phantastisch vorkommt – alle offenen Fragen logisch beantworten würde: Nostradamus schöpfte aus einer uns noch unbekannten Quelle Vorhersagen über den Werdegang der Menschheit, die so detailliert, so mit Fakten gespickt waren, daß er – den begrenzten Möglichkeiten seiner Zeit entsprechend – diese Informationen bis zur Unkenntlichkeit verschlüsselt niederschrieb. Träfe das zu, dann müßten aber irgendwo zwischen den merkwürdigen Textgebilden auch verschlüsselte Fakten, Namen und sinnvolle andere Hinweise zu finden sein.

Insgesamt bieten sich zur Deutung des Michel Nostradamus also vier Möglichkeiten an:

- Nostradamus war ein Verrückter, der etwa im Alter von 48 Jahren damit begann, idiotische Verse für die Nachwelt zu schreiben. Wir wären somit allesamt einer Knalltüte auf den Leim gegangen.
- Nostradamus war ein Scharlatan und Betrüger. Seine unsinnigen Verse sind – wenn überhaupt – nur hier und

da »scheinbar« verschlüsselt. Außer der Tatsache, daß er uns damit mehr als 400 Jahre an der Nase herumführte, geben sie absolut nichts her.

- Nostradamus hatte tatsächlich Visionen, die (zumindest für ihn) so erschreckend klar und präzise waren, daß er sie in dunkler, kaum verständlicher Sprache verfaßte. Ein Zeit-Code könnte zwar existieren; er würde aber weder richtig noch auffindbar sein, weil er – würde man zufällig auf ihn stoßen – sogleich wieder verworfen würde, da die errechneten Jahre kaum mit jenen Ereignissen übereinstimmen können, die er, Nostradamus, visionär erblickt hatte.
- Nostradamus schöpfte sein Wissen aus einer anderen, uns noch unbekannten Quelle. Hier – und nur in diesem Fall – könnten unter den schwammig formulierten Texten auch korrekte Namen, Daten und Fakten verborgen sein.

Ganz gleich, welchen der vier Punkte man nun eingehender unter die Lupe nehmen will – ohne ein beträchtliches Maß an Scharfsinn und Phantasie geht es nicht! Ich steckte mir ein hohes Ziel: Entweder ich würde den Beweis antreten können, daß Nostradamus vom angesehenen Doktor der Medizin zum Scharlatan geworden war, oder es sollte mir gelingen nachzuweisen, daß er – von welchen Motiven auch geleitet – in verschlüsselter Form irgend etwas zu Papier gebracht hat, von dem zumindest er überzeugt war, daß es der Niederschrift und des Verschlüsselns wert war.
Ich wollte ihn also kennenlernen, jenen Mann aus Südfrankreich, der von seiner Nachwelt zum »größten Propheten aller Zeiten« hochgejubelt worden ist. Mich interessierten seine Beweggründe, sein Leben, seine Freundschaften und seine Feinde. Um ihn zu verstehen, mußte ich denken und empfinden wie die Alten und Weisen seines Jahrhunderts. Nur wer sich ihrer Sprache, ihrer Literatur, ihrer Mathematik und ihrer überlieferten Lehren bedient, kann sich auch ihren magischen und geheimen Praktiken nähern.

Wer in einem uralten Haus einen verborgenen Schatz finden will, darf nicht nach einem stählernen Panzerschrank Ausschau halten. Er muß am Gemäuer kratzen und den Kellerboden umgraben. Wer den Schlüssel zu geheimen Prophezeiungen sucht, muß in die düstere Welt mittelalterlicher Magie und hebräischer Zahlenkabbalistik eintauchen. Und das Allerwichtigste: Er muß sich ein hohes Maß an Selbstkritik erhalten, nichts zurechtfrisieren, alle nur erdenklichen Dechiffriermöglichkeiten durchgehen und die Nacht zum Tage werden lassen.

Scheinbare erste Erfolge sollten nicht euphorisch als große Entdeckung gefeiert, sondern als winziger Einstieg in die Vielfalt der Verschlüsselungstechnik betrachtet werden. Nur der richtige Code ließe sich gleichsam auf alle Verse anwenden und würde damit seine mathematische Gültigkeit beweisen. Man hatte auf Fallen und Stolperdrähte zu achten, auf verlockende Schatzkämmerchen, die einen in die Irre führen könnten, und man mußte stets auf der Hut sein, um sich nicht durch kleine Appetithäppchen und Bonbons von der eigentlichen Fährte fortlocken zu lassen.

Eigentlich hatte ich an alles gedacht, nur nicht an die Welt, in der ich lebe. Das Knacken an einem Jahrhundert-Code kostet nicht nur Nerven, sondern besonders viel Zeit und Geld. Hat man sich erst einmal festgebissen, spürt man, daß man zwar nahe daran ist, daß aber immer noch viele wesentliche Elemente fehlen, dann läßt man Beruf und Geldverdienen schleifen, zehrt irgendwann vom Eingemachten und dann von gar nichts mehr. Die Faszination des Nostradamus läßt einen nicht mehr los – koste es, was es wolle!

Schattenseiten haben jedoch auch ihre Vorteile. Wer arm wie eine Kirchenmaus über seinen Studien sitzt und sich vor dem »nächsten Ersten« fürchtet, weil Miete, Telefon und Strom wieder mal fällig, die Lebensmittelvorräte hingegen immer dürftiger werden, hat es auch sehr viel leichter, sich in jene Zeit zurückzuversetzen, in der ein kleiner Bengel namens Michel de Notredame mit einem ersten, kräftigen Schrei das Licht der Welt erblickte.

Eine erstaunliche Biographie

Die Kunde, daß Papst Alexander VI. – Vater von sechs Kindern – vermutlich einem Giftmord zum Opfer gefallen war, hatte wahrscheinlich gerade Frankreich erreicht, als der kleine Michel als Sohn der Eheleute Jaume (Vater) und Renée (Mutter) de Notredame geboren wurde: in St. Remyen-Provence, ganz im Süden des Landes, wo der Vater als Kaufmann, später als Notar tätig war.

In Deutschland wurde etwa zur gleichen Zeit die »Hexe Barbara zu Schwabach« verbrannt, Leonardo da Vinci schuf seine unvergleichlichen Meisterwerke, Martin Luther machte sich als Reformator der Kirche einen Namen und die Türken brachen auf, Europa zu unterwerfen. 1529 standen sie vor den Toren Wiens, während sich der zum Jüngling herangewachsene Michel de Notredame, der auf eine wohlbehütete Kindheit zurückblicken konnte, am 23. Oktober des gleichen Jahres in die medizinische Fakultät der Universität Montpellier einschrieb, um nach dem bestandenen Examen schließlich nach Agen überzusiedeln, Scaliger kennenzulernen, zu heiraten und kurz darauf Frau und Kinder zu betrauern.

Nach dem Tod seiner Familie bereiste Nostradamus Frankreich, wo er sich eine Weile in Bordeaux aufhielt, in Fains und an der Maas. Zu dieser Zeit ließ der englische König Heinrich VIII. seine fünfte Frau hinrichten, Papst Paul III. verschärfte erheblich die Gesetze gegen Ketzer und Hexen, und der französische König schlug sich wieder einmal in Italien mit den Truppen seiner Erzfeinde herum: den Habsburgern, die neben vielen anderen Herrschaften auch die Macht des römischen Kaisers und des Königs von Spanien in der Person Karls V. vereinigten.

Inzwischen 40jährig, besuchte Nostradamus das von den Benediktinern gegründete Kloster Orval, das damals zur Diözese Trier gehörte und nahe der luxemburgisch-belgischen Grenze in den Ardennen liegt. Die geheimnisvollen »Prophetien von Orval« werden von unzähligen Nostradamus-Anhängern ebenfalls dem Seher zugeschrieben. Anderen Quellen zufolge stammen sie aus der Feder eines Astrologen und Arztes (welch eine Parallele!) namens Olivarius.

Nostradamus könnte – das ist eine Hypothese – hier in den Archiven der Mönche vielleicht auf eine alte Schrift gestoßen sein, die fortan sein Leben veränderte. Die Benediktiner, einer der ältesten Orden überhaupt, widmeten sich bereits seit der Anregung des Cassiodorus (538 n. Chr.) dem Studium und dem Unterricht der Wissenschaften. Sie haben sich, insbesondere wegen der Erhaltung klassischer Altertumsschätze, große Verdienste erworben und wußten alte Geheimnisse wohl zu wahren.

Ein Jahr später tauchte Nostradamus wieder in Südfrankreich auf, wo er sich in Marseille unter der Leitung des Arztes Louis Serres dem Studium der Pest widmete. 1546 forderten ihn die Behörden von Aix-en-Provence als Seuchenarzt an. Wieder einmal wütete die Pest innerhalb der Stadtmauern. »Die Krankheit ist fürchterlich«, schrieb er später. »Ihre Ansteckungsgefahr ist hoch und äußerst bösartig. Wer sich näher als fünf Schritte an einen Kranken heranwagt, kann sich anstecken. Die, denen hohes Fieber zu schaffen macht, zeigen selten Geschwüre. Die aber, welche den Ausschlag bekommen, sterben schnell und sind dann von schwarzen Pestbeulen übersät. Jeden Tag sterben mehr Menschen. Viele neue Erkrankte stürzen sich aus Angst in die Brunnen oder aus den Fenstern. Andere verhungern und verdursten, weil sich ihnen niemand zu nähern wagt ...«

Nach dem Abklingen der Pest bezog Nostradamus ein Haus im nahegelegenen Salon-en-Provence, wo er am 11.

November 1547 die Witwe Anna Ponsarde heiratete und als Doktor zu praktizieren begann. Anna brachte eine erhebliche Mitgift ein, die dem inzwischen 44 Jahre alten Michel de Notredame vielleicht erst seine nächsten Reisen ermöglichte. Kaum verheiratet, packte ihn erneut das Fernweh. Er bereiste Frankreich, schließlich Norditalien und kehrte erst nach zwei Jahren (1550) wieder nach Hause zurück.

Ein Jahr später wurde seine Tochter Madeleine geboren, 1553 sein Sohn Cäsar. Später folgten die Kinder Charles-Michel, André, Anne und Diane. Nostradamus war seßhaft geworden. Hier beginnt nun auch die Zeit der Legenden, die sich um den Arzt aus Salon ranken und die später von seinem Sohn Cäsar nur allzu gerne bestätigt wurden. Angeblich hatte sein Vater, lange bevor die ersten Centurien veröffentlicht wurden, bereits Unwetter, Mißernten, volle Kornscheffel, aber auch außergewöhnliche Mißgeburten in und um Salon vorhergesagt. Allerdings war Cäsar zu diesem Zeitpunkt noch gar nicht geboren, und diese Aussage von ihm kann lediglich eine Vermutung sein. Vielleicht gab er auch nur weiter, was man ihm irgendwann einmal in seiner Jugend über seinen Vater erzählt hatte. Da Cäsar später stets bemüht war, das Erbe und den Ruf seines Vaters in Ehren zu halten und weiter auszubauen, ist dieser Aussage ohnehin nicht allzuviel Wert beizumessen.

Im Jahr 1550 tauchte dann zum erstenmal in einem Jahrbuch für Bauern, Handwerker und Handelsleute der Name »Nostradamus« auf (»Almanach de Nostredamus«). Weil sich der Ratgeber für Wetter und Ernten immer größerer Beliebtheit erfreute, erschien das Büchlein – jeweils dem kommenden Jahr gewidmet – von da an jährlich neu, und kleine Ratgeber mit Schönheitsrezepten, für Körperpflege u.ä. folgten. Aus Michel de Notredame war Nostradamus geworden.

Da Nostradamus vor dem Jahr 1548 keinerlei Ambitionen gezeigt hatte, sich schriftstellerisch zu betätigen, darf man annehmen, daß ihn wohl irgend etwas im Verlauf seiner zweijährigen Italienreise inspirierte, diesen neuen Weg zu gehen. Im Jahr 1555 erschien schließlich – späteren Nennungen zufolge – die erste Ausgabe seiner später so berühmt gewordenen Centurien. Angeblich handelte es sich hierbei um die ersten drei Kapitel sowie um 53 Verse der vierten Centurie, die unter dem Titel »Les Propheties de M. Michel Nostradamus«, Lyon, chez Mace Bonhomme, MDLV herausgegeben wurden. Die Ausgabe gilt heute als verschollen, soll aber durch den »Königlichen Rat von Lyon, Hugues du Puis, Seigneuer de la Mothe«, abgesegnet worden sein.

Nach und nach wurden dann die Centurien in weiteren Ausgaben vervollständigt. 1560 – heißt es – erschienen in einem Druck von Barbe Regnault bereits die ersten kompletten sieben Centurien. Gesichert ist aber nur eines: Die Königliche Bibliothek von Paris verwies im Jahr 1840 auf eine »Nostradamus-Urausgabe«, die sich dann jedoch als identisch erwies mit einer bei Pierre Rigaud erschienenen Edition aus dem Jahr 1566. Der Band enthält bereits, wie alle späteren Ausgaben der Brüder Pierre und Benoist Rigaud, einen ersten Teil mit den Centurien 1 bis 7 und den sogenannten Nachlaßbrief an Cäsar, sowie einen zweiten Teil mit den Centurien 8 bis 10 mit dem Schreiben an Heinrich II. von Frankreich. Die Ausgabe trug den Titel: »Prophéties de Michel Nostradamus, dont il y en a trois cens qui n'ont encores iamais esté imprimées«. Die zuweilen auftauchende Behauptung, eine Gesamtausgabe der Centurien 1–10 sei bereits vor 1566 erschienen, erwies sich inzwischen als nicht mehr haltbar.

Die Staatsbibliothek von Berlin besaß noch bis zum Jahr 1940 eine bei Pierre Rigaud nachgedruckte Ausgabe von 1568 (Archiv Nr. 7590), die später aber nicht mehr auffindbar war. Man darf annehmen, daß dieses ehrwürdige Werk eine Zeitlang den Nachttisch Adolf Hitlers zierte, über dessen »Vorsehung« noch zu reden sein wird.

Die Ausgabe von 1668 bezieht sich ebenfalls auf eine frühe Edition aus dem Jahr 1568, die bei Benoist Rigaud, Lyon, erschienen sein soll. Die darin erhaltenen Fragmente der Centurien 11 und 12, sowie die »Présages« und sechszeiligen »Prédictions« sollen aus dem Nachlaß des Sehers stammen und erstmalig im Jahr 1605 erschienen sein. Skeptiker mögen nun behaupten, daß eine »Ur-Ausgabe« der Nostradamus-Prophezeiungen möglicherweise nie existiert hat. Bei den Veröffentlichungen könne es sich um rückdatierte Erscheinungen aus viel späteren Jahren handeln, die dann auch erklären würden, warum einige relativ klar formulierte Prophezeiungen, wie der Turnierunfall Heinrichs II., scheinbar richtig vorausgesagt wurden.

Dem aber widersprechen Bücher, die bereits ab 1590 einige Nostradamus-Prophezeiungen kommentieren. So veröffentlichte Jean Aime de Chavigny – Freund, Schüler und Sekretär des Michel Nostradamus – bereits im Jahr 1594 das inzwischen mehr als rar gewordene Büchlein »La première face du François«, in dem er einzelne Nostradamus-Verse vorstellte und zu deuten versuchte. Das Werk wurde später unter dem Namen »Janus Gallikus« bekannt und vom Autor dem damals regierenden König Heinrich IV. gewidmet.

Es hat ihn also unzweifelhaft gegeben, jenen denkwürdigen Menschen, der sich das Pseudonym »Michel Nostradamus« zulegte, um die Nachwelt mit seinen Prophezeiungen zu beglücken! Doch woher holte er sein Wissen? War er gewissermaßen über Nacht zum hellseherischen Phänomen geworden? Gab es ein Schlüsselerlebnis? Woher stammten die alten Schriften, die er im Nachlaßbrief an Cäsar erwähnte? Bücher, die – so Nostradamus – »jahrhundertelang versteckt gehalten wurden« und die er schließlich verbrannt habe, damit sie »nicht mißbraucht werden können«? Stammten sie aus den geheimen Klosterarchiven von Orval? Brachte er sie von seiner Italienreise mit? Oder hatte er sie von seinem jüdischen Großvater, der ihn – so behauptete Cäsar später – auch die Kunst der Mathematik und der Astronomie lehrte?

Seine inzwischen als überdurchschnittlich bezeichneten prophetischen Gaben müssen zumindest bis ins Jahr 1545 sehr still vor sich hingeschlummert haben. Und selbst im Erscheinungsjahr seiner Centurien, 1555, als er bereits diese »hohen prophetischen Gaben« zu Papier gebracht hatte, schien er, was seine eigenen Zukunftsaussichten anging, recht unsicher zu sein. Im Frühjahr des Jahres 1555 wurde der Meister »an den Hof zu Paris« beordert, wo er sich einer Befragung wegen seiner ketzerischen Äußerungen unterziehen sollte. Nostradamus verließ am 14. Juli mit sehr gemischten Gefühlen seine Heimatstadt Salon und erreichte noch vor dem 27. Juli 1555 Lyon, wo der Chronist J. Gueraud über den seltsamen Zeitgenossen schrieb:

»Er war ein Mann, versiert im Wahrsagen, in Mathematik und der Astrologie. Er sagte Großes aus, über gewisse Ereignisse bezüglich der Vergangenheit und der Zukunft. Nun aber war er zu Hofe befohlen und befürchtete, daß man ihm dort noch vor dem 25. August den Kopf abhacken wolle, wegen der Ereignisse, über die er berichtet habe . . .«

Eigenen Aussagen zufolge mußte sich Nostradamus tatsächlich in Paris einer unangenehmen Befragung unterziehen. Dann habe er es aber vorgezogen, am nächsten Tag, dem 16. August, nicht mehr zu erscheinen.

Plötzliches Fernweh überfiel ihn, und nach einem kurzen Abstecher über Südfrankreich reiste er weiter nach Italien, wo er in der Nähe von Turin ein Haus bezog und erst 1556 wieder nach Frankreich zurückkehrte. Ohne Zweifel – Nostradamus hatte sich zunächst einmal aus dem Staub gemacht.

Hätte er als begnadeter Prophet nicht wissen müssen, daß seine Zeit noch lange nicht gekommen war? Angeblich sagte er seinen Tod genau für den 2. Juli 1566 voraus – warum befürchtete er dann, daß man ihm jetzt schon, elf Jahre früher, den Kopf abhacken könne?

Kleine prophetische »Fehltritte« zeigten sich auch in den Folgejahren. Es scheint, daß er bestenfalls in der Lage war, Dinge von geschichtlichem Gewicht vorauszusagen. Bei kurzfristigen Prophezeiungen über die unmittelbare Zukunft von persönlich bei ihm vorsprechenden Fragestellern (die sich bei Hellsehern immer einfinden) versagte Nostradamus jedoch kläglich.

Der Chef der Leibpagen Ludwigs XIV., Guynaud, machte sich regelrecht lustig über die so hochgelobten hellseherischen Gaben des Michel Nostradamus. Einst habe Claudius von Savoyen den Propheten in Salon besucht, schrieb er, um von Nostradamus zu erfahren, ob seine in Kürze stattfindende Reise nach Paris von Erfolg gekrönt sein werde. Der Seher habe ihm darauf mit knappen Worten mitgeteilt, daß ihn beim Trinken eine Überraschung erwarten würde. Unterwegs sei der Graf dann in die Rhone gefallen und beinahe ertrunken.

»Wahrlich«, so spottete Guynaud, »eine große Überraschung!«

Zeigen derartig »prophetische Ausflüchte« nicht, daß Nostradamus sich nicht festlegen wollte und sich, wie im vorangegangenen Fall, um eine konkrete Aussage drückte? War er vielleicht doch kein Hellseher? Die Attacken seines Ex-Freundes Scaliger machen zumindest deutlich, daß Nostradamus Jahre zuvor nicht den Hauch einer prophetischen Begabung an den Tag gelegt hatte. Für Scaliger schien diese völlig neu zu sein – wie sonst hätte er so übersteigert reagieren können?

So sehr sich Nostradamus auch um kleine Alltags-Prophezeiungen drückte und seine Besucher geschickt mit Vorhersagen abwimmelte, die – wie seine Verse in den Centurien – alles und nichts aussagten, einige seiner Prophezeiungen, speziell jene über Menschen, die später ein Plätzchen im Buch der Geschichte gefunden haben, waren um so beeindruckender.

Zu Ruhm und Ansehen am französischen Hofe gelangte er

– so makaber es auch sein mag – erst mit dem Tod des damaligen Königs Heinrichs II. Anläßlich der Vermählungsfeierlichkeiten seiner Tochter Elisabeth mit dem spanischen König veranstaltete Heinrich ein prunkvolles Turnier nahe der Bastille St. Antoine in Paris. Obwohl man auf den König einredete, nicht selbst anzutreten, befahl dieser jedoch seinem Hauptmann der Leibgarde, Daniel Delorges Graf Montgomery, gegen ihn in die Schranken zu reiten.

Der Waffengang zu Pferde endete mit einem blutigen Unfall. Ein Splitter der gebrochenen Lanze drang durch das Visier ins rechte Auge des Königs und verletzte diesen tödlich. Heinrich II. starb zehn Tage später, am 10. Juli 1559, infolge einer Gehirnblutung.

Es heißt, Nostradamus habe den König ausdrücklich vor diesem Turnier und einer Augenverletzung gewarnt und das auch – lange vor dem Kampf – dem damals berühmten Hofastrologen Lucas Gauricius mitgeteilt. Beweise für diese Behauptung gibt es zwar nicht, aber sollten Cäsar und Chavigny hier einmal ausnahmsweise nicht geschwindelt haben, muß man davon ausgehen, daß sich Nostradamus bei diesem geschichtlich relevanten Ereignis ziemlich sicher war und deshalb kräftig die Werbetrommel rührte!

Ein völlig offen geschriebener Vierzeiler der ersten Centurie beschreibt diesen Turnierunfall so:

I/35
Le Lyon jeune le vieux surmontera,
En champ bellique par singuliere duelle,
Dans cage d'or les yeux luy crevera.
Deux playes une, pour mourir mort cruelle.

Der junge Löwe überwindet den alten,
auf dem Kampfplatz durch einzigartiges Duell.
Im goldenen Gitter bersten seine Augen.
Zwei Wunden, eine zum Sterben eines schrecklichen Todes.

Dieser Vierzeiler machte Nostradamus über Nacht berühmt. Kein Wunder, denn läßt man die Ereignisse jenes Tages einmal Revue passieren, erhalten selbst die scheinbaren Falschbeschreibungen im Vers einen durchaus einleuchtenden Sinn:
Die festlichen Kampfspiele zogen sich bis weit in die Mittagszeit hinein. Es ist ungewöhnlich heiß an diesem Sommertag, und Emmanuel Philibert, der künftige Schwager Heinrichs, stellt dem König sein temperamentvolles Pferd für den dritten Waffengang zur Verfügung. Er bittet ihn eindringlich, den Kampf wegen der enormen Hitze abzubrechen. Doch der König schüttelt lachend den Kopf. Schließlich sei er ein echter »Recke« und als solcher müsse er traditionsgemäß alle drei Waffengänge absolvieren!
Selbst sein Turniergegner Montgomery will den Abbruch des Kampfes. Der König bleibt unbeugsam, und sein Helfer, der alte Vieilleville, beschwört Heinrich: »Sire, ich schwöre beim lebendigen Gott, daß ich seit drei Nächten an nichts anderes denken kann, als daß Euch ein Unheil widerfahren könnte! Haltet ein, denn dies ist wahrlich ein Unglückstag!«
Aber der alte Haudegen will es wissen, ruft zum dritten Waffengang auf. In der Hektik vergißt Montgomery die Lanze auszutauschen, die beim zweiten Durchgang an der Spitze leicht aufgerissen wurde. Die Reiter preschen aufeinander los, dann erwischt Montgomery den König am Harnisch. Die Lanze zersplittert und rutscht nach oben ab. Sie stößt das Visier des Helms hoch und dringt ins rechte Auge des Königs ein, um am Ohr wieder auszutreten! Zwei fürchterliche Wunden nach zwei Waffengängen, die Heinrich II. zehn Tage später das Leben kosten werden.
Nostradamus schreibt das Wort »Wunden« statt frz. »plaie«, wie das englische »playes« (Spiele). »Zwei Spiele – eines, zum Sterben eines grausamen Todes«.
Der Seher packt also gekonnt einen Doppelsinn in die scheinbar falsche Schreibweise, denn beides traf zu: Ein-

und Austritt des Lanzensplitters hinterließen zwei schreckliche Wunden. Und zwei Waffengänge, bei denen sich beide Reiter trotz heftiger Zusammenstöße im Sattel halten konnten, gingen voran: Zwei Spiele, dann eines, das den Tod brachte.

Der Satz »Im goldenen Gitter bersten ihm die Augen« bedarf kaum einer weiteren Erklärung. Aber sehen Sie einmal genau auf das »goldene Gitter«, das Visier (»cage«), das einmal – wohl eher zufällig – die Macht des Königs (Gold) symbolisiert, gleichzeitig aber auch die französische (und englische) Bezeichnung für »Zeitalter/Alter« – »Age« enthält. Dahinter folgt im »Gitter des Goldes« nur noch ein »d« mit Trennungszeichen und nachfolgender Null (»0«).

Der Vers ist – wie schon gesagt – sehr offen geschrieben. Der Buchstabe »d« ist der vierte Buchstabe unseres Alphabets. Nostradamus beendete den Brief an seinen Sohn mit dem Datum vom 1. März 1555. Vier Jahre hinzugerechnet, ergibt das »D« (4) das Todesjahr Heinrichs II. – 1559 (!)

AGE D'O
AGE 4–0

Von nun an ließen sich Hof und Adel gerne von dem so phänomenalen und prognosesicheren Seher unterrichten. Die königliche Familie besuchte ihn sogar persönlich in Salon, und die Mutter des erst 14jährigen Thronfolgers, Katharina von Medici, ernannte Nostradamus zum Leibarzt und Hofastrologen des jungen Königs Franz II.

Angesichts dieser einflußreichen Rückendeckung lernte der Seher nun das Leben von seiner angenehmsten Seite kennen. Er verdiente gut, die Leute zollten ihm Respekt, und die Angst vor dem Richtbeil löste sich in Wohlgefallen auf. Und doch – zwei Jahre später bewies er erneut, daß ihm regionale Ereignisse, die nur in Stadt- und Dorfchroniken niedergeschrieben werden, aber in keinem Geschichtsbuch auftauchen, immer wieder zu schaffen machten:

In einigen südfranzösischen Städten, darunter auch Salon, kam es zu Krawallen und Blutvergießen zwischen Kirche, Obrigkeit und den unzufriedenen Bauern und Handwerkern. Aufständische Erntearbeiter zogen plündernd durch die Stadt, wobei sie auch vor dem Haus des »reichen Wahrsagers« Michel Nostradamus nicht haltmachten. 1561 schließlich, als die Zustände unerträglich wurden, »floh Nostradamus vor den Horden des Pöbels, dem wegen seines Geldbeutels und Vermögens übel vom Bauernvolk mitgespielt wurde«. (Zitat: Cäsar Nostradamus). Zum Jahresmietzins von 18 Gulden bezog der Seher vorübergehend ein Haus in Avignon und kehrte erst wieder nach Salon zurück, als die Bauernrevolte zu Ende war.

Die Zeit fließt dahin, Nostradamus nähert sich seinem sechzigsten Lebensjahr. Die Gicht beginnt ihn zu plagen. Zwischen ihm und Katharina von Medici findet ein reger Schriftwechsel statt. Sein Lebensabend verläuft ruhig und – berücksichtigt man die Epoche, in der er lebt – recht angenehm. Er hat eine große und gesunde Familie, lebt wohlhabend und als angesehener Bürger in Salon und hat nun viel Zeit, sich seiner prophetischen Leidenschaft zu widmen.

Am 17. Juni 1566 – genau 16 Tage vor seinem Tod – verkündet er vor dem Königlichen Notar, Josephe Roche, seinen letzten Willen. Dieses Testament spiegelt die Natur des Sehers wie kein zweites von ihm unterzeichnetes Dokument wider. Peinlich genau legt er den Standort seines Grabes fest und bestimmt, daß bei seinem aufgebahrten Körper vier Kerzen, jede genau 1 Pfund schwer, aufzustellen seien. Insgesamt vermacht er seiner Familie – pingelig bis hin zum letzten Salzstreuer ist die Verteilung geregelt – die Summe von 3444 Goldstücken und 10 Soli, sowie Schuldverschreibungen von weiteren 1600 Goldstücken. Merkwürdig für einen Propheten, er scheint nicht zu wissen, wie es nach seinem Tode mit der Familie weitergehen wird. So berücksichtigt er alle möglichen Eventualitäten, wie beispielsweise beim Erbteil seiner Frau Anna: Wäre sie zum

Zeitpunkt seines Ablebens von ihm schwanger, dann sei – falls der Nachwuchs dem männlichen Geschlecht zugehörig sei – auch dieser Sohn im Erbe mit den anderen Söhnen gleichzusetzen. Sollte es eine Zwillingsgeburt sein, so wäre dies ebenso zu handhaben. Bei einem eventuellen weiblichen Nachkommen jedoch erhielte das Mädchen – oder bei einer Zwillingsgeburt von zwei Mädchen – ein Legat von 100 Goldstücken. Die »geliebte Frau Anne« erhalte 400 Goldstücke für die Witwenzeit, welche jedoch im Falle einer Wiederverheiratung zurückgegeben und auf die Kinder verteilt werden müßten.

Seine Garderobe, die er ihr neben einem gedrittelten Wohnrecht hinterließ, dürfe sie aber auch dann behalten, wenn sie wieder heiraten würde, wobei jedoch zu berücksichtigen sei, daß der andere geerbte Hausrat und ihr Wohnrecht bei einer Wiederverheiratung verfielen.

Die vielen »Wenns« und »Abers« in seinem Testament sprechen eine sehr deutliche Sprache: Nostradamus war bis übers Grab hinaus pedantisch und genau. Er überließ nichts dem Zufall, aber er wußte auch nicht ganz sicher, ob weiterer Nachwuchs zu erwarten war, ob seine Frau noch einmal heiraten oder welcher seiner Söhne sein geistiges Erbe antreten würde. Seine gesamten Bücher, Schriften und Manuskripte seien »in einem abgeschlossenen Korb aus Weidengerten aufzubewahren, damit jener sie erben möge, der sie am besten zu verwenden weiß«.

Sehr prophetisch klingt auch das nicht. Und es bedarf sicherlich auch keiner prophetischen Gaben, wenn ein Arzt, der in den letzten Tagen seines Lebens mit einer bösen Wassersucht zu kämpfen hatte, die ihm das Atmen beinahe unmöglich machte, wenige Tage vor seinem Tod in ein Ephemeriden-Buch (Gestirnstands-Tabellen) in einer handschriftlichen Notiz vermerkte: »hic prope mors est« (lat. »Hier nähert sich der Tod«) – ein Satz, der in der Vergangenheit stets als prophetische Meisterleistung angesehen wurde!

Von seinem Freund und Vertrauten, Jean Aymé Chavigny, der ihm nach eigenen Angaben in den letzten schweren Tagen »Beistand leistete«, verabschiedete sich Nostradamus am Abend des 1. Juli 1566 mit den Worten: »Zum Sonnenaufgang werdet Ihr mich nicht mehr lebend sehen.« Am kommenden Morgen fand man ihn tot auf. Nostradamus war nahe seines Bettes, bei einer Holzbank auf dem Boden liegend, erstickt. Ein Leben voller Widersprüche war zu Ende gegangen.

Fuchs oder Prophet?

Aber wer ist in dieser Nacht zum 2. Juli tatsächlich verstorben? Ein großer Prophet oder ein schlauer Fuchs, der die Menschen seiner Zeit an der Nase herumgeführt hat? Ohne Zweifel hat er Dinge zu Papier gebracht – denken wir nur an die Neptun-Erwähnungen oder an den Vierzeiler, der ganz offensichtlich den Turnierunfall Heinrichs II. vorhersagt –, die Zeugnis darüber ablegen, daß er allem Anschein nach wirklich mehr wußte, als er in seinen verschwommen formulierten Vierzeilern erkennen ließ. Aber ein Prophet, ein Hellseher, ein Wahrsager?

Sein zweitgeborener Sohn Charles-Michel fühlte sich befähigt, als junger Mann das prophetische Erbe des Vaters anzutreten. Für das Jahr 1574 sagte er im Hugenottenkrieg den Brand der belagerten Stadt Le Pourzin voraus. Als sich die Prophezeiung nicht zum angegebenen Datum erfüllte, half er etwas nach. Man erwischte den Achtzehnjährigen dabei, als er mehrere Feuer legte. Noch im gleichen Jahr wurde Charles-Michel Nostradamus wegen dieses Verbrechens zum Tode verurteilt und hingerichtet. Hätte ein so prophetisch begabter Vater seinen Sohn nicht frühzeitig ermahnt, sich niemals als »Prophet« zu versuchen?

Ich denke, zwei Punkte können wir inzwischen aus unserer Liste streichen: Nostradamus war kein Verrückter, sondern bis zum Tage seines Todes bei klarem Verstand. Und er war ganz sicher kein hellseherisches Phänomen. Nicht nur der empörte Aufruf Scaligers, sein Testament, die Angst, man könne ihm bereits im August 1555 den Kopf abschlagen; und nicht nur seine Flucht in nichtssagende Voraussagen bei einigen Besuchern, sondern auch die Hinrichtung seines Sohnes, von der er offensichtlich nichts ahnte, machen das recht deutlich!

Somit verbleiben nur noch zwei Punkte auf der Liste: Nostradamus könnte ein Scharlatan, ein Gaukler oder Betrüger gewesen sein, der mit düsteren, unverständlichen Vierzeilern lediglich den Eindruck erwecken wollte, er sei ein begnadeter Prophet. Schließen wir in dieser Kategorie auch den Spinner und Traumtänzer nicht aus! War er ein Mann, an sich bieder und ein guter Arzt, der einem Tick verfallen war und nun seine Hirngespinste niederschrieb?
Es wäre schon möglich. Aber da gibt es – und das paßt nun überhaupt nicht ins Bild – immer noch »Jupiter, der näher an der Venus als am Mond steht, während Neptun seinen Platz, von Mars beeinflußt, im hellen Schein vor der Venus eingenommen hatte«.
Im Jahr 1555 den Planeten Neptun zu benennen, das ist etwa so, als würde ich behaupten, in zweihundert Jahren fiele ein Ahornblatt auf genau diese oder jene Stelle in Ihrem Garten. Ich rede jetzt von einem Baum, der noch gar nicht existiert und erst in 160 Jahren von jemandem, dessen Großvater noch nicht geboren ist, eingepflanzt wird – dort, wo sich heute noch Ihr Schlafzimmer befindet.
Unsere Liste wäre damit auf den einen, letzten Punkt zusammengeschrumpft: Nostradamus schöpfte sein Wissen, seine Informationen, aus einer Quelle, die zunächst noch unbekannt ist.
Eine abenteuerliche Theorie?
»Es steht geschrieben . . .« heißt es in der Bibel, und danach folgen Prophetien und Zukunftsperspektiven der

Menschheit. Ohne weiter über ihren Sinn nachzudenken, lesen wir über solche Sätze hinweg. Wie möglich oder unmöglich ist es, daß die gesamte Geschichte der Menschheit bereits niedergeschrieben wurde? Damit meine ich nicht irgendwelche Visionen, sondern den wirklichen Werdegang der menschlichen Art, mit allen Höhen und Tiefen, Kriegen, politischen Veränderungen, Herrschern, wichtigen Erfindungen, Fortschritten, Daten und Ereignissen. Gewissermaßen eine präzise Chronik der Menschheit!

Es steht geschrieben . . .

Existiert ein solches Buch? Oder ist diese Idee allzu waghalsig, zu abenteuerlich? Ich denke nicht. Denn wenn wir statt »niedergeschriebener Zukunft« von »niedergeschriebener Geschichte« sprechen, wird begreiflicher, daß jeder von uns bereits ein solches Buch kennt! Es steht vermutlich daheim in Ihrem Bücherregal und nennt sich »Geschichte« oder »Chronik der Menschheit«.

Sie müssen es nur noch schaffen, dieses Buch mittels eines technischen (noch unvorstellbaren) Kniffs in eine andere Zeit zu kicken, damit andere daraus geheimnisvoll anmutende, prophetische Vierzeiler schreiben können.

Zugegeben: eine verrückte Idee! Allerdings würde sie zumindest erklären, warum Nostradamus von einem Planeten sprach, den er gar nicht kennen durfte, oder warum er im lesbaren Text einiger Verse deutlich mit sehr verblüffenden Daten aufwartete. Die jahrhundertealte Theorie, Nostradamus sei gewissermaßen ein »Schnüffel-Prophet« gewesen, der durch das Einatmen giftiger Dämpfe »high« und gleichzeitig prophetisch wurde, klingt da wesentlich abenteuerlicher. Kurt Allgeier sprach sicherlich für die meisten Nostradamus-Autoren, als er 1982 schrieb:

Michel Nostradamus benutzt also zwei Methoden, sich in Trance zu versetzen: Entweder er setzt sich vor ein großes Feuer, wobei er, wie die alten Seher, einen dreifüßigen eisernen Schemel benutzt. Dann starrt er in die Flammen, bis er einen »zarten, feuri-

gen Hauch« verspürt. Oder er stellt sich auf das Dach seines Hauses in Salon in eine große Schüssel mit Wasser. Er hat eine Wünschelrute in der Hand, gewissermaßen die »Antenne«, mit deren Hilfe er die Visionen empfängt. Er starrt diesmal auf die Wasseroberfläche, in der sich die Sterne spiegeln.

Inzwischen entwickelte er eine dritte Theorie: 1988 teilte er sie den verblüfften Lesern seines neuen Nostradamus-Werkes mit:

. . . Wie das Orakel von Delphi setzte er sich auf einen eisernen, dreifüßigen Schemel. Dieser stand in einem großen Bottich, der mit Wasser gefüllt war. Das Wasser versetzte er mit giftigen Essenzen, deren Dämpfe er dann einatmete . . . Am nächsten Tag sind die Skizzen des nächtlichen Gestammels dann »entschwefelt« worden . . .

Nun ja – machen Sie sich selbst ein Bild von dieser Theorie, die seit einigen Jahrhunderten liebevoll von den Nostradamus-Experten gehegt und gepflegt wird. Ich jedenfalls konnte mich noch nie für den Gedanken erwärmen, daß die Visionen und LSD-Horrortrips eines bis unter die Achseln »verkifften« Mannes so ernstzunehmen sind, daß man versucht, in ihnen geschichtliche Parallelen zu finden! Und wenn am zwar flachen Dachstuhl des ehemaligen Wohnhauses des Michel Nostradamus zu Salon in den vergangenen Jahrhunderten nicht allzuviel verändert wurde, halte ich das nächtliche Klettern durchs Fenster auf dieses Dach ohnehin für eine äußerst lebensgefährliche Angelegenheit. Lassen wir also zunächst noch offen, woher Nostradamus seine, nennen wir sie ruhig Prophezeiungen, bezog. Immerhin besteht ja auch die Möglichkeit, daß Ray Nolan einer allzu dynamischen Sprache aufgesessen ist, die, wie immer das auch geschehen ist, ein merkwürdiges, äußerst logisches Eigenleben entwickelt haben könnte.
Und damit wäre dann alles auf einen außerplanmäßigen

letzten Punkt komprimiert, der mich als Idioten, und den »Seher« als brillantesten Scharlatan seiner Zeit entlarvt.

Die nachfolgenden Kapitel und die Zeit – besonders die Zeit – werden hier das letzte Wort zu sprechen haben.

Im Jahr 1533 – etwa 17 Jahre vor der Veröffentlichung seiner prophetischen Centurien – schloß Michel de Notredame sein Studium als Arzt ab. Die Abbildung zeigt einen zeitgenössischen Arzt bei einer Amputation.

3. KAPITEL

Verflucht,
wer meine Ruhe stört!

Durch das phantastische Labyrinth des Nostradamus-Schlüssels zu wandern, ist eine ziemlich tempoarme Angelegenheit, in der man immer wieder auf vermauerte Wände, Irrgärten, Fallgruben, aber auch auf versteckte Schatzkämmerchen stößt. Die Trickkiste des Meisters, Daten, Fakten und Namen zu verstecken, scheint unerschöpflich! Ähnliches erlebt man eigentlich nur bei einem Besuch der ägyptischen Pharaonengräber in Luxor, wo die Grab- oder Schatzkammern meist so raffiniert angelegt waren, daß man bereits nahe des Stolleneingangs an ihnen vorbeistiefelte, um sich dann an einer scheinbar getarnten Tür aufzuarbeiten, hinter der nur Tonnen an Stein und Geröll auf die Entdecker warteten.

Hinter den von Nostradamus angelegten Scheintüren und Schlupflöchern erwartet den Entdecker zunächst einmal eine Gänsehaut. Hat man den ersten, einfachen Buchstabencode geknackt und die Bestätigung für seine Richtigkeit gefunden, fühlt man sich irgendwann auch persönlich angesprochen.

Vom baldigen Tod spricht der Meister und wartet mit Daten auf, die man in jeder Epoche nur allzu leicht auf sich selbst zurechtstutzen kann. Von einem Attentat ist da die Rede, oder von einer schleichenden Krankheit – gezielter Psychoterror! Da hat man's nun fast geschafft, und schon soll vorzeitig das Ende nahen? Das Gefühl in der Magengegend wird zunehmend flauer.

Das Attentat eines Verrückten ist einem weitaus sympathischer, als elend dahinzusiechen. Wenn man das genaue Datum wüßte, könnte man dem Burschen vielleicht eine Falle stellen! Da man in diesen gefährlichen Zeiten jedoch keine leichte Zielscheibe für den Amokschützen abgeben will und sich wegen des Datums noch nicht völlig sicher ist, werden nun abends – zum ersten Mal seit langem – wieder pünktlich die Rollos runtergelassen. Der Name des Killers wäre interessant! Peter soll er heißen, oder Frank!

Ein fürchterlicher Verdacht keimte in mir auf. Sollte es etwa jener Peter sein, den ich im letzten Urlaub kennengelernt, und der gerade gestern angerufen hatte, um scheinheilig nachzufragen, ob ich am Wochenende schon etwas vorhätte?

Man fühlt sich merkwürdigen Mächten ausgeliefert. So etwa muß sich Michael Jackson vorkommen! Die Angst vor Krankheit, Meuchelmord und tragischen Schicksalsschlägen frißt einem die Seele auf! Wieviele Code-Knacker wurden in der Vergangenheit so schon abgeschreckt?

Mich brachte meine bessere Hälfte wieder auf den Teppich zurück. Jeden Tag eine neue Sterbevision, ein anderer Killer, ein neuer Name, zwei durchweinte Nächte, weil mein Tod in drei Wochen eine vom Schicksal beschlossene Sache zu sein schien, waren ihr zuviel. Ich grollte, weil sie mir nicht mehr glaubte, sie grollte, weil sie merkte, daß ich nahe am Überschnappen war.

Der Friede kehrte erst wieder ein, als ich nach drei Wochen immer noch lebte und ich mich – jetzt nur noch heimlich – daran machte, den Fehler zu beheben, um ein neues Sterbedatum auszutüfteln.

Adolf Hitler und die Vorsehung

Irgendwann dämmerte es endlich, daß mein Killer nicht nur Peter oder Frank heißen konnte, sondern auch Abdulla, Eva Braun oder Silvester Stallone. Eine raffiniert angelegte Falle, die einen immer wieder vom eigentlichen Schatzkämmerlein fernhielt! Niemand ist dagegen gewappnet. Das Bedürfnis zu wissen, wann, wie und wo es einen erwischt, ist allzu groß. All die Roosevelts, Napoleons, Mussolinis und Hussains werden angesichts der phantastischen Möglichkeit, mehr über sich selbst zu erfahren, zu geschichtlichen Winzlingen! Schwer, von diesem Horrortrip wieder herunterzukommen!

Ich weiß nicht, wie weit C. Loog (»Die Weissagungen des Nostradamus«, J. Baum Verlag, 1921) ins Schlüsselwerk vordringen konnte. Aber er warf das Handtuch recht früh, wie mir scheint. Zwar, so schrieb er, habe er nun die »21 versiegelten Tonnen« gefunden, von denen in Vers 7/40 gesprochen wird und den er als »Schlüsselvers« ansah, doch nun müsse er schweigen, da er – nach Jean le Roux (Nostradamus-Interpret um 1710) – die »zweite Wache« sei, welche in diesem Vers erwähnt wird, und die »erschlagen werde«, wenn er nun nicht damit aufhöre, weiterzuforschen.

Was passieren kann, wenn die Gläubigkeit von Staatsoberhäuptern und das vermeintliche Entziffern des langgesuchten Nostradamus-Schlüssels zusammenfallen, obwohl nur einige Fragmente der ersten Dechiffrierungs-Stufe erkannt wurden, zeigt der traurige Fall des Schweizer Astrologen K. E. Krafft aus der Hitler-Ära:

Krafft wollte bereits im Jahr 1939/40 bei einigen Versen Zusammenhänge zwischen den Prophezeiungen und Hitler erkannt haben, was er flugs dem damaligen Reichspropagandaminister Joseph Goebbels mitteilte. In einer kleinen Auflage, die ausschließlich für deutsche und italienische Ministerien herausgegeben wurde, manipulierte der Astrologe an einigen Versen, änderte hier und da ein paar Buchstaben oder setzte Tremas dort ein, wo Nostradamus keine vorgesehen hatte. Mit diesen selbstfabrizierten Änderungen wollte der frischgebackene Hofastrologe wohl demonstrieren, »was Nostradamus an dieser Stelle tatsächlich gemeint haben könnte«.

Seine kleinen, geschickt angelegten Manipulationen beweisen einmal, warum Adolf Hitler immer mehr an seine »Vor-

sehung« und das »Tausendjährige Reich« zu glauben begann (Krafft berechnete die NSDAP-Ära bis zum Juni 1999,
also bis zur Jahrtausendwende), und zum anderen, daß der
Schweizer über die erste Codestufe nicht hinausgekom-
men ist. Seine Entdeckung stimmte ihn so euphorisch, daß
er nach dem Sprung über die erste kleine Hürde bereits
glaubte, den kompletten Schlüssel gefunden zu haben.
Vielleicht war es aber auch die Begeisterung der beiden
Mächtigen aus Deutschland, die ihn dazu verleitete, schon
kurz nach dem Start die Fata Morgana eines Zielbandes zu
erblicken.
Leider, oder Gott sei Dank, sagt die entsetzliche Zahlenspielerei nichts darüber aus, ob z. B. das von Krafft manipulierte Datum vom 1. September 1939 (Beginn des Zweiten Weltkriegs und Polenfeldzug) im nachhinein zurechtge-
stutzt wurde, »um der Vorsehung gerecht zu werden«, oder
ob Hitler diesen Tag wählte, weil Krafft das Datum als den
Beginn der großen siegreichen Schlacht gedeutet hatte.
Der »Führer« war jedenfalls völlig aus dem Häuschen, und
das Buch durfte zunächst »wegen Vorwegnahme der Ereignisse« nicht ausgeliefert werden. Erst im Herbst 1940,
als sich alles »wie von Nostradamus angekündigt« erfüllt
hatte, wurde die Krafft-Edition in der erwähnten kleinen Auflage für einige Ministerien freigegeben.
Adolf Hitlers unerschütterlicher Glaube an seine Vorsehung
und den Endsieg begründete sich wohl auf der Meinung,
durch die Nostradamus-Entschlüsselung mehr als andere
zu wissen. Jahrhundertelang hatte man an den Texten her-
umgedeutet und sie zu interpretieren versucht. Und nun
trat da ein Mann in sein Leben, der ihm erstmalig einen
Zahlenschlüssel präsentierte, durch den sich sogar wichtige Daten ausrechnen ließen! Ein phantastischer Informati-
onsvorsprung, dessen sich säbelrasselnde, machthungrige
Staatsoberhäupter nur allzu gerne bedienen – vorausgesetzt, sie glauben überhaupt an solche Dinge!
Zu spät sollte der Führer des »Armin-Landes« (Krafft-Aus-

legung des »Duc d'Armenie« aus Vers 5/94) merken, daß die »Vorsehung« anderes für ihn bereithielt! Sein Selbstbewußtsein wuchs mit jedem mißglückten Attentatsversuch, und erst, als sich abzeichnete, daß die teilweise manipulierten Krafft-Prophezeiungen fürchterliche Fehldeutungen waren, als der deutsche Adler mit gerupften Flügeln ins Trudeln geriet, wurden alle greifbaren Nostradamus-Ausgaben in einer Nacht- und Nebelaktion durch die Gestapo beschlagnahmt und vernichtet.

Selbst die antiquarische Bibliotheks-Ausgabe von Pierre Rigaud aus dem Jahr 1568 verschwand für immer. K. E. Krafft, für kurze Zeit von Hitler mehr geschätzt als jeder andere Mensch auf der Welt, wurde deportiert und starb 1945 im Konzentrationslager. Im gleichen Jahr verblutete das »Tausendjährige Reich« und eines der schrecklichsten Kapitel der Menschheitsgeschichte fand ihr Ende.

Ein folgenschwerer Irrtum

Ein erster flüchtiger Blick in die unterste Stufe des Nostradamus-Codes genügt also ganz sicher nicht, bestimmte Ereignisdaten richtig zu berechnen oder deuten zu können. Das vorangegangene Beispiel, aber auch meine anfangs ermittelten eigenen (falschen) Todesdaten, machen eindringlich klar, wie rasch man auf einer völlig falschen Piste durch die Zukunft radeln kann! Die Ergebnisse solcher Interpretationsversuche sind meist ebenso irreführend und absurd wie die Versuche, durch die reine Interpretation von Verstexten an korrekte Daten zu gelangen.

Es ist wohl eine menschliche Schwäche, daß wir alle leider unser »Aha-Erlebnis« brauchen, je länger wir uns intensiv mit derartigen Nachforschungen beschäftigen. Wer sich Monate und Jahre mit den recht schwammig formulierten Nostradamus-Versen auseinandersetzt, infiziert sich in der Regel auch mit ihnen. Nur in den seltensten Fällen wird man nach ein paar Jahren das Buch mit der Feststellung, man sei kein bißchen weitergekommen, wieder zuklappen und zufrieden in sein früheres Leben zurückkehren.

So meinte C. Loog, kurz davorzustehen, den Schlüssel geknackt zu haben, aber er müsse einhalten, um am Ende nicht vom Schicksal erschlagen zu werden, und für Dr. N. Centurio stellten sich mit der Zeit die kaum verständlichen Vierzeiler so unmißverständlich deutlich dar, daß er voller Überzeugung schrieb:

Im Gegensatz zu der klaren Sprache [!] des Nostradamus in seinen einwandfrei zu deutenden [!] Prophezeiungen, steht nur das peinigende Durcheinander in der überlieferten Reihenfolge der Vierzeiler.

Centurio glaubte felsenfest an das, was er sagte. C. Loog und alle anderen Autoren vor und nach ihm glaubten ebenfalls daran, nun endlich den Durchbruch geschafft zu haben.

Und Ray Nolan? Ich klammere mich nicht aus.

Inzwischen vom »Nostradamus-Virus« infiziert, könnte ich sogar der Schlimmste auf der Experten-Liste sein! Hatte ich nicht drei Jahre zuvor auch ernsthaft geglaubt, die Pforten zum Jenseits einen Spaltbreit aufgeschoben zu haben? Und war ich es nicht – Prinz Charles möge mir mein merkwürdig klingendes Telegramm verzeihen –, der felsenfest davon überzeugt war, daß es mit der Königin-Mutter im März 1991 zu Ende ginge? An besagtem Tag soll die Queen zumindest von ihrem Hund gebissen worden sein! Wenn diese Pressemitteilung stimmt, werde ich dem kleinen Kerl ewig dafür dankbar sein, daß es wenigstens ein bißchen Trubel im Buckingham-Palast gab.

Beim Schwedenkönig wurde ich schon vorsichtiger, benachrichtigte niemanden zu Hofe, was Carl XVI. Gustav auch prompt durch ein gesundes Weiterleben honorierte.

Wie verschwommen sind die Grenzen zwischen (Selbst-)

Erkenntnis, Tatsachen und eingebildetem Quatsch? Wurde inzwischen auch meine Theorie zur fixen Idee, die kein vernünftiges Gegenargument mehr akzeptiert?

Okay, ich war tiefer und tiefer in das verschlüsselte Werk eingedrungen, aber alle anderen vor mir dachten das wohl auch! Und – nehmen wir mal an, ich wäre doch auf dem richtigen Weg – wie verantwortungsvoll oder verantwortungslos darf man dann mit einem solchen Wissen umgehen? Kein Mensch, keine Mutter, kein Lehrer und kein weiser Mann hat uns je gelehrt, wie man mit einem derartigen »Geheimnis« umzugehen hat!

Schweigen? Die Sache hinausposaunen? Gott spielen und das Päckchen irgendeinem Geheimdienst seiner Wahl übergeben? Wenn es stimmt, daß in diesem Buch verschlüsselte Informationen über den Werdegang der Menschheit enthalten sind, sollte das Ganze doch auch einen Sinn haben! Und sicherlich nicht den, einiges zu entschlüsseln, für sich selbst zu verwerten, um dann dem Rest der Menschheit eine gute Talfahrt in die Zukunft zu wünschen.

Nostradamus hatte seinen Weg gefunden, das Werk durch seltsam klingende Verse, die mehr oder weniger in biblisch-düsterer Sprache formuliert waren, über die Zeiten bis in unser Jahrhundert zu retten. Schön für ihn – wenn die Urschrift der Centurien wirklich aus seiner Feder stammte, hatte er seinen Job damit erfüllt! Welchen Weg aber hatte ich in einer Zeit zu wählen, in der man Geheimnisse ausplaudert statt sie zu bewahren; in der Dinge entdeckt, veröffentlicht, durch die Massenmedien breitgewalzt, aber keinesfalls vergraben werden? Hatte ich eine Aufgabe zu erfüllen, oder war ich nur zufällig in die ganze Angelegenheit hineingestolpert?

Und wie geht man um mit einer, wie ich meine, wichtigen Entdeckung, die nicht nur für uns, sondern ganz besonders für unsere Kinder und Enkel von Bedeutung sein könnte? Einfluß auf das Schicksal der Menschheit kann nur der

Mensch selbst nehmen. Nicht einer, nicht wenige Auserwählte, sondern wir alle bestimmen irgendwie mit, was die Zukunft einmal unseren Kindern bieten wird. Und da Ray Nolan gewiß nicht fehlerfrei ist und sich irren kann, überläßt er es ausschließlich jenen, die unser aller Schicksal mitbestimmen, letztlich darüber zu entscheiden, ob dieses Buch ein Werk für den Papierkorb ist, oder eines, das man seinen Freunden und Bekannten unter den Weihnachtsbaum legen sollte.

Die geheimnisvolle Buchstabentabelle

Bis zu dem Zeitpunkt, als ich zum ersten Mal einen Blick in ein altes, französisches Originalbuch werfen konnte, war ich davon überzeugt, daß ein möglicher Schlüssel zu den Nostradamus-Voraussagen gar nicht existierte. Die Originalschrift hatte ich mir eigentlich nur besorgt, um herauszufinden, was denn der Seher nun tatsächlich gesagt hatte. Aufgrund der so unterschiedlichen Interpretationen wollte ich mir endlich ein eigenes Bild von seinen Prophezeiungen machen. So war ich denn auch völlig überrascht, als Nostradamus in einem Nachlaßbrief (mit Datum vom 1. März 1555) an seinen Sohn Cäsar schrieb:

. . . car la parolle hereditaire de l'occulte predictions
sera dans mon estomach intercluse . . .

. . . denn das erbliche Losungswort der okkulten Voraussagen
wird in meinem Magen eingeschlossen sein . . .

Jean Charles de Fontbrune hatte mir zuvor jede Hoffnung genommen, eventuell einen Schlüssel zu finden. In der deutschsprachigen Ausgabe seines Buches hieß es:
. . . denn das Wort [der Klartext] *der geheimen Prophezeiungen,*
die Du erben wirst, wird in meinem Herzen verschlossen sein.

Bei Kurt Allgeier blieb das Schlüsselwort »im Inneren« des Nostradamus verborgen, und bei anderen Autoren hatte Nostradamus das geheime Losungswort »mit in sein Grab genommen«, »im Busen verschlossen«, oder es blieb sonstwie für immer sein ewiges Geheimnis! Keine Chance, ihm auf die Schliche zu kommen.

Dies war also eine angenehme Überraschung, gleich zu Beginn des Cäsar-Briefes! Vielleicht bestand ja doch eine Möglichkeit, die Vierzeiler des Sehers irgendwie zu knacken oder sie verständlicher zu machen! Mittels einer alten, numerischen Umsetzungstabelle, mit welcher man Buchstaben in Zahlen umwandelt, machte ich mich also ans Werk, sein uraltes Geheimnis zu ergründen.

Zwischen den Zeilen – das Leseraster des Sehers

In der Kabbala, einer überlieferten »Praxis der magischen Zahlen«, die Nostradamus als Enkel jüdischer Vorfahren sicherlich beherrschte, arbeitete man von jeher mit nur neun Zahlen. Alles andere sind lediglich zusammengesetzte Werte, die sich immer aus jenen neun Hauptzahlen, den sogenannten Quersummen, ergeben.

So hat beispielsweise der Buchstabe »N« als 14. Buchstabe im Alphabet ebenso die Quersumme 5 (14 = 1 + 4 = 5) wie das »W« als 23. Buchstabe (23 = 2 + 3 = 5). Die Buchstaben »C« (3. Buchstabe), »L« (12. Buchstabe, 1 + 2 = 3) und »U« (21. Buchstabe 2 + 1 = 3) gehören zur »Dreier-Quersumme« usw. Die »Null« – sie ist »Nichts« – findet im Gegensatz zur Mathematik in den Lehren der alten Zahlenmystik keinen Platz, da keine Zahl die Quersumme Null bilden kann.

Die Hebräer machten eine gigantische Wissenschaft daraus, Buchstaben in Zahlen zu verwandeln, und ermittelten so Ereignisdaten aus prophetischen Bibelversen. Engel,

Satan, Gott, Moses usw. bekamen ihre entsprechende Zahl, welche wiederum mit einer neuen Aussage verknüpft war.

Der nachfolgend zitierte biblische Satz aus den Offenbarungen des Johannes ist nur ein Beispiel dafür, wie Namen, Buchstaben, Silben, ja ganze Sätze mit Zahlen verknüpft wurden.

Neues Testament, Johannes, Offenbarungen 13/18:

Hier braucht man Kenntnis.
Wer Verstand hat, berechne den Zahlenwert des Tieres.
Denn es ist die Zahl eines Menschennamens;
seine Zahl ist Sechshundertsechsundsechzig (666) . . .

Abweichend vom hebräischen Alphabet sieht die mittelalterliche Umwandlungstabelle der alteuropäischen Kabbalisten so aus:

1	2	3	4	5	6	7	8	9
A	B	C	D	E	F	G	H	I
J	K	L	M	N	O	P	Q	R
S	T	U	V	W	X	Y	Z	–

Hier bildet nicht nur die biblische Zahl 666 »die Zahl des Tieres«, was englischsprachigen Lesern sicherlich gleich ins Auge gesprungen ist (die drei Buchstaben der Sechsergruppe ergeben hintereinander gelesen das Wort »FOX« = engl. »Fuchs«), sondern jede Zahl steht in dieser Tabelle jeweils Pate für eine Gruppe von drei Buchstaben. Einzige Ausnahme ist die Neun, der nur zwei Buchstaben zugeordnet sind (»I« und »R«).

Um zu testen, ob diese uralte Tabelle tatsächlich einen Ein-

stieg ins verschlüsselte Nostradamuswerk ermöglicht, untersuchen wir zunächst einen wichtigen Satz aus dem Brief an Sohn Cäsar – den einzigen Satz in diesem Schreiben, in dem eine Zahl auffällt, die mit Ziffern, statt – wie sonst bei Nostradamus üblich – in Worten geschrieben wird: 3797. Unzählige Autoren sahen in ihr eine wichtige »Schlüsselzahl«, ohne damit aber weitergekommen zu sein.
In der Übersetzung heißt es hier:

. . . so habe ich prophetische Bücher zusammengestellt, von denen jedes hundert Vierzeiler astronomischer Voraussagen enthält, welche bewußt etwas dunkel verfaßt wurden.

Es sind fortlaufende Weissagungen ab hier, bis ins Jahr 3797.

Wenn wir nun den letzten Satz (in französischer Originalschreibung) in Zahlen umsetzen, erinnern Sie sich bitte auch an das Briefdatum vom 1. 3. 1555, mit dem Nostradamus sein Schreiben an Cäsar abschloß. Der in Zahlen umzuwandelnde Teil lautet wörtlich in der Übersetzung: ». . . ab (für) hier bis zum Jahr 3797.«

POUR	D'ICI	A L'ANNE	E 3797
AB	HIER	1.3.1555	5 3797

Damit landen wir punktgenau beim richtigen Briefdatum! Interessant könnte nun die Zahl 3797 werden, die sich plötzlich zu einer fünfstelligen möglichen Schlüsselzahl, auf 53797, verlängert!

Zunächst wollen wir aber nach weiteren markanten Textpassagen suchen, die uns die Richtigkeit der Umsetzungstabelle bestätigen können: Der erste Vers – er wird als Einheit mit dem zweiten Vers der ersten Centurie ebenfalls allgemein als Schlüsselvers angesehen – startet mit den vier groß geschriebenen Anfangsbuchstaben »S-S-F-F«, bzw. in Zahlen umgesetzt mit: »1-1-6-6«.

Dies entspricht punktgenau der Menge aller Verse des Originalbuches, einschließlich der Centurien 11 und 12, sowie den »Présages« und den Sechszeilern des letzten Buchteils (Prédictions)!

Prédiction 58 ist zugleich der letzte und 1166. Vers des Gesamtwerkes!

Alles nur Zufall?

Die meisten Nostradamus-Autoren waren bis heute der Meinung, diese letzten beiden Teile (Présages und Prédictions) gehörten gar nicht zum ursprünglichen Werk des Sehers. Sie seien Fälschungen oder bestenfalls Nachträge aus dem Nostradamus-Nachlaß, die der Seher nicht zum Abdruck freigegeben habe.

Ist es Zufall, daß die Großbuchstaben im ersten Vers (nach der Buchstaben-Zahlentabelle umgesetzt und von rechts nach links zu lesen) ausgerechnet »Teste 1166« heißen? Und ist es Zufall, wenn alle vorhandenen Verse punktgenau die Summe von 1166 ergeben? Liest man in diesem letzten Vers den Zeilenanfang in einer Art Raster, so wie es dort durch ein Trema im ersten Wort gekennzeichnet ist, erhält man erneut das Jahr 1555 (»Jahr« = frz. »an«).

SANGSUË EN PEU DE TEMPS...

A-N 1-5-5- 5

Daß in diesem Vers noch ein bißchen mehr steckt, werden Sie feststellen, wenn Sie die Grundlagen des Schlüssels besser beherrschen. Zunächst soll ein weiteres, einfaches Beispiel demonstrieren, daß wir mit der Buchstaben-Zahlentabelle durchaus richtig liegen könnten:

Im Gesamtwerk des Sehers existieren nur sehr wenige Verse, in denen Jahreszahlen angegeben werden. Diese Raritäten dienen wohl hauptsächlich als wichtige und absolut notwendige Schlüsselkontrolle.

Einer dieser »Schlüsselverse«, der durch ein völlig offen geschriebenes Datum besticht, ist der Vierzeiler 10/72, wo Nostradamus in der ersten Zeile (in Worten ausgeschrieben) das Jahr 1999 und den 7. Monat benennt:

Im Jahr 1999, siebter Monat, kommt vom Himmel ein großer Schreckenskönig ...
L'an mil neuf cens nonante neuf sept mois Du ciel viendra un grand Roy d'effrayeur Resusciter le grand Roy d'Angoulmois. Avant apres Mars regner par bon heur.

Betrachtet man nun die in Versalien geschriebenen Buchstaben des Vierzeilers, erhält man das gleiche Jahr und den gleichen Monat, wenn man die Großbuchstaben in Zahlen umsetzt:

L	D	R	R	R	A	A	M
3 + 4	9	9	9	9	1	4
7							

Dieser Vierzeiler wird später noch ausführlich besprochen. Hier sollte nur noch einmal aufgezeigt werden, daß wir mit der Buchstaben-Umsetzungstabelle tatsächlich richtig zu liegen scheinen.

Bevor man sich jedoch mit dem Ent- und Verschlüsseln von Zahlen beschäftigt, sollte man sich darüber Gedanken machen, wie sich völlig andere Text- und Dateninformationen in einer normal lesbaren Texteinheit – hiermit meine ich den jedem zugänglichen und normal lesbaren unverschlüsselten »Oberflächentext« der Nostradamus-Verse – verstecken lassen. Dabei muß uns jedoch klar sein, daß unter einer kompletten Zeile wohl kaum eine zweite komplette

Zeile mit neuem Inhalt verborgen sein wird. Das schafft kein auch noch so schöner Schlüssel!

Wir alle kennen aus Kriegsfilmen oder Büchern offene Codes und Depeschen, wie AMADEUS 411 524 40 oder ähnliches, in denen irgendwelche wichtigen Namen, Daten oder Ortsbezeichnungen weitergeleitet wurden. Mit solchen Codes kann man hervorragend Informationen übermitteln, vorausgesetzt, der Empfänger besitzt den entsprechenden Schlüssel zum Dechiffrieren dieser Buch- staben, Silben oder Zahlenkolonnen. Man stelle sich aber vor, Nostradamus hätte ein Buch voller Vierzeiler geschrieben, die etwa dieses Bild abgeben würden:

46/375
Sieben Nord richtig Sechs eins. Rate am Rand.
Ist aber ohne Tiefe im Pfeiler beim Norden.
Prüfe, okay teile mit, erkenne Lösung an!
Aber Cox ab eins. Macht oben alles offen!

Kein Mensch hätte je sein Buch gelesen, und wenn überhaupt, wäre jeder augenblicklich ans Werk gegangen, nach einem Code zu suchen, ohne den diese Zeilen keinen Sinn ergäben! Nostradamus jedoch – ganz gleich, wer sich hinter diesem kunstvoll konstruierten Namen verbirgt – wollte nicht, daß sein Buch ohne weiteres von jedem Menschen als kodiertes Werk erkannt wird und wählte einen geschickteren Weg: Er versteckte seine verschlüsselten Botschaften in einem merkwürdig anmutenden Textgebilde, welches gar nicht den Gedanken aufkommen ließ, daß sich darunter vielleicht völlig andere Informationen verbergen könnten.

Dieser geniale Kniff hat allerdings den Nachteil, daß man – will man den noch nicht entschlüsselten Text, den »Oberflächentext« auch nur halbwegs verständlich gestalten – nur Fragmente an Informationen unterbringen kann.

Nostradamus hatte die Qual der Wahl zwischen zwei Möglichkeiten:

- Er konnte die versteckten Botschaften klar und deutlich gestalten; darunter mußte jedoch zwingend der »Oberflächentext« leiden.
- Er hätte das Beste aus dem »Oberflächentext« machen können, wodurch aber die mitgelieferten, versteckten Informationen zu kurz gekommen wären.

Will man nicht allzu offensichtlich auf einen Code aufmerksam machen, gibt es keinen anderen Weg, in einer halbwegs lesbaren Textversion längere, verschlüsselte Botschaften unterzubringen. Die einfachste Lösung, klare Botschaften in einem langen Textwerk zu übermitteln, wäre natürlich das Aneinanderreihen bestimmter Wörter oder Sätze, die dann – nach einem Schlüssel sortiert und im Zusammenhang gelesen – einen neuen Sinn ergeben. Da hier weder Worte noch Sätze verfremdet werden müssen, sondern alles nur nach einem bestimmten Schema zusammengefügt wird, könnte man auf diesem Wege, quasi in bestem Briefstil, saubere und klare Informationen übermitteln.

Allerdings sind die einzelnen Zeilen der Nostradamus-Prophezeiungen ebenso untereinander austauschbar wie die textlichen Aussagen der kompletten Verse, und man darf wohl annehmen, daß der Seher nicht diesen Weg einer eleganten Verschlüsselung wählte. Würde man beispielsweise aus irgendeinem beliebigen Vers den ersten Satz, dann aus dem folgenden Vers den zweiten Satz, vom nächsten den dritten und schließlich vom darauffolgenden Vers den letzten Satz zu einer neuen Einheit zusammenfügen, käme nichts anderes dabei heraus, als wieder ein neuer, »typischer Nostradamus-Nonsensvers«.
Ein Beispiel macht das deutlich: Folgende Sätze aus der ersten Centurie wurden verarbeitet:

Vers 3/1, 1. Satz:
Wenn die Sänfte vom Sturm umgestürzt wird,

Vers 4/1, 2. Satz:
bei dem weder Friede noch Leben lange halten,

Vers 5/1, 3. Satz:
entstehen um Burgen und Städte heftige Kämpfe.

Vers 6/1, 4. Satz:
Turin, Verseil, welche Gonsors [?] niedertreten!

Wir haben nun mit dieser Flickschusterei einen neuen Vers kreiert, der aber auch nicht mehr hergibt als ein Originalvers des Michel Nostradamus. Ebenso könnte man aus den ersten zwei Zeilen von zwei aufeinanderfolgenden Versen einen neuen Vierzeiler gestalten, z. B. aus den beiden Startversen der ersten Centurie:

Während ich dasitze, nachts bei geheimen Studien,
die Rute in der Hand, im Einfluß mitten unter Zweigen,
allein; beruhend auf den unerschütterlichen Gedanken?
Vom Wasser benetzt, den Rand und den Fuß.

Dieses Austauschspiel von Verszeilen läßt sich beliebig und an jeder Stelle der Centurien fortsetzen, und ich denke, daß damit auch klar ist, daß im Austausch von Verszeilen, oder im Verknüpfen verschiedener Verse (wie Wolfram Eilenberger und Viktor Schubert es tun) kein Klartext, sondern bestenfalls hochkonzentrierter Nonsens herauskommen kann.

Das ahnte wohl auch Manfred Dimde (»Die Weissagungen des Nostradamus neu entschlüsselt«, München 1992), der sich mittels Computer daran machte, das Geheimnis des Nostradamus zu enträtseln. Nachdem er allein aus dem Namen »M. Nostradamus« 36 neue Worte herausfilterte, von denen er dann 30 als scheinbaren »Ballast« entfernte, lautete seine neue Computerversion des Prophetennamens schließlich:

Tausend Nomen (Worte) fließen aus unserem Mund . . .
oder – bei anderer Streichung: Unsere Auster ohne Zeit, Haufen
Einsturz liebgewinnen, Dame, Maus murmeln Nutzung . . .

Ob man angesichts solcher »Entschlüsselung« mehr Klarheit in die Nostradamus-Texte bekommt, wage ich zu bezweifeln, vor allem, da die von Dimde angebotenen Textgebilde versweise aus seinen »A-« und »B-Lesarten« Zeile für Zeile, je nach Gutdünken und ohne gleichlaufendes Schema, zusammengebastelt wurden. Einen brauchbaren Zahlenschlüssel bietet der Autor nicht an, sieht man davon ab, daß bei ihm die Nummer der Centurie das Jahrhundert angibt und die Nummer des Verses das entsprechende Jahr. »Der Zeitschlüssel ist damit gefunden«, schreibt Dimde, »wie aber kann der Text selbst entschlüsselt werden?«
Recht hat er, und wenn wir uns diese Frage nun ebenfalls stellen, sollten wir dabei nie den Kernpunkt aller Codierungsmöglichkeiten aus den Augen verlieren:
Wie lassen sich Daten oder andere Informationen so in einem Text verstecken, daß man nicht allzu augenfällig einen Code hinter dem Textprodukt vermuten kann?
Was beim Aneinanderketten verschiedener Sätze oder Verse nicht funktioniert – durch eine Neugliederung von Worten wäre allerdings eine hervorragende Tarnung möglich! Damit schrumpft jedoch das Textangebot auf ein Minimum zusammen, und das Leben Napoleons oder die Greueltaten des Holocaust würden sich so sicherlich nicht schildern lassen. Daten und kurze Informationen könnte man auf diese Art allerdings geschickt übermitteln.
Würde man beispielsweise in jedem Vers nur vier Worte verstecken – z. B. in jeder Zeile ein bestimmtes Wort –, ließe sich recht einfach um diese wenigen Wörter herum jeder beliebige Text formulieren. Mit einem entsprechenden Schlüssel wären diese Kurzinformationen dann auch wieder leicht herauszufiltern. Eine versteckte Information, wie »Gebt acht im Brief!« könnte man z. B. mit dem folgenden

Text umgeben, wobei der erste Buchstabe in jeder Zeile jeweils die richtige Position des Wortes verrät (W = 5. Wort; M = 4. Wort usw.):

*Wenn ihr nun alles **gebt** und Gesang aus der heiligen Stadt hört,*
*Menschen hört – habt **acht**, denn die Zeit der Trauer naht!*
*Unerwartet, wenn **im** Wohlstand ihr lebt, glücklich und satt,*
*Dann wird der **Brief** euch noch vor dem blutigen Krieg erreichen!*

Mit diesem Schema ließen sich schon recht klare Texte gestalten. Leider sind die Nostradamus-Verse aber so verwuselt formuliert, daß man auch hier die Suche nach sinnvoll zusammenhängenden Worten getrost aufgeben kann. Das Geheimnis muß also anders, aber nach einem ähnlichen Schema, in die Texte eingebaut worden sein.

Kurze Informationen lassen sich – wie schon zuvor im Text des 1166. Verses kurz dargestellt – in einer Art Leseraster einbauen. Das bedeutet, daß man z. B. nur einen über den anderen Buchstaben liest bzw. zwei oder drei Buchstaben beim Lesen überspringt usw. Je breiter die Lücken des Rasters angelegt sind, um so besser läßt sich ein Text um die kurze Information einbauen. Bei einem Dreier-Raster kann man schon – die französische Sprache eignet sich besonders dafür – recht hübsche Texte um das Buchstabenmenü herumbasteln. Ein weiterer Pluspunkt dieser Sprache: Nur wenige Worte werden groß geschrieben, so daß man durch die seltenen Versalien (an den Satzanfängen und bei Eigennamen) auf bestimmte Wortpositionen aufmerksam machen kann.

Überhaupt funktioniert eine derart gerasterte »Tarnkappe« besonders gut in der Muttersprache des Sehers, da auch anderssprachige Anwendungskommandos bereits in ihr enthalten sind. So nutzt Nostradamus sehr geschickt die Eigenheiten seiner Sprache, um bestimmte Anwenderhinweise in Deutsch, Englisch, oder in Französisch zu geben:

Der französische Artikel »les« (Plural) findet sich immer wieder als Arbeitskommando für »lese/lies«, wobei oftmals sogar noch durch den ersten Buchstaben des nachfolgenden Wortes ein »e« an den Artikel gehängt wurde, woraus dann ein klares »lese . . .« wird.

Weniger häufig, aber in den gerasterten Botschaften unübersehbar, taucht auch das englische Wort »made« für »mache/tue« auf. Und ebenso oft wie »lese« finden wir das in Französisch und Englisch gleichlautende Kommando »use« = »anwenden« sowie das deutsche »tue«.

Kein übler Trick! Welcher Franzose kommt schon darauf, zum Beispiel aus den beiden unscheinbaren Wörtern »les Espagnes« = »die Spanier« das Kommando »LESE-S-PAGE ES« bzw. in Zahlen umgesetzt und das »N« nach der Tabelle in ein zulässiges »E« verwandelt: »Lese 1 Page 51« herauszufiltern? (»Page« = engl./frz. = »Seite«).

In einem Leseraster lassen sich solche Botschaften natürlich noch besser unterbringen. Besonders, wenn verbindende Wortelemente, die einen guten Lesefluß erst ermöglichen, aus dem Text verbannt werden (z. B. durch Auflistung von Städten, Planeten oder Hauptwörtern wie »Feuer, Pest, Hagel & Lanzen, Tod vom Himmel!«), lassen sich immer noch brauchbare Texte konstruieren.

So ist es denn auch nicht verwunderlich, wenn all die von Nostradamus angekündigten verheerenden Entscheidungsschlachten und Atomkriege hauptsächlich in den strategisch absolut unwichtigen Auen und Niederungen südfranzösischer, verschlafener Kleinstädtchen stattfinden sollen, woran sich die Interpreten seiner Werke aber nie stießen. Diese Ortschaften tauchen – ebenso wie die Auflistungen von Planeten oder Katastrophen umschreibende Hauptwörter – zuhauf in den Versen auf.

Die geheimnisvolle Schlüsselzahl

Wie man es aber auch anstellt – die Texte, unter denen Botschaften versteckt sind, klingen in jeder Sprache mehr als bescheiden. Französisch sprechenden Lesern werden sich bei der nachfolgenden Kostprobe in schönstem »Nostradamus-Französisch« die Haare sträuben. Das Raster ist hier sehr dicht – nur ein Buchstabe wird jeweils beim Lesen übersprungen –, entsprechend mager läßt sich dann auch der »Oberflächentext« kreieren:

Un homme, hoir tel d'etre l'un aspic . . .

Auch dieser Unsinn läßt sich kaum mehr in eine andere Sprache übersetzen, könnte aber – nüchtern betrachtet – in jedem beliebigen Vers des französischen Sehers stehen. Abgesehen davon, daß man auch hier reichlich Gelegenheit dazu hat, herauszufinden, was mit dem Satz überhaupt gemeint sein könnte, und ihn entsprechend hinneigen muß, läßt sich das Textgebilde etwa mit *Ein Mann, Erbe ähnlich vom Wesen einer Natter . . .* übersetzen.

Das Raster verrät uns dann einen bekannten Namen: »Nom (Name) Hitler, les – i« (Lies jenes Raster, in welchem der Buchstabe »i« vorkommt):

Un homme, hoir tel d'etre l'un aspic . . .

UNHOMMEHOIRTELDETRELUNASPIC
N O M H I T L E R L N S I

Und noch ein Beispiel: Ich möchte in einem Dreier-Raster darauf hinweisen, daß in einem Text bestimmte Wörter gelesen werden sollen, z. B. die Worte 4, 5 und 3. Das Raster sieht dann aus wie in der Tabelle 1 rechts.
Anschließend wird das Ganze (in normaler Schreibweise) von links nach rechts mit Buchstaben sinnvoll aufgefüllt,

was bei einem so breit angelegten Raster nicht recht schwierig ist (siehe Tabelle 2 unten).

TABELLE 1

														3		5		4	
	E			S			E			L			C			E			D

TABELLE 2

			E			S			E			L			3			5			4		
E	S	T	A	N	T	A	S	S	I	S	D	E	N	U	I	C	T	S	E	C	R	E	T	E	S	T	U	D	E

Nun, kommt Ihnen der Text bekannt vor? Nein? Hier ist die Auflösung: Wir haben gerade gemeinsam die erste Zeile im ersten Vers der Nostradamus-Centurien ent- bzw. verschlüsselt!

Sich allerdings vorzustellen, daß Nostradamus auf diese Art an den insgesamt 4780 Zeilen seines Gesamtwerkes herumgebastelt haben soll, fällt recht schwer. Vermutlich wären die Verse dann noch unverständlicher, noch diffuser geworden. Eine ideale Lösung bietet sich aber zum Verschlüsseln an, wenn pro Vers nur ganz bestimmte Worte aneinandergehängt und dann im Raster gelesen werden müssen.

Diese Wörter sollten durch ein bestimmtes, unveränderliches System oder Grundmuster benannt werden. Es darf also niemals dem Zufall überlassen bleiben, welche Wahl man beim Aussortieren der zu rasternden Wörter trifft! Ansonsten wären bei der merkwürdigen Eigendynamik, die eine solche Code-Struktur entwickeln kann, nur rein spekulative Ergebnisse zu erwarten! Wenn wir diese Strukturwörter gefunden haben, sollten wir uns aber auch darüber klar werden, daß wir inzwischen die ersten Schritte in ein über Jahrhunderte hinweg ungeöffnetes kodiertes Werk getätigt haben! Ihnen darf also ruhig ein bißchen feierlich zumute werden, wenn wir jetzt gemeinsam darangehen, einen Vers zu knacken, der uns völlig offen – ohne daß wir auf eine Schlüsselzahl zurückgreifen müssen – ein mehr als erstaunliches Datum präsentieren wird:

Der 29. Vers in der ersten Centurie stieß seit jeher bei allen

Autoren auf reges Interesse. Von einem »Land- und Wasserfisch« ist hier die Rede, dessen Aussehen »fremd und schrecklich, gleichzeitig aber auch anmutig« erscheine.

1/29
Quand le poisson, terrestre & aquatique
Par forte vague au gravier sera mis,
Sa forme est range, suave & horrifique,
Par mer aux murs bien tost les ennemis.

Wenn der Land- und Wasserfisch
mit kräftiger Woge auf den Kiesstrand gesetzt wird,
seine Form, fremd, anmutig und schrecklich,
durchs Meer zu den starken Mauern bald die Feinde.

Ein solcher Text macht natürlich neugierig, und entsprechend vielschichtig und schillernd zeigen sich die Auslegungen. Das Angebot reicht hier vom Walfisch bis hin zum »5. Amerikanischen Armeekorps« und der Landung der Alliierten in der Normandie. Bei Eberhard Fuchs schließlich sind die Feinde nicht bald an den Mauern, sondern in seiner »Übersetzung« »fliegt der Fisch« bereits über Land und Meer, um dann auch noch in die Höhe, direkt zur Küste, zu »schießen«. Noch abenteuerlicher liest sich dann seine Interpretation dieses Vierzeilers:

Und klingt es noch so erstaunlich: Dieses ist die präzise Schilderung einer Polaris-Rakete, abgefeuert von einem Atom-U-Boot auf See. Selbst die Flutwelle, die das Projektil beim Austritt aus dem Wasser auslöst, ist exakt beschrieben. Die Rakete fliegt über Land und Meer und sucht sich selbständig ihr Ziel.

Mich faszinierte der Vers ebenfalls. Nur, als ich mit der Schlüsselzahl das Jahr 1959 errechnet hatte, fand ich nichts Aufregendes in den Chroniken! 1959 war ein relativ friedvolles Jahr, vom erfolgreichen Putsch Fidel Castros in

Kuba einmal abgesehen. Ein selten ruhiges Jahr in der Menschheitsgeschichte, wo selbst die Nekrologen nur verstorbene Prominente aufführten, die um 1885 herum oder früher geboren waren.

Dabei nennt Nostradamus sogar das genaue Datum vom 11. 6. 1959. Aber weder an diesem Tag noch im Juni oder 1959 überhaupt erschien in den Geschichtsbüchern etwas, das man als »schrecklichen, faszinierenden und fremdartigen Land- und Wasserfisch« bezeichnen konnte. Schließlich kam mir die Idee, einmal in technischen Büchern nachzuschlagen. Und da gab es dann in der »Chronik der Technik« (Dortmund 1988) eine echte Überraschung:

Punktgenau am 11. Juni 1959 stellte der Engländer Christopher Cockerell sein erstes Luftkissen-Fahrzeug »Hoovercraft SR N1«der Öffentlichkeit vor!

Und da paßt ja nun wirklich alles! Ein »Land- und Wasserfisch« (Amphibien-Fahrzeug), der sich auf einem sich ständig selbst bildenden Luftkissen ebenso über das Wasser wie über das Land bewegen kann! Um von einem Element ins andere überzusiedeln, benötigen Luftkissenfahrzeuge lediglich einen flachen Strand, der ein nahtloses Hineingleiten in die andere Untergrundbeschaffenheit ermöglicht. Klippen, Steilhänge oder breite Gräben sind aber, wie für alle anderen Fahrzeuge, die mittelbar oder unmittelbar einen Untergrund zur Fortbewegung benötigen, ein unüberwindbares Hindernis für die Hoovercraft-Fahrzeuge! Daß diese Gefährte furchterregend, fremdartig und faszinierend zugleich erschienen, ist unbestritten. Treffender kann man das Aussehen dieser (damals absolut neuen) Erfindung kaum beschreiben!

Was zunächst überhaupt nicht ins Bild dieser wunderschönen Beschreibung paßt, ist die letzte Zeile. Sollten Sie selbst weiter ins Schlüsselwerk eindringen wollen, als ich es in der Lage bin, dann verlieren Sie diesen letzten Satz nicht aus den Augen!

Ermitteln wir aber nun das Datum vom 11. Juni mit dem

vorgegebenen Jahr 1959. Ich möchte zuvor jedoch noch einmal darauf aufmerksam machen, daß die wenigsten Verse so offen ein Datum wiedergeben, wie es hier der Fall ist. In der Regel benötigt man eine Schlüsselzahl, um damit das entsprechende Datum berechnen zu können.

In jedem Vers fallen einige wenige groß geschriebene Wörter auf. Der Beginn einer Zeile wird bei Nostradamus stets in Versalien geschrieben. Im Text selbst findet man meist nur wenige, oftmals gar keine, durch Großbuchstaben gekennzeichnete Wörter.

Erinnern wir uns wieder an die Buchstaben-Umsetzungstabelle, wo jeder Buchstabe einer bestimmten Zahl zugeordnet ist. Im vorliegenden Vers existieren nur vier Großbuchstaben (jeweils am Zeilenbeginn), durch die Worte »Quand – Par – Sa – Par« markiert:

Q P S P
8 7 1 7

Zählt man jetzt – bei »Quand« beginnend – acht Wörter ab (das Zeichen »&«, frz.: »et« = »und« wird als Wort mitgezählt), landen wir auf dem Wort »forte«. Das gleiche machen wir nun ab »Par« und zählen sieben Wörter ab (= »mis«). Auf dem Wörtchen »Sa« bleiben wir stehen, weil »Sa« das erste Wort ist, bei dem wir immer mit dem Abzählen beginnen. Nachdem wir das gleiche auch mit dem letzten »Par« gemacht haben, besteht unser Codemenü zuletzt also nur aus vier kurzen Wörtern:

FORTE-MIS-SA-LES

In der Rasterlesung ergibt sich nun das folgende Bild: Erste Reihe, von rechts nach links zu lesen: 1959 sowie ganz oben rechts im Bogen nach unten verlaufend

»USE 11. 42« (4 + 2 = 6 – Juni).

-	-	F	O	R	T	E	M	I	S	S	A	L	E	S	-	-
-	-	-	9		5		9		1		U		S			-
-	-	-	0		2		4		1		1		E		-	

6   11

Monat   Tag

Der »Seher« hat hier eine brillante Lösung gefunden, Tag, Monat und Jahr hintereinanderlaufend unterzubringen. Man muß also beide möglichen Raster untersuchen. Der Buchstabe »F« findet in der Kleinschreibung keine Beachtung. Er wird wie die anderen Buchstaben aus der 6. Spalte (F = O = X) als NULL gelesen.

Zufall? Alles wirklich nur Zufall? Hat sich der Name des Prototyps, »SR-N1« rein zufällig, und nur ganz leicht verdreht, in den »Fisch« (»Poisson«) eingeschlichen?

POIS   SON   S R - N1
   RS←1   N ←

Ebenso beeindruckend, aber kaum rein zufällig, ist das französische Wort für Kiesstrand, »GRA VIER«. Verbannt man den vierten Buchstaben aus dem Wort, wie es deutlich in Deutsch geschrieben steht, so wartet der Seher mit einem besonders klaren Datum auf:

GRAvIER
1 959

Vorab möchte ich Ihnen jetzt noch die zwei wichtigsten Schlüsselzahlen vorstellen, die für alle Verse angewendet werden. Sie scheinen förmlich in riesigen Lettern an allen Ecken und Enden aus des Nostradamus' Werk heraus.

Es wird noch an anderer Stelle von diesen wichtigen Zahlen die Rede sein. Hier sollen sie ohne weitere Erklärungen genannt werden:

Verrechnen wir am Ende die vier großen Anfangsbuchstaben (QPSP) – in Ziffern verwandelt: 8 7 1 7 – mit der Schlüsselzahl. Das Ergebnis wird mit dem Startjahr 1555 addiert:

```
    8 7 1 7                    1 5 5 5
–   4 7 1 3              +       4 0 4
=   4 0 0 4    danach:   =   1 9 5 9
```

Damit haben wir ein schweres Stück Arbeit hinter uns gebracht!
Fünf Jahre waren es bei mir. Bei Ihnen vielleicht zwanzig Minuten oder eine halbe Stunde. Sollte Ihnen das eine oder andere zu kompliziert klingen, dann tröstet Sie vielleicht der Gedanke, daß es tatsächlich ziemlich kompliziert ist. Andererseits darf man nicht erwarten, einen Code, der über Jahrhunderte in einem bestens versiegelten Schatzkästlein schlummerte, allzu einfach lesen zu können. Denn so gefällig sich andere Bücher auch lesen lassen – eines kann ich mit absoluter Sicherheit behaupten: Sie werden aus ihnen niemals erfahren, wann auf dieser Welt wieder einmal die Lichter ausgehen!

4. Kapitel

Das 2. Jahrtausend: Chronik des Schicksals

Jedes Jahrtausend, jedes Jahrhundert oder Jahrzehnt hat seinen eigenen Reiz – seine ganz individuelle Entwicklungsgeschichte und jene Menschen, die untrennbar in ihr leben, wirken oder sonst irgendwie mit ihr verknüpft sind. Sicherlich wäre es vermessen, nun zu behaupten, daß unser ausgehendes Jahrtausend in der Menschheitschronik dereinst eine besonders herausragende Rolle spielen wird. Man denke nur an die faszinierenden Dynastien des alten Ägypten, an die Blütezeiten Roms, Griechenlands oder Persiens, die der Epoche der edlen Ritter und Burgfräulein bis in die Tage unserer Urgroßväter sicher in nichts nachstanden.

Die Zeit mit all ihren gigantischen technischen Entwicklungssprüngen ist inzwischen aber auffallend schnellebiger geworden. Die Epochen Karls des Großen und Leonardo da Vincis, die Ära der französischen Könige, oder die Jahre des säbelrasselnden Napoleons – alles vergangen, überwunden, überholt! Es hat sich viel getan in diesem Jahrtausend, aber wie distanziert man es auch betrachten mag – wir, die wir in der letzten Phase dieses Jahrtausends leben, haben es verstanden, in dieser Welt in kürzester Zeit das Unterste nach oben zu kehren.

Aus beschaulich dahingleitenden Zeppelinen wurden Flugzeuge, Düsenjets, computergesteuerte Raketen; aus Federkielen Füllfederhalter, Kugelschreiber und Laserprinter; aus Pferdekutschen und Droschken schließlich windschnittige Autos, Busse, Intercity-Schnellzüge und Jumbo-Jets. Wir trommeln nicht mehr, wir faxen, wir telefonieren oder verschicken elektronische Briefe innerhalb von Sekunden von einem Kontinent zum anderen.

Eine Epoche, die am Ende von Geschwindigkeit und Tempo bestimmt wurde, neigt sich ihrem Ende zu. Und der Mensch experimentiert immer noch eifrig an einer Geschichtsphase herum, die sein Schicksal vermutlich nachhaltiger bestimmen wird, als je eine andere in einem anderen Jahrtausend.

Und da nun – etwa in der Hälfte dieses bewegten Jahrtausends – soll ein Mann namens Michel Nostradamus auf dem Dach seines Hauses gesessen haben, um in sternklaren Nächten mittels »göttlicher Eingebung und Inspiration« Visionen zu empfangen, die weit über dieses Jahrtausend hinaus die Geschicke der Menschheit widerspiegeln. Wie das alles genau funktioniere und woher diese Eingebungen stammten, würde man – so schreibt der Seher in einem seiner Verse – etwa 500 Jahre nach seiner Zeit zu verstehen beginnen. Das wäre (1555 + 500 = 2055) etwa im Jahr 2055, oder – dreht man die Zahl bei Weglassung der Null um und rechnet 552 + 1441 = 1993 – genau in unserer Epoche, also am Ende dieses Jahrtausends.

Nicht nur der nachfolgende Spaziergang durch die Prophezeiungen, die der Seher für die – aus seiner Sicht – kommenden 500 Jahre niederschrieb, nicht nur die in diesen Voraussagen enthaltenen Fakten, Namen und Daten, und nicht nur die Erwähnung des Planeten Neptun, den ein Mann im Jahre 1555 gar nicht kennen konnte, nein – allein die Tatsache, daß sich jemand hinsetzt, um ein Buch für Leute zu schreiben, die erst in fünfhundert oder tausend Jahren geboren werden, läßt den Gedanken aufkommen, daß hier etwas nicht ganz stimmen kann!

Autoren schreiben normalerweise für die Leser ihrer Zeit, so wie auch dieses Buch nicht für Leute geschrieben wird, die um 3797 leben werden. Wenn also die Überlieferung vom Propheten Nostradamus stimmt, muß man auch davon ausgehen, daß dessen Voraussagen für die Menschen seiner Epoche bestimmt waren. Damals blühte gerade das frisch erfundene Druckereiwesen auf. Statt handgeschriebene Bücher in winziger Auflage zu verteilen, wurde es nun möglich, sich mit auf Druckpressen vervielfältigten Werken an ein breiteres Publikum zu wenden. Die epochale Erfindung gegossener Einzelbuchstaben – ein völlig neues Medium, das den Holzschnitt rasch verdrängte – reizte die Männer der schreibenden Zunft enorm, jetzt aktiv an diesem Fortschritt teilzunehmen. Der jährlich erscheinende »Nostradamus-Kalender für Bauern und Handwerker« zeigt deutlich, daß sich auch Michel Nostradamus nicht davor verschließen konnte, für die Menschen seiner Zeit zu schreiben.

Selbst wenn er wirklich – was die These dieses Buches eigentlich nicht zuläßt – in einem Bottich auf seinem Dach saß und sich unter Drogen setzte, um genaue Visionen über den Werdegang der Menschheit zu gewinnen, wäre sich Nostradamus wohl nie sicher gewesen, daß seine Botschaften jemals das im Jahr 3797 lebende Publikum (das er nach Ansicht der meisten Nostradamus-Interpreten auch ansprechen wollte) erreichen würde. Die Annahme, er habe sich wirklich ernsthaft an eine Leserschaft gewandt, die erst im Jahr 3750 geboren werden wird – also rund 2200 Jahre nach seinem Tod –, ist ebenso weit hergeholt wie die Vorstellung, daß der Schreiber eines ägyptischen Herrschers, etwa 650 Jahre vor Cleopatra, eine Botschaft für jenen Propheten auf ein Papyrus brachte, der zu einer Zeit leben würde, in welcher der König von Frankreich (ein völlig unbekanntes Land für den Schreiber) bei einem Turnierwettstreit im Jahr 1559 nach Christi (eine Religion und Zeitrechnung, die der Schreiber ebenfalls nicht einmal erahnen konnte) ums Leben käme.

Dieses Beispiel soll verdeutlichen, daß man damals wie heute kaum für eine Leserschaft schreibt, die vielleicht niemals existieren wird, oder die dem Schreiber zumindest ziemlich gleichgültig sein kann. Ein ägyptischer Schreiber wird sich herzlich wenig für ein künftiges französisches Volk interessiert haben! Und einen französischen Arzt aus Salon wird ebensowenig gekümmert haben, was die Menschen um 3797, also mehr als 2200 Jahre nach seinem Tod, so treiben würden.

In solch immensen Zeiträumen verändern sich die Kulturen, die Menschen, ihre Religionen und die Machtverhältnisse auf Erden. Betrachtet man den Wandel der Zeiten von den ägyptischen Dynastien über die Epochen Roms, der Griechen, Osmanen (Türken) bis hin zu jener Epoche der Weltmachtstellung Spaniens, Englands und Frankreichs, während der Nostradamus lebte, müßte man davon ausgehen, daß der Seher bewußt für Menschen geschrieben hat, die sein unverständliches Buch vielleicht auf einem noch unbekannten Planeten namens Thyrion lesen würden.

Ich denke, es ist daher nicht falsch, wenn man die Zeiträume etwas enger steckt und in der Zahl 3797 eine andere Bedeutung sieht als das kalendare Endjahr unseres Planeten oder der Nostradamus-Prophezeiungen. Bevor wir uns nun aber ans Werk machen, die Voraussagen des Sehers auf genaue, bisher verschlüsselte Fakten und Daten zu untersuchen, müssen wir ein bißchen umdenken! Denn irgend etwas, so scheint es, ist faul an der Theorie, jener Michel Nostradamus, dessen Biographie wohlbekannt ist, sei der alleinige Urheber und Verfasser der hier im Faksimile abgedruckten Centurien, Briefe und prophetischen Vierzeiler. Zu vieles deutet darauf hin, daß sich irgend jemand – sehr viel später – seines Namens, seines Rufs und seiner schillernden Persönlichkeit bediente, um eine auf antik zurechtfrisierte, verschlüsselte Botschaft auf die Zeitreise zu schicken. Nicht nur die entschlüsselten Vierzeiler, die im folgenden besprochen werden sollen, und nicht nur das Wissen um die Existenz des Planeten Neptun sprechen dafür.

Der Nachdruck soll im Jahr 1668 bei Jean Ribou in Paris erschienen sein, in einer Zeit also (siehe Schrifttafel), wo man in den Satzkästen der Drucker weder ein großes »U« noch ein großes »J« kannte. Wie im Titel des französischen Originals deutlich zu sehen ist, wurde anstelle des »U« stets ein großes »V« verwendet (nach den römischen Lettern, die ein »U« und »J« nicht kennen), und für ein »J« ein groß-geschriebenes »I«. Die Worte »CENTVRIES« und »NOST-RADAMVS«, bzw. im Brief an Henry II.: das Wort »PVIS-SANT« verdeutlichen das. Im Brieftext selbst findet man an unzähligen Stellen diese typische Schreibweise: »Vn« statt »Un«, »Iesus« statt »Jesus«, »Iupiter« statt »Jupiter« usw. Im Klartext: Um ein großes »J« oder ein »U« schreiben zu können, hätte man neue, völlig untypische Buchstaben gießen lassen müssen, weil sie einfach nicht vorhanden waren. Dennoch taucht z. B. im »Vorwort an die Leser« (dritte Seite des Originals) im Wort »LECTEUR« ein riesi-ges »U« auf, das es eigentlich gar nicht geben dürfte. Und nicht nur der Name »JEAN RIBOU« (Deckblatt des Ori-ginals) wird mit einem unüblichen »J« geschrieben, son-dern auch andere Worte in den Vierzeilern (siehe 1/51 »Jeudy«; 1/58 »Jour«, aber 1/80 »Iuin« und 2/13 wieder »Iour« statt »Jour« usw.).

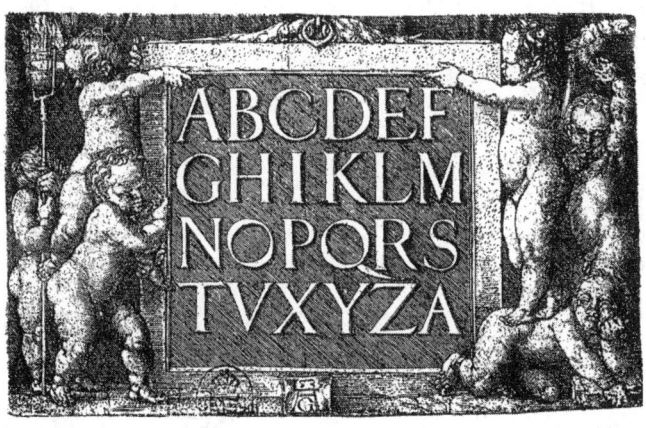

Alphabet-Tafel, gehalten von Genien, aus der Zeit des Nostrada-mus (Heinrich Aldegrever, Dresden, 1535, Kupferstichkabinett).

Entstand dieses Buch vielleicht viel später, und unterliefen den Autoren lediglich einige kaum vermeidbare »Flüchtigkeitsfehler«?

Wäre es möglich – vorausgesetzt, diese Theorie stimmt –, daß man sich an Vorlagen und Mustern aus jener Zeit orientierte, um einen »beinahe echten« Nostradamus entstehen zu lassen, den man dann vielleicht auf die »Zeitreise« in die Vergangenheit schickte, damit er von dort aus seinen normalen Gang durch die Jahrhunderte antrete – zurück in seine Ursprungszeit – unsere Zukunft? Das würde bedeuten, daß jemand den Ruf eines Michel Nostradamus ausnutzte und zumindest die »Originalausgabe« aus dem Jahr 1668 nicht aus der Feder des Arztes aus Salon stammt! Seltsamerweise kommt das meiste, was wir heute über Nostradamus wissen, eben aus diesem besagten Buch!

Könnte man, wenn man nur richtig recherchierte und suchte, vielleicht auf die eine oder andere Buchrarität aus jener Zeit stoßen, aus der man sich womöglich Schmuckbuchstaben, Ranken oder andere typographische Zeichen entlieh, um ein völlig neues Werk antiquarisch wirken zu lassen?

Oder ist die Idee völlig absurd, jemand – in welcher Zeit er auch immer gelebt hat oder leben wird – habe möglicherweise mittels alter Vorlagen ein neues »altes Werk« geschaffen?

Warum hat sich bis heute noch niemand darüber Gedanken gemacht, daß Jean Ribou 1668 das Titelblatt einer frühen Nostradamus-Ausgabe (1568) seinem Buch voranstellte, um dadurch den Beweis anzutreten, von einem alten Original nachgedruckt zu haben?

3/25	1/27	1/89	3/36
Qui au royal Quand le Sici Bigorre & Ian D'un qui d'Eip	Deffo Non loi Qui par Trouvé	ʏ ɢᴜ Mettan Secour Quand	Enfev Sera tre Quand l Qu'avoi

102

Zu jener Zeit gab es keinerlei Möglichkeit, Titelseiten, Bilder oder Schriftstücke zu kopieren und sie dem eigenen Werk als »Beweis« beizufügen, es sei denn, man schrieb sie ab oder zeichnete sie neu, womit sie aber keinen Beweis mehr für die Echtheit ablegten. Ist dieses Titelblatt des alten Originals vielleicht – genau wie der Rest der Ribou-Ausgabe – irgendwo im stillen Kämmerlein entstanden, auf keinen Fall aber im Jahr 1668?

Ein einziger Blick auf die handgemalten »Q«s (z. B. Vers 1/27, 1/89 und unzählige andere) zeigt, daß hier im Jahr 1668 ein drucktechnisches Wunder geschehen sein muß!

Die auslaufenden Häkchen dieser Buchstaben sind um andere Buchstaben geschlungen, fassen diese gewissermaßen ein, grenzen sie von anderen ab, oder fließen in sie hinein! Mit dem normalen Angebot an nebeneinanderstehenden, gegossenen Einzelbuchstaben hätte dieses Bravourstückchen niemals zuwege gebracht werden können! Verschlingungen waren technisch absolut unmöglich, und Handgemaltes, wie es hier ganz offensichtlich ist, konnte nicht gedruckt werden (siehe nebenstehende Abbildung).

Man muß einmal selbst auf Spurensuche gegangen sein, um zu ermessen, was es heißt, Schmuckbuchstaben oder andere markante Zeichen aus jener Zeit zu finden, die anderen vielleicht als Vorlage für ein Nostradamusbuch gedient haben könnten (oder erst dienen werden!). Antiquariate, Bibliotheken, Archive – Hunderte von Büchern und Dokumenten müssen sorgfältig, Seite für Seite, durchgeblättert und geprüft werden! Eine harte, zeitaufwendige Arbeit! Und die recht große Aussicht, niemals fündig zu werden und erfolglos wertvolle Zeit zu vergeuden, macht die wochenlange Detektivarbeit auch nicht zum Vergnügen!

Wenn dann jedoch der Augenblick gekommen ist, der einen für alles entschädigt, weil man das, was man da vor seinen eigenen Augen sieht, noch gar nicht so recht glauben will; wenn man zumindest ein Buch gefunden hat, das in Teilen als Vorlage für das begleitende Schmuckmaterial

ADVERTISSEMENT

Oberste Schmuckranke aus dem »Vorwort an die Leser«, Ausgabe von 1668, Ribou (oben), darunter kleine Schmuckranke aus dem Brief an Heinrich II.

216   *PLAN GENERAL*

LA RELIGION

CHRETIENNE,

Démontrée par la Résurrection de IESUS-CHRIST.

III. PARTIE.

Originalranke aus dem Buch »La Religion Chrétienne«

des Nostradamusbuches Pate gestanden haben könnte, ist das schon ein erhebender Moment!

Werfen wir nun einmal einen prüfenden Blick auf die Schmuckranken über dem Vorwort »ADVERTISSEMENT AV LECTEUR«, wobei zu beachten ist, daß sich nur die Dekoration in der Mitte von jenen Verzierungen unterscheidet, die im Jahr 1729 – 61 Jahre nach dem angeblichen

Abdruck bei Ribou! – in dem Buch »LA RELIGION CHRE-
TIENNE«, Chez Chaubert, Paris, erschienen sind. Die
Übereinstimmungen der beiden Hauptranken sind unver-
kennbar! Das gleiche gilt für die schmale Schmuckranke
aus dem Kopf des Nostradamus-Schreibens an Henry II.
von Frankreich.

Zufall? Oder hat die Druckerei die Ranken von Jean Ribou
– es liegen über 60 Jahre zwischen den beiden Druckwer-
ken – gekauft, geerbt oder auf irgendwelchen anderen Wegen übernommen?

Die Vergrößerung (100 %, untere Abbildung) zeigt deutlich,
daß trotz unterschiedlichen Druckes die Abstände zwischen den einzelnen Ornamenten absolut deckungsgleich
sind, was auf einen gemeinsamen Ursprung hinweist! (Das
Original der »Nostradamus-Ranken« aus dem Nachlaßbrief an Heinrich II. ist grau abgebildet. Es ist etwas fetter
gedruckt als die Ranke aus dem Religionsbuch, die hier
schwarz markiert wurde.)

Abbildung der Ranke in 100facher Vergrößerung

In der nächsten Abbildung (Vergrößerung 400 %) sieht man
nun recht deutlich, wie sich die beiden (zum Vergleich
drucktechnisch übereinandergelegten) Ornamente ergänzen (Schwarzdruck = Nostradamus-Ranke, teilweise mit
Auslassungen. Graues Raster = Religionsbuch von Chaubert). Der linke kleine Innenkreis ist bei beiden Ornamenten
absolut deckungsgleich. Die Verzierung rechts, die wie eine
Drei aussieht, hat beim Nachdruck etwas gelitten. Die feh-
lenden Teile ergänzen sich jedoch perfekt mit dem Original,
also der Vorlage aus dem Religionsbuch. Besonders markant ist die Auslassung (schlechter Druck) des rechten kleinen Innenkreises. Die Aussparung wird auch vom Original

in nahtlosem Übergang ergänzt, wobei das (gerasterte) Original die gleiche Größe hat wie der gegenüberliegende Kreis (links, geschlossenes, sauberes Kreisornament des Nostradamus-Drucks).

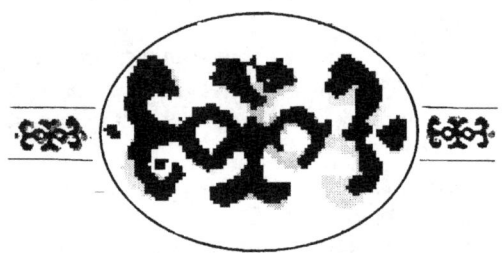

Abbildung der Ranke in 400facher Vergrößerung

Berücksichtigt man die Tatsache, daß die schlechte Druckqualität möglicherweise erst beim Nachdrucken des (vielleicht getürkten) Nostradamusbuches entstand und sich durch Druckstöcke, verschiedene Papiersorten, andere Druckfarben usw. kleine Verschiebungen zwingend ergeben müssen, kann man auch hier von einer identischen Quelle ausgehen. Zwar wurden die Schmuckranken an vier Stellen zerschnitten und gewissermaßen verdreht wieder aneinandergereiht, aber das täuscht kaum über die Tatsache hinweg, daß beide Vergleichsranken mit hoher Wahrscheinlichkeit den gleichen Ursprung haben!
Existierten diese Ornamente schon im Jahr 1668, oder entstanden sie erst viel später? Wenn alles nur purer Zufall ist, warum hat dann der Drucker des Nostradamusbuches in alle Schmuckranken bestimmte Satzzeichen hineingebastelt?
Über dem Vorwort krönt ein dicker Doppelpunkt den Zierbalken! Über der Bibliographie »LA VIE . . .« erneut – aber nun sehr diskret, als zwei perfekt getarnte, winzige (vermutlich handgemalte, also drucktechnisch unmögliche) Pünktchen in der dritten Blume von rechts! Im Brief an Heinrich

folgt wieder ein Doppelpunkt! Dann wurde – über der ersten Centurie – sehr geschickt ein zur Seite gekipptes Fragezeichen ganz rechts in die Schmuckranke eingearbeitet. Über der zweiten Centurie findet man schließlich einen Doppelpunkt und ein Semikolon zwischen den Ornamenten, und so setzt sich das fort. Zufall?

Vorwort »Advertissement«: markanter Doppelpunkt

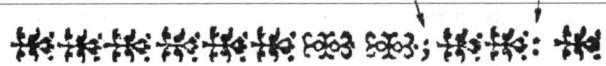

1. Centurie: gekipptes Fragezeichen

2. Centurie: Semikolon und Doppelpunkt

Was, bitte sehr, soll noch alles mit dem Begriff Zufall erklärt werden? Ein Drucker, der rund 110 Jahre nach Nostradamus über jedem Kapitel merkwürdige Zeichen anbringt? Schmuckranken, die vermutlich aus einem Religionsbuch geklaut wurden, das erst 60 Jahre später gedruckt wurde? Buchstaben, die es in den Setzkästen dieser Zeit nicht gab? Planetenbezeichnungen, die man noch gar nicht kennen konnte? Handgemalte »Q«s, die ebenfalls eine technische Unmöglichkeit darstellen?

Vielleicht kann uns die Chronik unseres Schicksals, die niedergeschriebene, nachprüfbare Vergangenheit und Gegenwart der Menschheit eine Antwort auf diese Fragen geben, wenn wir nachfolgend nun einige Nostradamus-Vierzeiler zu entschlüsseln versuchen. Dabei wird es anfangs unvermeidbar sein, einige Hinweise für bestimmte Rechenoperationen und Vorgehensweisen zu geben, um all jenen

Lesern, die tiefer als andere in die zahlenmystische Welt des Sehers eintauchen wollen, zu ermöglichen, die Entschlüsselungen nachzuvollziehen.[1])

Prophetie oder niedergeschriebene Geschichte?

Eine regelrechte Rarität im Werk des Sehers sind Vierzeiler, in denen Jahreszahlen – oder Zahlen überhaupt – unverschlüsselt und für jeden nachlesbar, genannt werden. Mit diesen, leider mehr als dünn gesäten Ausnahmen gibt uns Nostradamus die Gelegenheit nachzuprüfen, ob man mit seinen Berechnungen richtig liegt oder immer noch im dunkeln tappt.

Einer dieser seltenen Verse – es ist der 77. Vierzeiler der dritten Centurie (3/77) – wurde bereits vor dem deutlich in Worten ausgeschriebenen Jahr 1727 in einem Buch besprochen, was gleichzeitig beweist, daß zumindest dieser Vers schon vor einigen hundert Jahren Aufmerksamkeit erregte und das NostradamusWerk folglich schon damals existiert haben muß. Der Haken an diesem Vers: Nichts von dem, was hier beschrieben wird, ist 1727 geschehen!

---

[1]) *Um den Lesefluß des vorliegenden Buches nicht allzu drastisch zu stören, wurden sämliche Grundlagen zum Dechiffrieren der Vierzeiler in das letzte Kapitel (»Der geheimnisvolle Nostradamus-Schlüssel«) verbannt. Hier wird die gesamte Struktur des Schlüssels ausführlich erklärt! Alle nachfolgenden Berechnungen basieren auf den Erkenntnissen und Grundlagen, die im letzten Kapitel detailliert beschrieben werden. Dies gilt auch für alle wichtige Erläuterungen und Berechnungen der nachfolgenden Vierzeiler. Ergänzende Erklärungen zu jedem dieser Verse findet man in der gleichen Reihenfolge am Ende des des 7. Kapitels, Abschnitt »Lehrbeispiele«.*

Die dritte Dekade im Widder versteht es,
Das Jahr Tausendsiebenhundert sieben & zwanzig im Oktober.
Der König von Persien, in Ägypten gefangen!
Konflikt, Tod, Umsturz und großes Schimpfen auf das Kreuz.

Man kann es nicht oft genug betonen: Entweder irrte Nostradamus hier, oder hinter der offen genannten Jahreszahl 1727 steckt ein anderes Geheimnis! Dieser Vierzeiler wird im letzten Kapitel – gewissermaßen als Studienvers – völlig in seine Bestandteile zerlegt und besonders ausführlich analysiert, um den Leser mit den Grundlagen des Schlüssels vertraut zu machen.

An dieser Stelle wollen wir uns nur mit dem Ergebnis der Berechnungen befassen und die Frage klären, was, um alles in der Welt, Nostradamus damit bezweckt haben mag, daß er uns so markant eine Jahreszahl vorlegt, die sich selbst bei sehr viel gutem Willen nicht in die Reihe der damals abgelaufenen Ereignisse pressen läßt.

Es war eine ziemliche Überraschung für mich, als ich mittels der Schlüsselzahl als tatsächliches Jahr ein Ergebnis ermittelte, das im Gegensatz zu der ausgeschriebenen Zahl 1727 in unsere Zeit führt.

27. 7. 1980
Der Schah von Persien stirbt in Ägypten

Mit einer »fast« falschen Jahreszahl führte Nostradamus seine Leser aufs Glatteis. Völlig offen versteckte er darin das genaue Sterbedatum des persischen Schahs Reza Pahlewi!

Was war passiert im Jahre 1727? Die Antwort ist schnell gegeben: Nichts! Es gab kein auch nur annähernd ähnliches Ereignis, wie es im Vierzeiler 3/77 beschrieben wird. Kein persischer Herrscher wurde in Ägypten (damals Osmanisches Reich) gefangengehalten. Es gab weder Aufruhr noch Umsturz oder Tod. Das Gegenteil war eher der Fall. Am 3. Oktober 1727 kam es zum Frieden von Hamadan. Und selbst, wenn man das Jahr verdreht liest – also 1772 statt 1727 – herrschte ausnahmsweise einmal Windstille in diesen Breiten. Zwar versuchten einige Autoren mit der Brechstange etwas Passendes für dieses Jahr zu finden, aber statt Gewalt hilft hier wirklich nur der Schlüssel weiter. Selbst eine Sonnenfinsternis, die am 3. September 1727 stattgefunden haben soll, mußte für den Vers herhalten (»Das Mysterium des Nostradamus«, Dr. Christian Wöllner, 1926). Daß die 3. Dekade im Widder (»climat« = Himmelsabschnitt) in die Zeit von Ende März bis Anfang April fällt und hier vom Oktober, und nicht vom September gesprochen wird, störte den Autor nicht sonderlich.

Kurt Allgeier legte die »3. Klimazone im Widder« gar in den Herbst und stellte den Sieg der Afghanen über den letzten Safawiden, Schah Husain, im Jahr 1722 als Sieg der Ägypter aus dem Jahr 1727 hin. So rasch läßt sich Geschichte manipulieren – Hauptsache, man kann die Zahl 1727 erklären.

Dr. Centurio war da schon etwas gewissenhafter. Er sah den tatsächlich geschlossenen Friedensvertrag zwischen Türken und Persern vom 3. Oktober 1727 als Ursache für spätere Auseinandersetzungen an. Das hatte zwar nichts mit Blutvergießen und Umsturz zu tun, aber – so Dr. Centurio – es sei ja wohl für jeden christlichen Staat eine Schande, sich mit den Türken, den Erzfeinden des Kreuzes, zu verbrüdern und auf Länderraub zu gehen.

Äußerst interessant – auch für künftige Generationen – ist ein kleines Büchlein, das bereits zwölf Jahre vor dem von Nostradamus aufgeführten Datum, also im Jahre 1715 in Hamburg, unter dem Titel »Merkwürdige fata der Großbritannischen Krone u. a.« erschien.

Der Autor erwähnt darin auch den Vierzeiler 3/77 und schreibt dazu, daß in seiner Ausgabe (Holland, 1668) die Jahreszahl mit 1707 statt, wie bei Pierre Rigaud, mit 1727 angegeben sei. In diesem Jahr habe jedoch kein Krieg zwischen Türken und den Persern stattgefunden, und es sei nun abzuwarten, was das Jahr 1727 bringe. Dem Autor war es unmöglich, den Text vorher zu deuten.

Hat sich Nostradamus hier geirrt, oder steckt etwas anderes hinter dieser Jahreszahl?

Im Jahr 1980 starb der persische Schah Resa Pahlewi im Kairoer Exil! Auch das stimmt nicht mit der Jahreszahl 1727 überein, es sei denn, man streicht die Eins aus dem Jahr und erhält so die präzisen Daten seines Todestages:

Schah Mohammad Reza Pahlewi starb am 27. 7. 1(980)

Die islamische Revolution

27. Juli 1980. Im Alter von 61 Jahren stirbt in Kairo der entmachtete Schah des Iran, Mohammad Reza Pahlewi. Bereits 1953 hatte er, vertrieben vom Ministerpräsidenten Mossadegh, zum ersten Mal sein Land verlassen müssen. Nach Intervention des Militärs wurde er aber zurückberufen und schaltete in den folgenden Jahren die Opposition mittels des gefürchteten Geheimdienstes SAVAG weitgehend aus, um seine pro-westlich orientierte autoritäre Politik immer mehr durchzusetzen. In zunehmendem Maße kam es im In- und Ausland zu Protesten gegen Reza Pahlewi, und die immer größer werdende Diskrepanz zwischen der traditionell streng islamischen Bevölkerung und den pro-westlich eingestellten Anhängern seiner Politik führte ständig zu neuen Unruhen und Krisen. Im Januar 1979 ernannte Pahlewi auf Drängen seiner Berater Schahpur Bachtiar zum Regierungschef, aber schon wenige Wochen später kehrte der schiitische Revolutionsführer Khomeini aus dem Pariser Exil zurück, und der gestürzte Schah mußte das Land verlassen. Nach Aufenthalt in mehreren Staaten lebte der inzwischen schwerkranke Ex-Schah bis zu seinem Tod im Juli 1980 in Ägypten.

Die Feststellung, daß es also bereits im Jahr 1668 tatsächlich »Nostradamusbücher« gab, die nachweislich nicht alle mit jenen Nachdrucken identisch sind, auf die wir heute noch zurückgreifen können, werden wir im Auge behalten müssen!

Die Geschehnisse im Iran in den Jahren 1978 bis 1980 kann man nicht treffender in nur vier Verszeilen wiedergeben: »Konflikt, Tod, Umsturz und großes Schimpfen auf das Kreuz« (auf die christliche, westliche Welt)!

Nicht nur das Todesdatum (7. 27 = Juli 27) in der ausgeschriebenen Jahreszahl 1727 zeigt, mit welch verblüffenden Tricks der Seher arbeitet, auch die Falschschreibung des französischen »prins« statt »pris« = »gefangen« hat durchaus ihren Sinn (siehe letztes Kapitel »Der geheimnisvolle Nostradamus-Schlüssel«). Das Wort in Zahlen umgesetzt und von rechts nach links gelesen (also 15997), zeigt etwas verdreht die offene Jahreszahl 1979 (Flucht des Schah). Das völlig offen geschriebene Jahr 539 (+ 1441 = 1980!) findet man auch als 539 − 7 (für Juli) in den Großbuchstaben der dritten Zeile (ab »E« nach rechts lesen und wieder vorne weiterlesen!). Ähnlichen Zahlenspielereien begegnet man häufig beim Entschlüsseln der Vierzeiler.

Dem »Schah-Vers« 3/77 ist ein anderer Vierzeiler aus der ersten Centurie zugeordnet. Diese Brücke zu einem begleitenden Text wird deutlich vom Seher hervorgehoben. Er verkündet das Wirken des Ayatollah Khomeini ab 1979 bis zu dessen Tod im Jahr 1989.

1/70
Regen, Hunger, Krieg hören in Persien nicht auf.
Zu starker Glaube widersetzt sich dem Monarchen,
wodurch das Ende in Frankreich beginnen wird.
Geheimes Vorzeichen für einen, der sich rehabilitieren will.

Mit dem zweiten Teil des letzten Satzes, »pour un estre parque«, tut man sich beim Übersetzen recht schwer, es sei denn, man wendet einen kleinen Kniff an (siehe Erklärungen im letzten Kapitel). Centurio legte ihn als »geheimes Vorzeichen für ein sparsames System« aus. Charles de Fontbrune machte daraus »einen Propheten, der sich in ein Versteck zurückgezogen hat«, und für die Karlsruher Juristen Eilenberg/Kraus wurde daraus »ein schweigsamer Prophet als Schicksalsgöttin«. Das französische »parque«, in dem noch einmal das Jahr 1979 (Ayatollah Khomeini kehrt in den Iran zurück!) geschickt eingebettet wurde, wäre tatsächlich nur mit den römischen Parzen (lat. »parcae« = »Geburtsgöttin«) zu übersetzen.

Und als Todesbote, Rächer und Erneuerer ist Khomeini sicherlich in die Geschichte des Islam eingegangen:

Der iranische Schiitenführer Ayatollah Khomeini betritt nach über 15jährigem Exil am 1. Februar 1979 wieder iranischen Boden. Bereits am 16. Januar 1979 hatte der Schah mit seiner Familie und im Kreis seiner engsten Freunde das Land verlassen. Der von Reza Pahlewi eingesetzte Ministerpräsident Schahpur Bachtiar verweigert dem zurückgekehrten Revolutionsführer Khomeini zunächst jegliche Zusammenarbeit, muß dann aber am 11. Februar 1979 selbst das Land verlassen. Das Parlament wird aufgelöst, und die blutig begonnene Revolution erlebt ihre Höhepunkte durch Schauprozesse und öffentliche Hinrichtungen, die beinahe täglich durchgeführt werden. Hunderte von Angeklagten werden in schnellen Verfahren zum Tode verurteilt, unter ihnen der frühere Ministerpräsident Howaida, hohe Militärs sowie Mitglieder des Geheimdienstes SAVAG.

Khomeini wird zum geistlichen und politischen Oberhaupt der neugegründeten »Islamischen Republik Iran«. Er schaltet die politische Opposition aus, setzt die Bürger- und Menschenrechte außer Kraft und ersetzt sie durch die streng fundamentalistischen Dogmen des Islams. Unter seiner Regierung kommt es 1980 bis 1988 zum Golfkrieg mit dem Nachbarstaat Irak. Ayatollah Khomeini stirbt am 3. Juni 1989 in Teheran.

Nostradamus über den Untergang der »Titanic«

3/13
Durch den Blitz in der Arche schmelzen
Gold und Geld.
Von zwei Gefangenen ißt einer den anderen auf.
Von der Stadt, die am größten ist.
Wenn dieser Typ untergetaucht schwimmen wird.

Wer ohne Schlüssel herausfinden möchte, was Nostradamus hier gemeint haben könnte, kann in ein derartiges Textgebilde natürlich alles hineindeuteln. Und es erstaunt nicht, wenn sich an diesem Vers die Geister der Nostradamus-Autoren völlig schieden. Ernst R. Ernst sah hier, daß sich »Staat, Kirche, Gold und Silber – befangen in religiösen Dingen – selber auffressen werden«, wogegen der Vierzeiler für Dr. N. Centurio den »Untergang Londons etwa um 2040« prophezeite. Heinrich der Glückliche (»Der große Chiren«), so Dr. Centurio, werde mit einer Unterwasserflotte die Bank von England und die Insel selbst vernichten, und es folge eine gigantische Hungersnot. T. Pakraduny schuf gar einen neuen Reim aus dem übersetzten Text, der für ihn die weltweite Inflation von 1919 und die Versenkung der Flotte von Scapa Flow wiedergab:

In dem Kasten schmilzt das Geld vom Blitze,
von zwei Gefangenen einer frißt den anderen,
hingestreckt, wer an der Bürger Spitze,
in den Meeresgrund die Flotten wandern.

Rudolf Putzien will gar einen Yogi befragt haben, der ihm bestätigte, daß hiermit London gemeint sei (die Stadt mit der größten Ausdehnung). Es würde zu einer Unterseeboot-Blockade kommen und – so der Yogi – diese Schiffe würden von einer »schollenartigen Form« sein.

C. Loog, der Autor, der Angst hatte, »vom Schicksal erschlagen zu werden«, weil er den Schlüssel geknackt hatte,
sah ebenfalls eine U-Boot-Flotte vor den Toren Englands:
tausend Stück an der Zahl, und sie würden die Einwohner
Londons zu Gefangenen machen. In der Themse wäre also
ein arges Gedränge.Jean le Roux schließlich (1710), der
sich ein unter Wasser fahrendes Schiff nicht einmal in seinen kühnsten Träumen vorstellen konnte, schrieb, daß dies
»ein Wunder« sein müsse und meinte abschließend zu diesem Vierzeiler, daß ein Schiff, welches erst einmal untergetaucht sei, ein für allemal erledigt wäre.

In diesem Fall hat er als einziger recht behalten:

In der Nacht vom 14. zum 15. April 1912 rammt das größte
Passagierschiff der Welt, die »unsinkbare Titanic«, auf ihrer
Jungfernfahrt einen Eisberg und beginnt zu sinken. An Bord
befinden sich inklusive der Besatzung 2201 Personen, wovon 1490 Menschen den Tod finden.

Die »Titanic« ist ein gigantisches Schiff der Luxusklasse.
Mit einer Wasserverdrängung von 60 000 Tonnen, einer
Länge von mehr als einem Viertelkilometer und einer Höhe
von 31,70 Metern läuft sie am 10. April 1912 zu ihrer ersten
Fahrt über den Atlantik nach den Vereinigten Staaten aus.
3300 Passagierkojen stehen in über 760 Kabinen zur Verfügung. 885 Mann an Besatzung sollen für das Wohl und

die Sicherheit der Gäste sorgen. Neben den Passagieren der Dritten Klasse, die für die gesamte Reise nur 36.25 $ zahlen müssen, ist auch der amerikanische und europäische Geldadel an Bord, unter ihnen der in Kaiserslautern geborene amerikanische Kaufhausmilliardär Isidor Strauß mit seiner Gattin Ida, der Milliardär Jacob Astor (er wurde später von einem Schornstein der »Titanic« erschlagen), der Milliardär Benjamin Guggenheim sowie der millionenschwere Maler Davis Millet, der Stahlmillionär Arthur Ryerson und die Milliardärsfamilie Widener, um nur die Prominentesten zu nennen. Keiner von ihnen wird die Katastrophe überleben.

1940–1945
Der Holocaust im »Dritten Reich«

9/17
Erster des Dritten[1]) wird Schlimmeres als Nero vollbringen,
will begierig, daß menschliches Blut vergossen wird.
Die Verbrennungsöfen werden erstellt.
Goldenes Zeitalter, Tod, neuer Herrscher, große Szenerie.

Bereits die groß geschriebenen Anfangsbuchstaben der vier Zeilen verweisen deutlich in die Epoche. Von unten nach oben gelesen: S-R-V-L, also 1943. Der Seher spricht hier von den Verbrennungsöfen der Konzentrationslager im Dritten Reich.
Dessen Ende wird ebenfalls durch die Versalien angezeigt (alle Versalien von oben nach unten):

L N V R S R
3 5 4 9 1 9

---

[1]) *»Le tiers premier« = »Der Dritte zuerst«. Nach dieser Umstellung – das dritte Wort nach vorne stellen – lautet dann die Übersetzung wie oben: »Erster des Dritten (Reichs?)«.*

Von rechts nach links, in der Mitte stehend: 1945. Die beiden Außenziffern (3, 9) kennzeichnen auf dem astrologischen Meßkreis den 30. April 1945, den letzten Regierungstag Adolf Hitlers.

USA/IRAK – der Golfkrieg 1991

1/55
Durch die Gegensätze des babylonischen Klimas
kommt es zu großem Blutvergießen,
daß Land, Meer, Luft und Himmel äußerst ungerecht werden.
Parteien/Sekten, Hunger, Regierungen, Seuchen und Verwirrung.

Obwohl das antike Babylon einst die Metropole im heutigen Gebiet des Irak war, sehen die meisten Autoren in diesem Vierzeiler eine Beschreibung der Sowjetunion (zwischen 1945 und 1980), wo der Kommunismus »die Hure von Babylon« sei, wovon ja auch die Bibel spreche. Die Bibel spricht aber nicht vom »Kommunismus«, sondern eben nur von der »Hure von Babylon«.

Die Berechnungen führen allesamt – allerdings erst, wenn man die erste Hürde übersprungen hat – ins Jahr 1991, wo einmal auch der Februar deutlich genannt wird – jener Monat also, der für den irakischen Diktator Saddam Hussain zum schwärzesten Monat seines Lebens geworden ist, da ihm in der »Mutter aller Schlachten« das von seinen Truppen besetzte Kuwait in einem Blitzkrieg wieder entrissen wurde.

Nostradamus präsentiert uns die Jahreszahl 1991 völlig offen. Aber viel Grund zur Freude, daß dieser Kelch an der westlichen Welt vorübergegangen ist, gibt es nicht! Es könnte zu einem Pakt Iran-Irak oder zu erneuten Auseinandersetzungen zwischen den beiden Ländern kommen. Ganz klar läßt sich das (aus diesem Vierzeiler) leider nicht herauslesen.

Wird so der Dritte Weltkrieg ausgelöst?

3/01
Nah vom Kampf und einer Seeschlacht
ist der »Große Neptun« in höchstem Alarmzustand.
Der rote Gegner erblaßt vor Angst,
wenn er den großen Ozean in Schrecken versetzt.

Mit dem ersten Buchstaben, der im Original als Schmuck-
buchstabe gewissermaßen vom Text ausgeklammert wurde, hat uns der Seher ein bißchen ausgeblufft. Aus einem
»après« (»nach dem Kampf«) wurde so ein »près« (»nahe
des Kampfes«), was einen entscheidenden Unterschied
ausmacht – vor allem bei diesem Ereignis!
Allgemein wird angenommen, daß Nostradamus mit dem
»Großen Neptun« die größte Seestreitmacht der Welt anspricht – in diesem Fall wohl die USA, da die ehemals andere große Seemacht, die Sowjets, hier vermutlich als »die
Roten« bezeichnet werden. Für C. Loog (»daß man unter
»Neptun« England zu verstehen hat, wird nicht bezweifelt
werden!«), der sein Buch im Jahr 1921 veröffentlichte,
sprach der Seher hier von der Furcht der Deutschen Sozial-
demokraten (Rote) vor einer englischen U-Boot-Blockade.
Centurio sah darin den »Korea-Konflikt zwischen den USA
und den Russen«, und Lee McCann (1942) erkannte, wie
die meisten anderen Autoren, eine Episode aus dem künftigen Dritten Weltkrieg – eine gewaltige Seeschlacht, begleitet vom Einsatz atomarer Waffen. McCann legte sich dabei
auf das Datum vom 21. August 1987 fest.
Und tatsächlich – bis auf die Tatsache, daß dieses Ereignis
bereits einige Jahrzehnte hinter uns liegt – die Auslegungen
der Autoren stimmen im Kern alle! Denn zu keiner anderen
Zeit nach dem Ende des Zweiten Weltkriegs stand der Welt-
friede so auf der Kippe wie in jenen Tagen des Jahres 1962,
in denen die USA mit der UdSSR, oder richtiger: Kennedy
und Chruschtschow ihren Nervenkrieg ausfochten:

22. Oktober 1962. Die Kuba-Krise befindet sich auf ihrem Höhepunkt! Nachdem Luftaufnahmen von Kuba unzählige Abschußrampen für Mittelstreckenraketen zeigen, deren Ziel die USA sind, verhängt der amerikanische Präsident J. F. Kennedy eine Seeblockade um Kuba, um weitere Waffenlieferungen der Sowjets zu verhindern. Chruschtschow droht offen mit einem Atomkrieg für den Fall einer weiteren »amerikanischen Aggression«. Es kommt zur Machtprobe auf See. Die USA bleiben hart, die sowjetischen Kriegsschiffe drehen schließlich ab. Die Welt atmet auf – die brisanteste Krise des Kalten Krieges ist vorüber!

Nostradamus nennt deutlich Hitlers Namen!

5/94
Übertragen in das Große Deutschland,
Brabant und Flandern, Gent, Brügge und Boulogne[1]).
Die Finte[2]) findet der große Herzog von Armenien,
erstürmt Wien und Köln.

Mit dem »großen Herzog von Armenien« könnte der in Gori-Tiflis (Armenien) geborene Josef Stalin gemeint sein, der acht Monate zuvor mit Hitler einen Nichtangriffspakt geschlossen hatte – ein Abkommen, das der »Führer«, wie wir inzwischen wissen, schon sehr bald brach. Nun hat die sowjetische Armee aber niemals »Cologne« (Köln) erstürmt. Viele Autoren sehen in dem Hinweis auf Köln eher

---

[1]) *Städte und Regionen im belgisch-niederländischen Raum bis Boulogne-Billancour (Vorort südwestlich von Paris).*

[2]) *»treuve« wurde in der Vergangenheit häufig als »trève« = »Waffenstillstand« übersetzt. »Treuve« = altfrz. für »trouvé« = »finden, sich befinden«, »feinte« = »Finte, Verstellung«.*

einen Fingerzeig auf den Berliner Stadtteil »Neukölln«, also eine Umschreibung des Zusammenbruchs und Falls der damaligen Reichshauptstadt Berlin.

Doch was geschah tatsächlich mit den Niederlanden?

10. Mai 1940. In den frühen Morgenstunden beginnt völlig überraschend der deutsche Vorstoß nach Westen. Um 5.35 Uhr rollen deutsche Panzer gleichzeitig über die Grenzen Belgiens, Luxemburgs und der Niederlande. Noch in der Nacht besetzen Fallschirmjäger die wichtigsten Brücken und Straßenkreuzungen. Das strategisch wichtige Fort Eben Emael (Belgien) wird ebenfalls in der gleichen Nacht im Handstreich eingenommen. Die niederländische Königin Wilhelmina muß ebenso fliehen wie die luxemburgische Großherzogin Charlotte. Am 15. Mai kapitulieren die Niederlande, am 17. Mai fällt Brüssel in die Hand der Deutschen, und 11 Tage später kapitulieren auch die hoffnungslos von allen Nachschubmöglichkeiten abgeschnittenen Belgier!

Hitlers zweiter Blitzkrieg, sein Vorstoß nach Westen, ist wieder einmal von Erfolg gekrönt.

Wenig später, am 3. Juni 1940, befiehlt er den ersten Luftangriff auf Paris, und bereits am 26. Juni frühmorgens macht er seine erste Stadtrundfahrt durch das schlafende, aber eroberte Paris.

Interessant ist es, einmal nachzulesen, was frühere Interpreten schrieben, die lange vor der Ära Hitler lebten, aber dennoch versuchten, diesen für sie noch in der Zukunft liegenden Vierzeiler zu deuten: Für C. Loog beispielsweise (1921) war es ziemlich klar, daß hier eigentlich nur Kaiser Wilhelm III. gemeint sein könne, welcher nun endlich auf »goldenem Throne die Weltgeltung Deutschlands« begründen werde. »Einsichtsvollen Politikern der Gegenwart«, schrieb er damals, »sei es ja schon immer klar gewesen, daß vom Besitz der flandrischen Küste die Größe Deutschlands abhängen werde.«

So einfach war es zu jenen Zeiten, geographische Probleme zu lösen! Frankreich hatte gerade die Landesgrenzen der Deutschen beschnitten, was man ausgesprochen übelnahm, und schon schielte man wieder auf die »flandrische Küste«. Daß angesichts dieses verbreiteten revisionistischen Denkens ein Mann wie Adolf Hitler wenig Probleme hatte, binnen kürzester Zeit zum gefeierten Retter von der »Schmach von Versailles« aufzusteigen, war die beinahe logische Konsequenz.

Auf den Namen des Diktators verweist Nostradamus, indem er uns auf eine Rasterlesung in der ersten Centurie (1/43) aufmerksam macht. Der deutliche Fingerzeig auf den Namen »Hitler« macht es schwer, hier noch an den reinen Zufall zu glauben.

```
TRANSLATERCHE
R   E   L   T   I   H
```

Allein der reine Text, in dem selbst die im Dritten Reich verwendete Bezeichnung »Großdeutschland« nicht fehlt, ist mehr als erstaunlich! Wie aber wäre wohl Adolf Hitlers Reaktion gewesen, wenn der Schweizer Astrologe K. E. Krafft ihm damals seinen, Hitlers, Namen präsentiert hätte? Denn mit dem Hinweis auf eine »pi-Berechnung« verweist der Seher auch auf die ersten Worte des Vierzeilers 5/95 (»Nautique rame«), wo der Name noch einmal – eindrucksvoll in das Wörtchen »Name« eingebettet – präsentiert wird:

```
NA        UTI QUERA        ME
       – TI H LER –
```

Nostradamus über den Kennedy-Mord

6/13
Ein Umstrittener[1] wird nicht sehr lange regieren.
Der größte Teil will ihn unterstützen,
doch einer im Capitol will ihn keinesfalls an der Regierung.
Seine große Bürde wird er nicht lange tragen können.

In den letzten dreißig Jahren erschienen mehrere Nostra-
damus-Bücher, in denen auch das Kennedy-Attentat er-
wähnt wurde. Es waren allerdings meist Verse, die mit dem
Kennedy-Mord absolut nichts zu tun hatten. Dafür wurde
der tatsächliche Kennedy-Vierzeiler 6/13 oftmals anderen
Zeiten zugeordnet, da sich niemand traute, dem Seher ein
Wort in den Mund zu legen (»Capitol«), das er im Jahr 1555
einfach noch nicht kennen und erwähnen konnte.
Für Kurt Allgeier fiel das hier beschriebene Ereignis in die
Zeit zwischen 1846 (Papst Pius IX.) und 1870, wo nach
Meinung des Autors die Päpste wie »Gefangene im Vatikan
regieren mußten«. Nach Centurio wird jedoch über die Ära
des »Winterkönigs Friedrich V. von der Pfalz« gesprochen,
wogegen Dr. Max de Fontbrune aus dem »Capitol« ein
»Kapitel« machte und den Vierzeiler in die Zeit des Dritten
Weltkriegs legte.
Die Autoren Eilenberger/Schubert entdeckten den Kennedy-Mord hingegen in Vers 9/36, wo eigentlich von einem
Mord »kurz nach Ostern« gesprochen wird. Daß J. F. Kennedy Ende November starb, störte sie ebensowenig wie die
dritte Verszeile, in der es heißt: »Endlose Zeit der Gefangenschaft, wenn der Blitz besonders grell ist«. Für das junge Autorenteam ist vielmehr klar, daß man diese Zeile anders verstehen muß, und so präsentieren sie dafür folgende »Übersetzung«:

---

[1] *frz. auch: »mit Zweifeln beladen.«*

Während er im Gefängnis einsitzt (Attentäter Oswald), wieder ein Mord auf der Türschwelle zum Gefängnis (Jack Ruby erschießt Lee Harvey Oswald).

Rund dreißig Jahre nach dem Kennedy-Mord werden die Stimmen immer lauter, die einen »Staatsstreich« der US-Geheimdienste hinter dem Attentat vermuten. So bezeugt nicht nur die 12 cm breite Austrittswunde am Hinterkopf Kennedys, daß – sollte Oswald überhaupt zu den Schützen gehört haben – mindestens zwei Schützen an der Tat beteiligt waren, sondern 51 Zeugen behaupteten, Schüsse gehört zu haben, die nicht aus dem Bürohaus kamen, von dem aus Oswald angeblich geschossen haben soll! Männer mit Gewehren wurden hinter einem Bretterzaun und an einem Gebüsch gesehen, teilweise sogar von Zeugen identifiziert. Man vermutet inzwischen, daß drei verschiedene Gruppen aus drei Positionen heraus die tödlichen Schüsse abfeuerten. Keines der Verhöre wurde übrigens von den US-Ermittlungsbeamten aufgezeichnet.

War es ein Einzeltäter, ein Komplott oder gar der Versuch eines Staatsstreichs, angestiftet durch die CIA?

Dallas/Texas, 22. 11. 1963: Der erst seit knapp drei Jahren regierende neue Präsident der USA, John F. Kennedy (46), trifft in Dallas ein und steigt nach einer kurzen Begrüßungsrede in den bereitstehenden offenen Wagen, der ihn durch die Straßen der Stadt fahren soll. Neben ihm sitzt seine Frau Jacqueline, vor ihm der Gouverneur von Texas, John Conally. Nach etwa 30 Minuten erreicht die Fahrzeugkolonne die von jubelnden und winkenden Menschen umsäumte Elm Street.

Plötzlich krachen Schüsse, Leute werfen sich zu Boden, Kennedy und der Gouverneur werden von mehreren Kugeln getroffen, die aus dem fünften Stock eines Bürohauses abgefeuert wurden. Jacqueline Kennedy versucht sich über das Heck des Wagens in Sicherheit zu bringen, doch der Fahrer beschleunigt, um den Wagen aus der Schußlinie zu bekommen. Dann – das zeigen Filmaufnahmen, die erst Jahre später an die Öffentlichkeit gelangen – wird der Präsident erneut, dieses Mal schräg von vorne, also von einem völlig anderen Standort heraus, am Kopf getroffen. Dreißig Minuten später erliegt J. F. Kennedy im Parkland Memorial Hospital den Verletzungen. Der ebenfalls schwerverletzte Gouverneur von Texas, J. Conally, kann gerettet werden.

Noch am gleichen Tag wird der mutmaßliche Attentäter Lee Harvey Oswald verhaftet und verhört. Er bestreitet die Tat aufs heftigste und behauptet, der »Sündenbock« in einer Verschwörung zu sein. Als man Oswald zwei Tage später vom Polizeihauptquartier in ein Gefängnis verlegen will, wird er aus nächster Nähe vom Restaurant- und Striptease-lokal-Besitzer Jack Leon Rubinstein, Spitzname Jack Ruby, erschossen. Ruby gibt als Motiv Empörung über den Mörder Kennedys an, und er habe der Witwe den aufreibenden Prozeß ersparen wollen. Daß er und Oswald sich kannten, verschweigt er.

Lyndon B. Johnson, Vizepräsident unter J. F. Kennedy, wurde bereits anderthalb Stunden nach dem Tod Kennedys als neuer und 36. Präsident der USA vereidigt. In seiner Regierungszeit wird am Phänomen einer »Wunderkugel« festgehalten, die mehrmals aus dem Körper des ermordeten Präsidenten austrat, um an anderer Stelle erneut einzutreten. Zeugenaussagen, die auf mehrere Schützen hinweisen, werden unterschlagen, Gerüchte, Mitglieder des US-Geheimdienstes CIA wären an dem Attentat beteiligt, mit allen Mitteln bekämpft. Die Akten, die Hintermänner und Zusammenhänge aufdecken könnten, kommen unter Verschluß und sollen erst im Jahr 2039 freigegeben werden.

Da J. F. Kennedy den Vietnamkrieg beenden wollte und Abrüstungsverhandlungen mit den Sowjets vorantrieb, wird allgemein angenommen, daß überwiegend wirtschaftliche Interessen (Abrüstung und Beendigung des Vietnamkrieges hätten eine jährliche Kürzung der Verteidigungsausgaben von 100 bis 200 Milliarden US-Dollar zur Folge gehabt) im Spiel waren, als der Anschlag beschlossen wurde. In dem dokumentarischen Spielfilm »J. F. K.« (1992) wurde selbst Präsident Lyndon B. Johnson neben den Geheimdiensten FBI und CIA offen der Mitwisserschaft bezichtigt.

Obwohl die Akten erst im Jahr 2039 der Öffentlichkeit freigegeben werden sollen, wird dies laut Nostradamus schon früher geschehen. Wer hinter dem Attentat stecken könnte, deutet der Seher in der 3. Zeile an, wo es im Raster heißt (ab »en voudra«):

»Nom an 9975« = »Name an 9/97 (5)«. Im 5. Wort dieses Vierzeilers stößt man dann auf das Wort »copies«. Berechnet man hier pi 51, erhält man im Zweier-Raster wieder das Jahr 522 (+ 1441 = 1963!), wobei auch die drei Buchstaben »CIA« im gleichen Wort versteckt sind.

Und an anderer Stelle heißt es völlig offen im unverschlüsselten Text:

»Le chef de CIA«

(Erläuterungen, siehe 7. Kapitel).

Es besteht die Möglichkeit, daß den USA noch einmal ein ähnliches Fiasko bevorsteht. Der Vers verweist auch auf ein Datum im Jahr 2000!

In diesem Zusammenhang sollte auch der Vierzeiler 5/65 erwähnt werden, der die Affäre J. F. Kennedys mit der Schauspielerin Marilyn Monroe, dem Sexidol der fünfziger Jahre, umschreibt. Der amerikanische Präsident hatte sich – wohl sehr zum Leidwesen seiner engsten Berater – die bildhübsche, blonde Marylin als Gespielin seines Herzens auserkoren, was nach einer Weile kaum mehr geheimzuhalten war.

Die legendenumwobenen Hintergründe dieser Affäre kennen wohl nur sehr wenige Eingeweihte. Marilyn Monroe soll sich jedenfalls unsterblich in »ihren John« verliebt haben. Angeblich mußte Kennedy auf Druck seiner Berater das Techtelmechtel beenden, anderen Quellen zufolge verlor er einfach wieder das Interesse an der melancholischen Mari-

lyn und ließ sie von einem Tag auf den anderen abblitzen.
Man fand Marilyn Monroe am 4. August 1962 tot in ihrer
Wohnung. Sie war an einer Überdosis Schlaftabletten ge-
storben.
Auch hierzu hat Nostradamus etwas zu sagen:

4. August 1962 –
Nostradamus über die
Kennedy-Monroe-Affäre

5/65
Plötzlich wird man sich mächtig erschrecken,
von den Obersten werden die Ursachen[1]) der Affäre vertuscht:
Und (die) feurige Dame wird letztlich nicht mehr zu sehen sein.
Nach und nach werden die Großen verärgerter.

Die »feurige Dame« (»Manche mögen's heiß«) Marilyn
Monroe war ab 1962 wirklich nicht mehr zu sehen! Vierzig
Schlaftabletten beendeten ihre Karriere und ihr Leben.
Hunderttausende in aller Welt betrauerten ihren Tod.
Die wichtigsten Rechenoperationen findet man auch für
diesen Vierzeiler am Ende des letzten Kapitels. Hier möchte ich nur darauf verweisen, daß ein deutlicher Fingerzeig
existiert (1547), die komplette zweite Zeile als Pyramide
umzusetzen, wo dann deutlich mit »Ere pi 1 (4713)
4575139« das Jahr 407 (407 + 1555 = 1962, Todesjahr Marilyn Monroes) aufgezeigt wird!
Sehr deutlich ist auch der Hinweis in der dritten Zeile »et

---

[1]) *Die Schreibweise von »Principa ux« bildet einen Doppelsinn, wenn*
man die richtigere Schreibweise »Princip aux. . .« berücksichtigt. Aus
den »Obersten« kann so eine »Ursache« werden. Man könnte in ein-
facher Lesung auch verstehen: »Die Ursachen der Affäre werden ver-
tuscht«.

dame« (und Dame). Der Artikel »die« in: »Und d i e Dame« wurde hier wohl ganz bewußt ausgelassen! »Dame« in Zahlen umgesetzt, plus (»und«) der Schlüsselzahl bringt als Ergebnis die Zahl FÜNF. Von der 5. Position aus liest man nun in der Pyramide 9941 (- 4713 = 522), also das Todesjahr John F. Kennedys (552 + 1441 = 1963!).

Stirbt Papst Johannes Paul II. in Lyon?

Jean Charles de Fontbrune wurde durch die »Entschlüsselung« dieses Vierzeilers über Nacht weltberühmt. 1980 teilte er der erstaunten Menschheit mit, daß Johannes Paul II. in Lyon sterben werde, »sobald die Rose erblühe«, welche das Sinnbild der Sozialisten Frankreichs sei. François Mitterrand kam 1981 an die Macht und wurde 1988 erneut in seinem Amt bestätigt. Der Papst besuchte zwar Frankreich, aber nach dreizehn Jahren »Regierungszeit der Rose« lebt er immer noch unangetastet in Rom.

Papst-Verse scheinen immer dann auf reges Interesse zu stoßen, wenn sie die gegenwärtige Zeit der Leser berühren. Das einstige Wirken skrupelloser Machtpolitiker auf dem Stuhl Petri findet heute dagegen kaum noch Aufmerksamkeit, obwohl gerade hier – gegenüber dem relativ »farblosen Wirken« friedvoller Päpste – Prophezeiungen durchaus sinnvoll wären. Johannes Paul II. mag ein guter und sympathischer Mensch sein, daß Nostradamus seiner Existenz aber 19 Verse in acht verschiedenen Centurien widmete, scheint mir etwas weit hergeholt zu sein.

2/97
Hoher Priester von Rom, bewahre dich davor,
dich der Stadt zu nähern, die von zwei Flüssen bewässert!
Dein Blut wirst du dort ausspeien,
deines, und das der Deinen, wenn die Blütezeit
der Rose.

Wie bei so vielen Nostradamus-Versen bringt einen auch hier der Text allein nicht weiter. Es gibt im mittleren Europa unzählige Städte, die von zwei Flüssen »umspült« werden. Selbst im verträumten Passau beteten anläßlich des Papstbesuches vor einigen Jahren unzählige Christen, daß Johannes Paul II. in ihrer Heimat nichts widerfahren möge.

Auch der Hinweis auf das »Erblühen der Rose« sagt weder etwas über den Papst noch etwas über die Zeit seines Ablebens aus – es sei denn, man bezieht ihn auf die Jahreszeit des ausgehenden Sommers.

So siedelte Centurio in Ermangelung eines Schlüssels den Vers im Jahr 1812 an, wo Pius VII. auf Anordnung Napoleons ins französische Fontainebleau verschleppt wurde. Dort gab es zwar keine zwei Flüsse, dafür flossen aber im nur 50 Kilometer entfernten Paris Seine und Marne zusammen. Der Papst kehrte schließlich zwei Jahre später, nach der Abdankung Bonapartes, wieder wohlbehalten nach Rom zurück. Aber – so schreibt Centurio – er habe sein Blut sehr wohl symbolisch ausgehustet, da er das Konkordat habe unterschreiben müssen.

Ins Schwarze traf Kurt Allgeier, der richtig vermutete, daß hier nicht Johannes Paul II., sondern Pius VI. gemeint sei. Tatsächlich wurde der aus französischer Sicht »aufmüpfige« Papst, der sich mit den europäischen Mächten gegen Frankreich verbündet hatte, am 20. Februar 1798 von einer Dragoneskorte als Gefangener nach Frankreich verschleppt.

Am 14. Juli wurde er in die Zitadelle von Valence (Flüsse Rhône und Isère) gebracht, wo er mit 32 weiteren Geistlichen als Gefangener lebte. Pius VI. starb am 29. August 1799 (Blütezeit der Rosen) im Alter von 80 Jahren an einem Bluthusten.

Jäger oder Gejagte –
Wer sind die Opfer?

1/68

O welch schreckliche und unglückselige Pein!
Drei Unschuldige sind ihnen ausgeliefert,
im Verdacht, lästig zu sein, schlecht von Wachen behandelt,
in Schrecken versetzt durch verblendete Scharfrichter.

Da sich dieser Vierzeiler zwar im Kern gut interpretieren, aber in vielen Feinheiten anders übersetzen und deuten läßt, sollte er mit einigen erklärenden Fußnoten in der Originalsprache des Sehers vorgestellt werden (siehe Erklärungen in Kapitel 7). In den meisten Übersetzungen werden hier die »drei Gefangenen« von »betrunkenen Wächtern« gefoltert und gequält, was im Zusammenhang mit dem berechneten Ereignisjahr zwar eine mögliche, aber doch verzerrte Darstellung der sehr zweideutig formulierten tatsächlichen Geschehnisse wäre.

Nach Meinung einiger Autoren behandelt der Vierzeiler nur eine »unwichtige Episode, die kaum von geschichtlichem Belang ist«. Dagegen vermutet Allgeier fast richtig, daß es hier um die Mißhandlung von Geiseln ginge, verlegte das Ereignis aber in die »nahe Zukunft«. Centurio erkannte im gleichen Vers die Gefangennahme von Marie Antoinette, Ludwig XVI. und dessen Schwester Elisabeth im Jahr 1793. Tatsächlich führt die Berechnung mittels der Schlüsselzahl jedoch ins Jahr 1977.

Dieses Jahr 1977 ist für Europa ein Jahr des Terrorismus. Am 7. April wird in Karlsruhe der Generalbundesanwalt Siegfried Buback auf offener Straße erschossen. Jürgen Ponto, Vorstandssprecher der Dresdner Bank, stirbt, als Terroristen am 30. Juli 1977 in sein Haus in Oberursel bei Frankfurt eindringen. Am 5. September wird der Präsident des Bundesverbandes der Deutschen Arbeitgeberverbände, Hanns-Martin Schleyer, entführt. Am 13. Oktober schließlich wird auf dem Flug von Mallorca nach Frankfurt eine Lufthansa-Maschine mit 86 Passagieren an Bord von einem Terroristen-Kommando nach Mogadischu entführt, während im Sicherheitstrakt der Justizvollzugsanstalt Stuttgart-Stammheim die Terroristen Andreas Baader, Gudrun Ensslin, Jan Carl Raspe und Irmgard Möller darauf warten, gegen den entführten Hanns-Martin Schleyer ausgetauscht zu werden. Das Drama spitzt sich mit der Entführung der Lufthansa-Maschine zu. Eine Spezialabteilung des Bundesgrenzschutzes, die GSG-9, landet am 18. Oktober in Mogadischu, um die Geiseln aus der Hand der vier Terroristen – zwei Männern und zwei Frauen – zu befreien. Die Terroristen wiederum verlangen die Freilassung von elf deutschen und zwei türkischen Häftlingen. Die Flugzeugentführung soll den Druck auf die Regierung verstärken, die sich bei den Forderungen der Hanns-Martin-Schleyer-Entführer unnachgiebig zeigt. Am 18. Oktober gelingt es der GSG-9, die gekaperte Lufthansa-Maschine zu stürmen. Drei der völlig überrumpelten Terroristen werden getötet, alle Passagiere befreit.

Kurz nach dem Bekanntwerden der Geiselbefreiung werden in Stuttgart-Stammheim drei Terroristen tot und eine Terroristin schwerverletzt aufgefunden. Gudrun Ensslin, so lautet die Pressemitteilung, habe sich in ihrer Zelle erhängt, während Irmgard Möller mit mehreren Messerstichen in der Brust schwerverletzt aufgefunden wird. Die Leichen von Andreas Baader und Jan C. Raspe weisen tödliche Schußverletzungen auf.

Von den Behörden wird eindeutig Selbstmord festgestellt, wogegen aus politisch links stehenden Kreisen Mordverdächtigungen geäußert werden. Der baden-württembergische Justizminister Traugott Bender tritt von seinem Amt zurück, und die Stimmen, hier sei »wohl nachgeholfen worden«, um weitere Freipressungsversuche durch den Terrorismus zu verhindern, mehren sich.

Am 19. Oktober – einen Tag nach dem Tod der inhaftierten

Terroristen – wird nach einem telefonischen Hinweis der Entführer um 21.11 Uhr Hanns-Martin Schleyer ermordet im Kofferraum eines Wagens im französischen Mülhausen nahe der Grenze entdeckt, womit das Geiseldrama schließlich sein trauriges Ende findet.

Spricht der Seher in diesem Vierzeiler, der eindeutig dem Jahr 1977 zugeordnet werden kann, von den drei entführten und getöteten Opfern, oder klingt hier eine überraschende Anklage gegen das politische System in der Bundesrepublik, vielleicht sogar etwas Mitgefühl für die Terroristen durch? Sind die Umstände des Terroristen-Todes vielleicht doch nicht so eindeutig?

USA/Japan 1941 – Der Überfall auf Pearl Harbor

5/97

Der von Geburt an Mißgestaltete wird sich enorm erschrecken,
in der Stadt, die der große Herrscher bewohnt:
Das harte Gefangenenedikt wird widerrufen.
Hagel und Donner, unschätzbar am Sonntag[1])!

Am 7. Dezember 1941, an einem sonnigen Sonntagmorgen, werden die USA völlig überraschend von einem schweren Schicksalsschlag getroffen: Japanische Marineluftstreitkräfte greifen den Hauptstützpunkt der amerikanischen Pazifikflotte auf Pearl Harbor (Hawaii) an und vernichten einen Großteil der dort ankernden US-Schiffe. 2000 Menschen sterben an diesem Tag.

Die japanischen Jagd- und Bomberstaffeln nähern sich um 7.02 Uhr der Küste. Der sofort alarmierte Offizier vom Dienst hält die Warnung für einen Witz und antwortet der Radarüberwachung mit »Vergiß es!«.

---

[1]) *Erklärung dazu im 7. Kapitel*

Minuten später fällt die erste Welle mit 190 Flugzeugen über den noch im Schlaf liegenden Stützpunkt her. Um kurz vor neun Uhr morgens folgt ein erneuter massiver Angriff von weiteren 170 Flugzeugen. Bomben fallen, japanische Jagdflieger zerstören mit ihren Bordwaffen die meisten amerikanischen Flugzeuge noch am Boden.

188 US-Flugzeuge und 5 Schlachtschiffe werden zerstört. Weitere drei Kreuzer, vier Zerstörer und drei Schlachtschiffe werden beschädigt. Präsident Roosevelt, der an den Folgen einer Kinderlähmung leidet (»Der von Geburt an Mißgestaltete«), erklärt Japan im Namen des amerikanischen Volkes den Krieg. Einen Tag später erklären die Deutschen – seit zwei Tagen »Achsenpartner« Japans – den USA den Krieg, womit der in Europa tobende Krieg endgültig zum »Zweiten Weltkrieg« wird. 27 Millionen Soldaten und 25 Millionen Zivilisten werden dem Morden zum Opfer fallen.

Mit dem Eintritt der USA in den Krieg (noch am 2. 10. 1939 hatten alle amerikanischen Staaten mit Ausnahme Kanadas ihre Neutralität im Zweiten Weltkrieg erklärt) erhielten auch zum Tode verurteilte amerikanische Straftäter Gelegenheit, an sogenannten »Himmelfahrtskommandos« teilzunehmen, wofür man ihnen im Überlebensfall Straferlaß gewährte. (»Das harte Gefangenen-Edikt wird widerrufen.«)

»Hagel und Donner in unschätzbaren Mengen« ergossen sich über Hawaii und in den nächsten Jahren in nie gekanntem Ausmaß über die im Einsatz befindlichen Truppen und die Zivilbevölkerung der kriegführenden Länder. Die USA traten in den »Krieg der Kriege«!

Wie ein Blitz aus heiterem Himmel naht die Katastrophe

5/32
Wo alles wohlauf ist, bestens unter Sonne und Mond,
alles im Überfluß; nähert sich die Zerstörung!
Am Himmel trägt es sich zu, Dein Glück zu zerstören,
auf die gleiche Weise, wie der siebte Stein.

Das klingt nicht besonders erfreulich, riecht nach einer erschütternden Katastrophe, die sich ohne entsprechenden Schlüssel aber zeitlich nicht so recht einordnen läßt. Kurt Allgeier sieht in dem Vierzeiler eine gigantische Katastrophe, die der Menschheit vom Weltraum her droht. Ein Meteorit werde zur Erde stürzen, wenn dereinst »die sieben Engel in die sieben Posaunen stoßen«.

Rudolf Putzien (Jahresheft »Nostradamus«, 1977) las hingegen heraus, daß während des Dritten Weltkriegs Rom (Sieben Hügel) und New York (?) in Schutt und Asche gelegt werden würden, wenn »Gold und Silber (Sonne und Mond) im Überfluß vorhanden sind«. Er erwartete diesen Krieg noch vor dem September 1977. Denn da würde in Frankreich eine Königswahl stattfinden. Die Krönung sei gewissermaßen eine Schockreaktion der Menschen nach dem Atomkrieg mit seinen unzähligen Toten – eine merkwürdige Schockreaktion der wenig Übriggebliebenen nach einem atomaren Vernichtungskrieg.

Viel harmloser stufte Centurio den Vierzeiler ein: »Nostradamus macht hier geschichtsphilosophische Anmerkungen über die Vergänglichkeit der irdischen Dinge und des Ruhms«, schrieb er 1953. »Ein klassisches Beispiel hierfür ist Rom, dessen sieben Hügel im Laufe der Jahrhunderte den Wechsel von Macht und Ohnmacht erfahren haben.«

Tatsächlich behandelt der Vers eine Katastrophe, die genau in jene Zeit des Friedens und des Wohlstandes fällt, wo »unter Sonne und Mond alles wohlauf und bestens ist« und die Menschen Mitteleuropas und der USA in nie gekanntem Überfluß und Wohlstand leben. Die Katastrophe kommt im wahrsten Sinne des Wortes vom Himmel herab, allerdings nicht, wie Allgeier vermutete, aus dem Weltraum – dennoch ähnlich, wie ein feuriger Komet.

Ein Hinweis im ersten Wort der zweiten Zeile (offenes Jahr 1992 und bei Berechnung der Zahl ein Tagesdatum von 192°, also der 4. Oktober auf dem astrologischen Meßkreis) verdeutlichen hier, welche Art von Katastrophe der Vierzeiler anspricht: Am 4. Oktober 1992 stürzte ein Jumbo-Jet mitten in ein Wohngebiet nahe bei Amsterdam.

Die weiteren Berechnungen führen zurück ins Jahr 1988, ein schwarzes Jahr in der Geschichte der zivilen Luftfahrt:

Der Zusammenstoß von drei italienischen Düsenjets während des Militärflugtags auf dem pfälzischen US-Luftwaffenstützpunkt Ramstein bildete am 28. August 1988 den Höhepunkt einer ganzen Serie von Flugzeugunglücken und Abstürzen in der Welt. Eine der Maschinen stürzte in die 350 000köpfige Zuschauermenge und explodierte mit einem riesigen Feuerball. 345 Zuschauer erlitten zum Teil schwerste Verletzungen, 70 Personen starben sofort oder in den kommenden Tagen an den Folgen ihrer Verletzungen.

Die an der Kollision beteiligten drei Maschinen vom Typ »Aermacchi MB-339 A« der italienischen Kunstflugstaffel »Frecce Tricolori« führen kurz vor 16.00 Uhr mit sechs anderen Flugzeugen des gleichen Typs ein gefährliches Manöver vor: Die Gruppe hat sich geteilt, um sich in niedriger Höhe, nahe der Ehrentribüne, zu kreuzen, wobei die Maschinen eine Sekunde lang beinahe ineinander verschachtelt aneinander vorbeipreschen. Das »Timing« darf sich bei diesem riskanten Flugmanöver, bei dem die Jets gewissermaßen im »Reißverschluß-Verfahren« eine bestimmte Himmelskoordinate durchjagen müssen, nicht um den Bruchteil einer Sekunde verschieben.

Das Unglück scheint bei diesem waghalsigen Manöver programmiert. Einer der Jets hängt etwas im Tempo nach, danach geht alles so unheimlich schnell, daß selbst die Fernsehkameras nicht mehr folgen können: Eine Feuersäule leuchtet auf, dann rast eine der brennenden Maschinen auf die Zuschauermenge zu. Panik ergreift die Menschen, als sie den Feuerball auf sich zuschießen sehen. Explosionen, Entsetzensschreie, Wimmern. Überall Feuer und Menschen, die wie lebende Fackeln umherrennen.

Unzureichende medizinische Versorgung, Kompetenzprobleme zwischen US-Sanitätern und deutschen Ärzten, mangelnde Rettungsfahrzeuge und medizinische Geräte für die erste Notversorgung lassen den so euphorisch eingeleiteten Flugtag zu einem einzigen Drama werden.

Die Frage nach dem Sinn derartig gefährlicher Shows beschäftigt Politik und Medien in den kommenden Wochen. Das Verteidigungsministerium verbietet vorläufig alle militärischen Kunstflugvorführungen, deren Einstellungen bereits aus den Reihen der »Grünen« lange vor dem Unglück von Ramstein gefordert worden waren.

1988 entbrannten immer wieder Diskussionen um die Gefährlichkeit von Flugzeugen oder die Gefahren von Tiefflügen. Vorangegangen waren der Absturz einer vollbesetzten Turboprop-Linienmaschine am 8. Februar 1988 in der Nähe von Mühlheim/Ruhr und die Abstürze von zwei Kampfflugzeugen des Typs F-16 und Mirage F-1 während einiger Tiefflugübungen am 30. und 31. März. Eine der beiden Maschinen stürzte über einem Wohngebiet, die andere nahe des Atomkraftwerks Isar-I ab, was die Diskussion um die Sicherheit von Kernkraftwerken neu belebt. Am 3. Juli sterben neun Personen beim Absturz eines Bundeswehr-Hubschraubers bei Garmisch-Partenkirchen, und so setzt sich das Jahr der Flugkatastrophen fort.

Am 26. Juni 1988 streift ein Airbus vom Typ A-320 während einer »Lufttaufe« vor rund 30 000 Zuschauern im Tiefflug den Waldrand und stürzt mit 136 Passagieren ab. Einen Monat später folgt das Unglück von Ramstein und schließlich am 8. Dezember der Absturz eines US-Jagdflugzeugs vom Typ Thunderbolt II A 10 – mitten in ein Wohngebiet im bergischen Remscheid und wieder während einer »militärischen Tiefflugübung«!

Im gleichen Jahr schießt die US-Marine im Golf ein iranisches Verkehrsflugzeug vom Typ Airbus A 300 mit 290 Insassen ab. Die Besatzung des US-Kreuzers »Vincennes« hatte den Airbus mit einem iranischen F-14-Bomber verwechselt. Alle Passagiere finden den Tod. Über Hawaii verliert am 28. April 1988 eine Boeing 737 einen Teil ihres Kabinendaches, wobei eine Stewardeß getötet und 61 Passagiere verletzt werden. Trotz der schweren Schäden gelingt dem Piloten die Notlandung. Am 21. Dezember stürzt nach einem Sprengstoffattentat eine vollbesetzte Boeing 747 über dem schottischen Ort Lockerbie ab. Alle 259 Passagiere und 9 Einwohner der Ortschaft finden dabei den Tod.

Rechtsradikaler Terror und Anschläge auf Ausländer-Wohnheime

2/35

In zwei Unterkünften wird nachts das Feuer ausbrechen,
mehrere ersticken und verbrennen darin.
Nahe von zwei Strömen[1]) wird es sich ereignen.
Sonnenbogen 3175[2]): Husten[3]) und Ersticken!

Die Berechnung der von Nostradamus vorgegebenen Zah-

---

[1]) *Die beiden Wasserläufe sind die Stecknitz und der Elbe-Lübeck-Kanal (und/oder: die Warnow bei Rostock).*

[2]) *»Sol, l'Arc Caper« = »Der Sonnenbogen 3 1 7 5«. Man achte dabei auf den letzten Buchstaben in »Caper«, der zu einem »f = 0« umfrisiert wurde.*

[3]) *»tous seront« kann auch als ein Wort gelesen werden: tousseront = husten.*

len führt ins Jahr 1992, wobei der Hinweis auf den »Bogen der Sonne« (360 Gradkreis) besonders interessant ist. Die Zahl 153 steckt zwar schon leicht verdreht im Wert »Sonnenbogen 3175«, wird aber völlig deutlich, wenn man 3175 mit der Schlüsselzahl verrechnet! Die Gradzahl zeigt auf dem »Astrologischen Transitkalender« (siehe Anhang) am äußeren Rand des Sonnenbogens (das astrologische Jahr beginnt am 21. März jeden Jahres) genau auf das Datum des 24. August 1992!

Eine zweite Berechnung führt zu einem Datum, das auf dem Meßkreis bei 242 zu finden ist, also punktgenau auf das Datum des 23. November (1992). Beide Daten bildeten in diesem Jahr für die Bundesrepublik Deutschland die schrecklichen Höhepunkte einer ganzen Serie neonazistischer Übergriffe auf Asylanten und in Deutschland lebende Ausländer.

Für Wochen stand Deutschland im Kreuzfeuer der ausländischen Presse:

Im August 1992 kommt es zum Ausbruch offener Gewalt und ausländerfeindlicher Krawalle, die in den kommenden drei Monaten in über 200 Städten und Gemeinden mit 435 Brandanschlägen gegen Ausländer überschlägt. Vor der zentralen Anlaufstelle für Asylbewerber im mecklenburgischen Rostock kommt es am 28. August unter den begeisterten Anfeuerungsrufen von rund 2000 Schaulustigen zu Straßenschlachten zwischen rechtsradikalen Jugendlichen und der Polizei. Noch am gleichen Abend versuchen die Randalierer das Asylbewerberheim zu stürmen. Das zunächst zu kleine Polizeiaufgebot von fünfzig Beamten wird in den kommenden Tagen, in denen es immer wieder zu Ausschreitungen kommt, auf mehrere Hundertschaften aufgestockt. Die Rostocker Krawalle sind nur einer in einer ganzen Reihe ausländerfeindlicher Vorfälle, die Deutschland innerhalb eines Jahres erschüttern:

• Im September 1991 werden unter dem Beifall vieler Schaulustiger in Hoyerswerda (Nordsachsen) 17 Ausländer von Rechtsradikalen zusammengeschlagen.

- Im Oktober 1991 werden zwei libanesische Flüchtlingskinder bei einem Brandanschlag schwer verletzt.
- Im März 1992 überfallen 40 dem rechtsextremisten Lager zugerechnete Männer ein Asylbewerberheim nahe bei Rostock, wobei ein rumänischer Asylbewerber zu Tode geprügelt wird.
- Im August 1992 werden in Brandenburg mehrere Asylantenheime angegriffen.
- Am 23. November 1992 kommt es schließlich zum Brandanschlag von Mölln. Rund 2 000 Gewalttaten gegen Ausländer wurden bis zu diesem Tag im Jahr 1992 registriert. In der Nacht des 23. November setzen jugendliche Rechtsextremisten im schleswig-holsteinischen Mölln zwei von Türken bewohnte Mehrfamilienhäuser in Brand, wobei zwei türkische Frauen und ein zehn- jähriges Mädchen, das bereits in Deutschland geboren wurde, ums Leben kommen.

Mehr als 10 000 Menschen versammeln sich bei der Trauerfeier am 27. November, um gegen den Ausländerhaß in Deutschland zu demonstrieren. Dennoch ist das Ansehen Deutschlands im Ausland durch die Anschläge und deren Begleitumstände schwer geschädigt. Der türkische Außenminister beschuldigt die Bundesrepublik der Unfähigkeit und verlangt einen sicheren Schutz für die in Deutschland lebenden Türken. Die Israelis verurteilen den rechtsradikalen Terror und rufen zum Boykott gegen Deutschland auf.
Am 24., 27. und 29. November werden erneut Asylantenwohnheime in Brand gesetzt.
Am 6. Dezember 1992 protestieren rund 400 000 Menschen in München gegen den Fremdenhaß in ihrem Land, aber die Welle der Gewalt reißt nicht ab. Auch politisch rechts stehende Parteien verzeichnen Stimmengewinne!

USA, 14. April 1865:
Abraham Lincoln wird erschossen

4/16
Die offene Stadt dient der Sache der Freiheit,
den Verfolgten und jenen, die vom Asyl träumen.
Der Herrscher wechselt, zu ihnen ist man nicht (mehr)
dreist/frech.
Aus Hundert sind viele Tausend geworden.

Wie Centurio es schaffte, aus der dritten Zeile herauszulesen: »Diejenigen, die nicht allzu kühn sind, wechseln die Herrschaft«, bleibt ein Rätsel. Bei Jean Charles de Fontbrune werden in der deutschen Ausgabe sogar aus den »Verfolgten« »Ruchlose«, die in einer Stadt Asyl erhalten, »deren Unabhängigkeit in Sklaverei verwandelt wurde« – also eine völlig umgekehrte Interpretation.

Tatsächlich wird hier das Wirken der nationalen US-Symbolfigur »Uncle Sam«, Abraham Lincoln, beschrieben. Lincoln, der als 16. Präsident der USA proklamierte, die Negersklaverei sei ein moralisches Unrecht, welches mit allen Mitteln abgeschafft werden müsse, wurde sechs Tage nach Beendigung des Sezessionskrieges (1861–1865) von einem fanatischen Südstaatler, dem Schauspieler John Wilkes Booth, am 14. April 1865 in der Loge des Washingtoner Ford-Theaters erschossen.

Interessant ist hier die Berechnung des Ereignisjahres mittels einer falsch abgedruckten Versnummer im Original (3/16 statt richtig: 4/16). Eine kurze Erklärung finden Sie dazu unter »Daten, Fakten, Namen«, Seite 253)

1957 – Der Griff nach dem Weltraum und der erste Schritt zum vereinigten Europa

6/02
Ungefähr im Jahre 580
darf man eine fremdartige Zeit erwarten.
Im Jahr 703 (der Himmel bezeugt es),
wechseln Eins mit Fünf zum größeren Reich.

Dies ist wieder einer der seltenen Verse, in denen der Seher im Klartext Zahlen präsentiert. Wie bei allen vorangegangenen Vierzeilern, werden auch diese Rechenoperationen, die ins Jahr 1957 führen (Gründung der EWG und Start des ersten Satelliten durch die Sowjets!), am Ende des 7. Kapitels ausführlich erklärt.

Das Ereignis: Am 25. März 1957 werden in Rom von den Regierungschefs der Niederlande, Belgiens, der Bundesrepublik Deutschland, Frankreichs, Luxemburgs und Italiens die Verträge der Europäischen Wirtschaftsgemeinschaft unterzeichnet (EWG). Die Verträge haben langfristig das Ziel eines vereinigten Europas mit Abschaffung der Binnenzölle und der Förderung des europäischen Warenverkehrs sowie der Gründung der Europäischen Investitionsbank.

Am 4. Oktober 1957 erfährt die überraschte westliche Welt vom »Weltraumvorsprung« der Sowjets, die mit dem Start des ersten Erdsatelliten »Sputnik«, der in seiner Umlaufbahn alle 95 Minuten die Erde umkreist, insbesondere den USA einen erheblichen Schock versetzen. Am 3. November des gleichen Jahres jagen die Russen schon wieder einen neuen Satelliten ins All – diesmal mit der Hündin »Laika« an Bord.

Die USA scheinen in der Weltraumtechnik um Jahre zurückzuliegen – eine Erkenntnis, mit der nach dem ersten Schock nun die Aufholjagd der Amerikaner um die Vormachtstellung im Weltraum beginnt!

Mit großer Erleichterung vernehmen die Amerikaner, daß

am 1. Februar 1958 nun auch die USA erfolgreich einen Satelliten »Explorer 1« ins All starten konnten. Waren die UdSSR mit einem 508 kg (!) schweren Satelliten erfolgreich, so müssen die USA vorerst eingestehen, daß sie nur in der Lage sind, einen etwa 8 Kilo schweren Satelliten zu transportieren, was erneute Unruhe auslöst. In einer Ansprache wendet sich Präsident Eisenhower an die Öffentlichkeit und versichert, daß man dennoch militärisch stark genug sei, einem eventuellen sowjetischen Angriff mit Erfolg zu begegnen. Die Börse reagiert auf den Vorsprung der UdSSR mit immensen Kurseinbrüchen. Innerhalb von einer Stunde verlieren amerikanische Wertpapierinhaber eine Gesamtsumme von 5 Milliarden Dollar.

Im kommenden Jahr müssen die Amerikaner vier Fehlschläge im Wettlauf zum ersten Mondflug verzeichnen, während die Sowjets am 2. Januar 1959 mit dem Start von »Lunik« demonstrieren, daß sie nun auch in der Lage sind, die Erdanziehung zu überwinden. »Lunik« fliegt zum Mond und tritt schließlich in eine elliptische Umlaufbahn um die Sonne ein. Am 28. Mai des gleichen Jahres gelingt es den Amerikanern, zwei kleine dressierte Äffchen, Abel und Baker, auf eine Erdumlaufbahn zu schicken. Am 7. August 1959 folgt »Explorer VI«, während am 13. September die sowjetische Flagge auf dem Mond deponiert wird, womit die UdSSR wieder einmal um eine Nasenlänge vorn liegt.

Der Tod wird zum Tag der Geburt

2/13
Der Körper ohne Seele[1]) wird nicht mehr länger geopfert,
der Tag des Todes wird zum Datum der Geburt.
Göttlicher Geist beglückt die Seele,
siehe das Wort in seiner Ewigkeit.

---

[1]) *auch »Antriebskraft« oder »Herz«.*

Dieser sehr schöne, vergeistigte Vers des Sehers wurde von den meisten Autoren ans Ende seiner Prophezeiungen gestellt, wo er – würde er den Interpretationen entsprechen – eigentlich auch hingehörte. Der »göttliche Geist«, das »göttliche Wort« sei Christus, der auf die Erde zurückkehre, um hier fortan in Frieden und Glück zu leben (Zitat: Kurt Allgeier). N. Centurio ging noch einen Schritt weiter und legte die Prophezeiung ins Jahr 3080 n. Chr. »wenn ein Stern im Kepheus zu unserem Polarstern werden wird und der Tod verschlungen in den Sieg sei. . .« (was immer er sich auch darunter vorstellte). Die Seele, so philosophiert Centurio weiter, werde dann den Körper vollständig beherrschen und nicht mehr im Tode zerbrechen.

Letzteres würde jedoch bedeuten, daß die Seele heute noch mit dem Tod enden würde, was man – ihr unsterbliches, nichtstoffliches Vorhandensein vorausgesetzt – bezweifeln darf. Prinzipiell kann diese Deutung des Verses 2/13 also nicht stimmen, und wir müssen nach einer »anderen Wahrheit« suchen.

Die Berechnungen führen ins Jahr 1952, wo der amerikanische Arzt Paul M. Zoll einem 72jährigen Patienten erstmals einen Herzschrittmacher einsetzte! Ein Jahr später führte der amerikanische Chirurg John Heynsham Gibbon die erste Operation mit einer Herz-Lungen-Maschine durch, die als Pumpe die Funktionen von Herz und Lunge übernimmt und das Blut mit lebensnotwendigem Sauerstoff anreichert. Der Vierzeiler bietet uns also eine wunderschöne Umschreibung vom Sieg des menschlichen Geistes und Wirkens über den Tod. Daß Nostradamus hier »lediglich« auf zwei umwälzende technische Fortschritte hinweist, schmälert den textlichen Inhalt nicht.

Im Gegenteil. Zehntausende verdanken inzwischen diesem Fortschritt der Menschheit – der die Gefahr eines zu frühen Todes auf ein Minimum reduziert hat – ihr Leben. Babys, Unfallopfer, herzkranke Kinder und Menschen aus allen Bevölkerungsschichten hätten ohne die segensreiche Erfindung der Herz-Lungen-Maschine ihr Leben lassen müssen! Jeder technische Fortschritt bildet in der Regel aber nur das erste Fundament für weiterführende Entwicklungen. So mußten die ersten Herzschrittmacher, die noch mit einem Federwerk ausgestattet waren, alle sechs Minuten neu aufgezogen werden. Später folgten batteriebetriebene Schrittmacher mit einer Lebensdauer von zwei Jahren – danach mußten die Batterien ausgetauscht werden. Inzwischen arbeiten die Geräte mit langlebigen Plutoniumbatterien und piezoelektrischen Kristallen, die sich durch die Herzmuskeltätigkeit selbst aufladen. Neue Schmiermittel wie das hochwertige pflanzliche Jojoba-Öl wurden eingesetzt, und die Entwicklung geht weiter mit riesigen Schritten voran.

Herzschrittmacher und Herz-Lungen-Maschine – zwei segensreiche Erfindungen der Wissenschaft, die Nostradamus mit einem schönen Vierzeiler krönte.

Erinnern Sie sich noch?
Diana, Goebbels und der verrückte Chinese

2/28
Der Vorletzte mit dem Beinamen des Propheten
wählt Diane als seinen Tag (der) Ruhe.
Weites Umherschweifen wegen frenetischem »Teste«,
und erlöst ein großes Volk von Kämpfern.

Kein anderer Vers spiegelt in der deutschen Nostradamus-Literatur so das Unvermögen wider, die Vierzeiler des Sehers richtig zu deuten und chronologisch einzuordnen, wie dieser 28. Vers in der zweiten Centurie. Mir selbst liegen 12 Bücher vor, in denen die Autoren sich mit diesem Text auseinandersetzten und dabei zu völlig unterschiedlichen Ergebnissen gekommen sind. Die Palette reichte von Joseph

Goebbels bis zu Papst Johannes Paul II. und einem Verrückten, der nach Ansicht de Fontbrunes die Chinesen von ihren Steuerabgaben befreien wolle.

Dabei hat es uns Nostradamus hier besonders leicht gemacht, Daten und Namen zu entschlüsseln. Es beginnt damit, daß man einfach die Versnummer 2/28 umdreht und als 822 mit der Schlüsselzahl verrechnet. Liest man nun im Ergebnis die »8« als zulässige Null, liegt das Jahr völlig offen vor einem: 1903! Rechnet man hingegen 4713-228 (also die Versnummer in der korrekten Schreibweise), kommt man über 445– 4713 zur Zahl 462 (+ 1441 =)1903!

(Weitere Erklärungen hierzu im letzten Kapitel.)

In diesem Jahr verstarb in Rom, hochgeachtet und als »Friedenspapst« in die Annalen des Vatikans und der Menschheit eingegangen, Leo XIII. Er, der am 3. März 1878 – einen Tag nach seinem Geburtstag – seinen bürgerlichen Namen, Kardinal (Graf) Gioachino Pecci ablegte und sich für den Namen Leo XIII. entschied, trat ein schweres Amt an. Vatikan, Kirche und Klerus waren in den vergangenen achtzig Jahren wie nie zuvor gedemütigt und in die Knie gezwungen worden. Der einst so prächtige Kirchenbesitz war durch Napoleon beschlagnahmt und die Bischofsitze abgeschafft worden. Pfarreien, Klöster und Orden lösten sich unter der französischen Herrschaft auf. Die Geistlichkeit wurde aller öffentlichen Ämter und Einflüsse beraubt.

Leo XIII. sah nun seine oberste Aufgabe darin, wieder Frieden und die Versöhnung mit den weltlichen Staatsgewalten herbeizuführen. Als kluger Diplomat und Stratege nutzte er geschickt die politischen Umstände seiner Epoche und schaffte es in kürzester Zeit, die verlorenen Bistümer und Pfarreien wieder neu zu besetzen.

Die Preußen – starrsinnig bis unter die Halskrause – gewann er für sich, indem er im »Karolinen-Streit« zwischen Spanien und Preußen vermittelte, schließlich in die Reichstagswahlen eingriff und damit der Regierungspartei zum Sieg verhalf. Mit diesem Handel gewann er Bismarck für sich, verlieh ihm gar noch den kirchlichen Christus-Orden mit Brillanten und bekam dafür seine Bischofsitze als Geschenk. Mehrere Orden durften zurückkehren, Schulschwestern wieder ihren Dienst versehen, und die Schulaufsicht wurde fortan vielerorts an die Geistlichkeit übertragen.

Mit einem ähnlichen Kniff führte Leo XIII. auch im immer noch kirchenfeindlichen Frankreich wieder eine »klare christliche Linie« ein. Am 16. Februar 1892 – er war bereits seit 14 Jahren im Amt – forderte er in einer Enzyklika alle Katholiken auf, die französische Republik anzuerkennen. Das brachte dem ohnehin sehr sympathischen Papst viel Wohlwollen, alte Bistümer und die Rückkehr verschiedener Orden ein. Die Engländer nahm er für sich ein, indem er die stets aufmüpfigen Katholiken Irlands ernstlich zur Besonnenheit mahnte.

Seine Enzykliken über den Sozialismus, den Kommunismus und die Staatsgewalt machten in seiner Zeit Furore. Schließlich öffnete er als erster Papst die Archive und Bibliotheken des Vatikans für in- und ausländische Gelehrte, um die inzwischen längst notwendige Restaurierung der Geschichtswissenschaften voranzutreiben, welche ihm besonders am Herzen lag. Nachdem er der Kirche zu neuem, hohem Ansehen verholfen hatte, starb Leo XIII. hochbetagt im Alter von 93 Jahren am 20. Juli 1903 in Rom.

Wird es noch einen Papst Leo geben ?

Zwar steckt im zweiten Wort der ersten Zeile »penultième« das nackte letzte Amtsjahr des Papstes (von rechts nach links: 5459 zu 3557 ergibt: 5459-3557 = 1902), doch die Feststellung, daß der »Vorletzte« mit dem Beinamen des Propheten sterben wird, hat noch eine tiefere Bedeutung, die heute natürlich einfacher zu finden und zu deuten ist, als vor dem Todesjahr Leos XIII.

Vor dem Jahr 1903 – und selbst eine Papstgeneration später – hätte man aufgrund dieser Formulierung annehmen können, daß Leo XIII. der vorletzte aller Päpste überhaupt sein könnte. Inzwischen gab es aber sieben weitere Päpste, und die Befürchtung hat sich nicht erfüllt. Es könnte also durchaus sein, daß mit dieser Bezeichnung der vorletzte Papst mit diesem Namen gemeint ist, womit wir also noch einen Heiligen Vater mit dem Namen Leo XIV. erwarten dürfen.

Geht man davon aus, daß das Buch – zumindest in der vorliegenden Form – in unserer Zukunft geschrieben wurde, könnte es auch bedeuten, daß bis zur Zeit der Verschlüsselung noch ein weiterer Leo das höchste katholische Würdenamt innehatte.

Was danach kommen wird, wissen die Autoren vielleicht selbst nicht, weil sie – wie wir – nicht in der Lage sind, in ihre Zukunft zu blicken.

Der »Beinamen« des Propheten birgt ein verblüffendes Geheimnis!

Hier muß der »Meister« lange gesucht und getüftelt haben, um ein so wunderschönes Wort zu finden, in dem im wahrsten Sinne des Wortes wirklich alles drinsteckt! Ihm gebührt ein dickes Kompliment! »Surnom« kann einmal bedeuten, daß mit den Worten 1, 3 und 9 der Name (= franz: »nom«) zu finden ist. Andererseits verdient es der Name selbst, daß man ihn einmal vergrößert als Pyramide vorstellt:

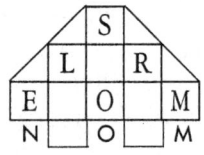

Zunächst liest man kreisförmig von oben nach unten das nackte Jahr 1903. Dann links außen »Leo«, rechts außen »Rom« und unten als Fundament: »Nom«. Perfekter kann man es nicht mehr darstellen – oder etwa doch? Lesen wir nun einmal die Pyramide, die uns durch »surnom« = »1, 3, 9 Name« empfohlen wird.

Die Worte 1, 3, 9 lauten:
Le – du – pour
Die beiden »U«s wurden nach der FOX-Tabelle in ein »C« verwandelt, das »R« in ein »I«:

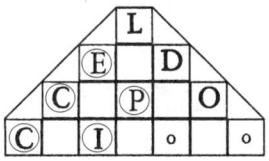

P E C C I

Leo XIII. hieß, bevor er den Stuhl Petri einnahm, Gioachino Pecci. Wieder so ein Zufall, von denen es schon so viele gibt? Eigendynamik von Buchstaben, die noch dazu eine verblüffende Logik entwickeln? Zufall, daß man nach dem Hinweis »1, 3, 9 Name« dann auch wirklich den richtigen Namen findet? Wir haben ja nicht willkürlich irgendein Wort gesucht, um fündig zu werden, sondern wir wurden mehr als deutlich vom Seher mit der Nase daraufgestoßen! Zufall, daß wir unter »dia« = spanisch: »Tag« dann den 119. Tag finden, der im astrologischen Kalenderkreis auf den 20. Juli fällt?

Mit den Begriffen »frenetique teste« konnte bisher kaum ein Autor etwas anfangen. Einige machten aus der Not eine Tugend, ließen bei »teste« flugs das »s« weg, woraus nun ein »tête« (= franz: »Kopf«) wurde, also ein »frenetischer Kopf«. Das klang zwar auch nicht viel besser, konnte man nun aber als »verrückt im Kopf« interpretieren. Andere Autoren lasen im »teste« ein Kürzel für »Testament« heraus und wieder andere »Text« – was dann in der »Goebbel-Auslegung« (Eilenberg/Kraus) zur »rasenden Rede« umfunktioniert wurde. Der simple Hinweis, man möge einmal das Wort »frenetique« testen, fand bis heute bei niemandem Beachtung.

Wie auch? Das Wort »teste« im Sinne von »prüfen« ist eine neuere Wortschöpfung, die es zur Zeit des Nostradamus noch nicht gab. (Altfrz.: »test« = »Topf/Tiegel«)

Nun kann man den Vierzeiler grob etwa so interpretieren:

2/28 = (1903)
»Der (vielleicht) vorletzte Papst mit dem (»surnom«) Namen Leo wird in Rom am 20. Juli 1903 (»Diane« und »Jour«) sterben.
Er hieß »Pecci« und Leo XIII.
Er befreite die Katholiken (ein großes Volk) von seinen Auflagen (»d'impos(ts)«)
und starb im Juli, 119° astrologischer Zeit.«

Stunde Null –
Wenn die Welt im Sterben liegt

2/95
Die besiedelten Orte sind unbewohnbar geworden!
Wegen des Landes kommt es zur Teilung.
Die Regierung überläßt man bewußt[1]) Unfähigen.
Zwischen den Brüdern kommt es zum tödlichen Streit!

Die meisten Autoren siedelten diesen Vierzeiler in der Zukunft an. Für Jean Charles de Fontbrune eröffnet dieses Ereignis den Dritten Weltkrieg. Juden und Araber geraten sich

---

[1]) *Das Wort »prudens« (= lateinisch wissend/wissentlich) wurde auch stets wie das im Französischen ähnlich geschriebene »prudence« = »Klugheit/Vorsicht/ sittsam« übersetzt, woraus (bei Centurio) eine »kluge, unfähige« Regierungsgewalt wurde. Ein recht schwer begreifbarer Widerspruch.*

wegen »des atomverseuchten Palästinas« endgültig in die Haare.

Die Mannheimer Anwälte Eilenberg/Kraus vermuten, daß die Engländer – nach einer Klimakatastrophe – ihre überschwemmte und im Vereisen begriffene Heimat verlassen, »um sich neuen Lebensraum in Frankreich zu suchen«, worauf die Franzosen nicht sonderlich begeistert reagieren. Wer will es ihnen verübeln – Tee statt Pernod, unvorstellbar! Ohne Schlüssel ist der Vers tatsächlich kaum geschichtlich unterzubringen, und man ist auf bloße Vermutungen angewiesen.

Die Berechnungen führen in die Nachkriegsjahre 1946 und 1947, wohin die Beschreibung der »entvölkerten, einst bewohnten Gebiete« ebenso paßt wie das Gerangel um die Aufteilung Deutschlands unter den vier Besatzungsmächten USA, Frankreich, England und Rußland. Der spätere Streit unter den ehemaligen Verbündeten leuchtet – nach der Bildung der beiden Blöcke Ost und West – auch noch ein. Nun aber einen Konrad Adenauer oder Theodor Heuss mehr oder weniger als »taube Nuß« darzustellen, gewissermaßen als willigen Handlanger der westlichen Verbündeten, das stimmt doch etwas verwunderlich.

Wir können also aufatmen, da zumindest dieser Vierzeiler inzwischen der Vergangenheit zugeordnet werden kann! Und wer weiß – vielleicht hat der alte Adenauer ja doch ein bißchen weltfremd einige Verträge unterzeichnet, an denen die Deutschen noch Jahrzehnte später zu knabbern haben.

Alles noch einmal?
London in Schutt und Asche

In dem als »Great Fire of London« in die Geschichte eingegangenen Großbrand, dem nahezu ganz London zum Opfer fiel, wurden am 7. 9. 1666 89 Kirchen und 13 000 Häuser eingeäschert. Tausende starben in der verheerenden

Feuersbrunst, oder sie wurden unter den Trümmern ihrer Häuser verschüttet. Mit der »antiken Dame« – so meinen die Nostradamus-Forscher – sei vermutlich die St. Pauls-Kathedrale gemeint, die viele zufluchtssuchende Gläubige unter sich begraben hat.

Bisher zweifelte niemand daran, daß dieser Vierzeiler die Ereignisse aus dem Jahr 1666 beschreibt:

2/51
Das Blut der Gerechten wird zur Schuld Londons!
Verbrannt durch den Blitz, von Zwanzig-drei die Sechs,
die antike, [teure¹)] Dame von hoher Position.
Von der gleichen Partei werden viele ermordet.

Die Frage, ob London möglicherweise noch einmal – dieses Mal durch einen verheerenden »Blitzstrahl« – in Schutt und Asche gelegt wird, erscheint zunächst einmal nicht unberechtigt. Denn, paßt man nicht auf, dann könnte der Hinweis »20 minus 3 (= 17. Wort) lese 6 (Buchstaben)« zu einem Ergebnis führen, das sich leicht falsch auslegen läßt. Hier wird tatsächlich aber nicht gerechnet, sondern – wie es angeordnet wird – »gelesen«. Und in diesen sechs Buchstaben (ab dem 17. Wort) ist das richtige Jahr (neben der »normalen« Ausrechnung durch die vier ersten Großbuchstaben) bereits ebenso offen eingebaut worden wie in der französischen Schreibweise von London, »LONDRES«: 1945.

Das Datum des tatsächlichen Ereignisses (obwohl knifflig verpackt) ist in diesem Vierzeiler besonders deutlich: der 13. Februar 1945 – jener unvergeßliche Tag, an dem die

---

¹) *Im Wort »cherra« = »teuer« steckt die verschlüsselte Jahreszahl. In der letzten Zeile könnte es auch heißen (als Wortspiel von »plusieurs seront occis« = »viele werden ermordet«) »plusiers en occasions« also: »Von der gleichen Partei wird mehrmals gemordet/getötet.«*

Engländer die deutsche Stadt Dresden in mehreren Angriffswellen bombardierten und buchstäblich in Schutt und Asche legten.

Der Name der Stadt ist geschickt in »LonDRES« (London) versteckt, von wo das Verderben ja ausging. Den Tag des Angriffs findet man u. a. im letzten Wort »occis« (4713 – 3391) = 1322. Der 13. 2. 1945 ist zugleich der 322. Tag auf dem astrologischen Transitkalender! Sauberer kann man dieses denkwürdige Datum sicherlich nicht mehr darstellen! Das Jahr errechnet sich ebenso klar durch die ersten vier Buchstaben, von unten nach oben zu lesen: 4713 – 4323 = 390; 1555 + 390 = 1945.

Jahrhundertelang wurde dieser Vers, der angeblich den Brand Londons beschreibt, als prophetische Meisterleistung des Michel Nostradamus angesehen! Tatsächlich beschreibt er jedoch die Zerstörung der Stadt Dresden durch die Engländer am 12./13. Februar 1945.

Die antike Frau, die von hoher Position auf das in Trümmern liegende Dresden blickt, war eine Skulptur, die wie durch ein Wunder den Bombenhagel überstand.

USA, 26. Februar 1993 – Bombenanschlag trifft den sensiblen Puls der US-Finanz- und Wirtschaftswelt

In dem mit 420 Metern und 110 Stockwerken zweithöchsten Bürogebäude der Welt, dem World Trade Center in New York, explodiert in der Tiefgarage unter einem der beiden Zwillingstürme eine gewaltige Bombe, die für mehrere Wochen den Hauptnerv der New Yorker Finanzwelt lahmlegt. Durch den Terrorakt, der islamischen Fundamentalisten zugerechnet wird, kommen sechs Menschen ums Leben, und 300 Personen werden zum Teil schwer verletzt.

Hunderttausend müssen durch die von Rauchschwaden erfüllten Treppenhäuser und Gänge fliehen. Andere warten stundenlang in den steckengebliebenen Aufzügen auf Hilfe. Die Bombe explodierte in einem gestohlenen Lieferwagen, der in der Tiefgarage nahe an einem der massiven Säulenfundamente abgestellt worden war. Etwa 100 000 Menschen befinden sich zum Zeitpunkt der Explosion im World Trade Center, wo nicht nur Geheimdienste residieren, sondern Broker-Firmen, Investment Companies und ein Teil der New Yorker Börse untergebracht sind. Durch die gewaltige Detonation wird die Hälfte der Hauptstromleitungen unterbrochen, der Rest wird durch die Feuerwehren aus Sicherheitsgründen ebenfalls abgeschaltet.

Die Folge: Die von Panik ergriffenen Menschen können sich nur durch die von Rauch und Ruß gefüllten Treppenhäuser, die wie Luftschächte den Rauch ansaugen, in Sicherheit bringen. Hunderte sind stundenlang in den Aufzügen eingeschlossen.

Die durch die Bombe verursachten Schäden sind enorm. Da man befürchtet, daß Teile des Centers einstürzen könnten, werden Wochen für die Aufräumungsarbeiten und die Sanierung benötigt. Die Tiefgarage bleibt vorerst für das Publikum geschlossen, und erst nach fünf Wochen kann in beiden Türmen wieder gearbeitet werden.

2/77
Unter Bögen, Feuer, Pech; durchs Feuer verschreckt,
werden Schreie[1]), Geheul, zur mitternächtlichen Stunde gehört[2]):
Innen gelegt[3]), um die Bollwerke/Rampen zu zerbrechen,
fliehen durch Gänge des Informations-Centers[4]).

---

[1]) *Durch »y« in »Crys« wird hier die engl. Schreibung von »Schreie« angeführt. In der Pyramide wird klar, warum kein »i« gewählt wurde!*

[2]) *Der Terroranschlag erfolgte tagsüber. Richtig zu lesen: »Sur la minuict« = »Auf der Mitternachtsstunde« = 24 (siehe Wort 24).*

Dieser Vierzeiler läßt sich mit seinen aus verschiedenen Sprachen entliehenen Begriffen eigentlich nur deuten, wenn man das entsprechend richtige Datum ermittelt hat. Und es ist nicht verwunderlich, wenn Centurio »Pechfackeln im Bogen durch die Luft hin- und herfliegen« sieht und schließlich aus den letzten beiden Zeilen »in den Schützengräben eingeschlossene Menschen« herausliest, wo die »Preisgegebenen durch minenartige Gänge fliehen«.

Der Franzose Jean Charles de Fontbrune sprach in der Übersetzung von »verlassenen Festungsanlagen« und von einem »fliehenden Verräter wegen der übergroßen Hitze«.

Tatsächlich ist das der lateinischen Sprache entliehene »Cunicule« = »Röhre/Gang/unterirdischer Tunnel« usw. mit dem »Traditeur« = »Übermittler von Legenden, Nachrichten« (aber auch jemand, der einen Verräter übergibt, und auch die »Überlieferung« ganz allgemein) kaum in Einklang zu bringen. Zudem wird hier noch im Plural, also von mehreren »Übermittlern/Überlieferungen« usw. gesprochen, was eine Interpretation beinahe ebenso unmöglich macht wie der Beginn der ersten Zeile. Hier heißt es: »Durch/unter Bögen, Feuer, Pech, und durch a) das Feuer verschreckt, b) zurückschlagendes Feuer«.

Wenn man das Ereignis nicht kennt, ist das schlecht zu verstehen, also ließen die meisten Autoren einfach das erste Komma fort und machten »Feuerbögen und Fackeln« daraus. Den Hinweis der »mitternächtlichen Stunde« kann man ebenfalls nur richtig interpretieren, wenn man sich durch die vorangegangenen Berechnungen bereits an das tatsächliche Ereignis herangearbeitet hat. Heute wissen wir

---

³) »Dedans sont mis« statt »innen sind gelegt« auch: »In 1 et mis« (»mis« altfrz.: aktenkundiges Datum).

⁴) »TRADiteuer« enthält einmal den Namen des World TRADe Centers, aber auch: »traditeur« = altfrz.: Auslieferer und Überlieferer von Nachrichten/Wort-Abänderer usw. Der Begriff wurde aber vermutlich gewählt, weil er Namen und Datum enthält.

genau, daß der Bombenanschlag im World Trade Center die Menschen mitten in der Arbeitszeit traf. In der mitternächtlichen Stunde (24 Uhr) muß also eine andere Bedeutung liegen.

Im 24. Wort, das auch die Bezeichnung »Trad« als Kürzel enthält, ist das Jahr noch einmal, hier aber leicht verdreht, eingebettet: Von rechts nach links zu lesen: 193 et 9.

```
T R A D I   T E U R S
    9  +  3 9 1
```

Südamerika/Paraguay:
Land mit Zukunft oder Aufruhr und blutige Revolutionen?

In Paraguay leben heute mehr als 150 000 Deutsche und Deutschstämmige, dazu kommen Franzosen, Amerikaner, Japaner und Menschen aus aller Welt. In der jungen Demokratie kennt man weder Ausländerfeindlichkeit noch erdrückende Steuerlasten. Im Gegenteil: Das dünnbesiedelte Land mit seinen 4,39 Millionen Einwohnern auf einer Fläche, die etwa so groß ist wie Deutschland, Belgien, Dänemark, Luxemburg und die Schweiz zusammen, fördert aktiv die Besiedlung durch Zuwanderer. Die leichtesten Einwanderungsbedingungen der Welt, verbriefte Eigentumsrechte und fremdenfreundliche Einheimische machten bis heute den »Garten Südamerikas« für Siedler aus aller Welt äußerst attraktiv. Aber ist Paraguay wirklich ein Land mit Zukunft?

Auf einer ausgedehnten Reise durch Südamerika lernte ich auch Paraguay kennen. Sonne, so viel das Herz begehrt, exotische Flora und Fauna, quirlige Märkte und eine vor Leben pulsierende Hauptstadt, wie man sie eben nur in südlichen Ländern finden kann. Auf den Spuren von Nietzsches Schwester – der Mitbegründerin der ehemals deutschen Kolonie »San Bernadino«, die an den Ufern des 46 Quadratkilometer großen Ypacarai-Sees, nahe der Landeshauptstadt Asunción, vor sich hinträumt – lernte ich ein schillerndes Land kennen, in dem besonders die eingewanderten Deutschen und Japaner dafür gesorgt haben, daß es ihnen an nichts mangelt.

Gepflegte, von Deutschen geführte Hotels und Restaurants, englische Pubs, drei deutsche Bäckereien und acht Metzgereien, Supermärkte, die keine Wünsche offenlassen, ja selbst schmucke Großfilialen der »Deutschen Bank« oder Filialen anderer internationaler Großbanken, die Deutsch-paraguayische Handelskammer und drei deutschsprachige Zeitungen sorgen für eine gewisse »Heimatnähe«. Parabolantennen bringen deutsches und amerikanisches Fernsehen auf die Bildschirme, und wem das nicht genügt, der zapft die Videotheken oder Buchläden an, die ebenfalls in seiner Heimatsprache vertreten sind.

Bei Gehältern von 70.- DM für eine Hausangestellte (Wochenlohn) und Einkaufspreisen, wie etwa 10.- DM pro Kilo Rinderfilet, rund einer Mark für das Päckchen Zigaretten und ca. 14.- DM für die Literflasche Scotch läßt sich's gut leben in diesem sonnigen südamerikanischen Binnenland.

Merkwürdigerweise existiert auch ein Vers über Paraguay. Nachdem sich um die Jahrhundertwende in kürzester Zeit vierzig Präsidenten das Regierungszepter gegenseitig aus den Händen gerissen hatten, war es dann der deutschstämmige General Alfredo Stroessner, der durch einen Militärputsch am 14. Mai 1954 mit eiserner Faust die Regierung übernahm. Das, was in späteren Welt-Almanachs und Reiseführern milde als »präsidiale Republik« bezeichnet wurde, war nichts als eine Diktatur, die – zumindest in den ersten Regierungsjahren Stroessners – unter dem Vorwand, kommunistische Elemente fernzuhalten, politische Gegner folterte, umbrachte oder aus dem Land jagte.

Ein relativ unblutiger Putsch des Generals Andrés Rodriguez im Februar 1989 leitete nach der 35jährigen Stroessner-Ära die Demokratie ein. Der völlig überraschte Stroessner mußte das Land verlassen und lebt seit 1989 im brasilianischen Exil. 1993 fanden in Paraguay die ersten freien, allgemeinen Wahlen statt. Unter den kritischen Augen von Wahlbeobachtern aus aller Welt wurde Juan Carlos Wasmosy für die ersten fünf Jahre zum Präsidenten der jungen Demokratie gewählt, und es scheint, daß sich das demokratische Gefüge – trotz anhaltender Korruption und einer maroden Gesetzgebung – zunehmend festigt.

Die Stadt Luque grenzt direkt an die Landeshauptstadt Asunción. Der Name könnte daher als Synonym für Asunción oder Paraguay stehen. Meines Wissens ist es der einzige Ort auf der Welt, der einen Namen in dieser Schreibweise hat. Dieser sehr offen und klar geschriebene Vierzeiler zeigt dennoch recht deutlich, wie schwer es sein kann, Gewißheit zu finden, ob hier künftige Ereignisse oder bereits vergangene angesprochen werden.

3/19
In Luque wird es Blut und Milch regnen,
kurz bevor der höchste Staatsrichter wechselt.
Große Pest, Krieg, Hunger und Durst sind wahrzunehmen.
Weit entfernt stirbt ihr Höchster und großer Leiter.

Im Mai 1954 putschte sich Alfredo Stroessner in Paraguay an die Macht, ein Jahr, das einige Male so deutlich aufgeführt wird, daß man daraus schließen könnte, daß die Zeit der Tränen in diesem Land ein für allemal vorbei ist. Das Todesdatum des Alt-Präsidenten, der heute – auch hier gibt es klare Parallelen zur vierten Textzeile – »entfernt« (von seiner Heimat und seinem Wirkungsfeld) 84jährig im brasilianischen Exil lebt, ist relativ schwer zu ermitteln, da sich die Sterbe- und Putschdaten selbst im astrologischen Meßkreis sehr ähneln und ineinander übergehen.

Im siebenten Wort »pleuvoir« soll das Datum stecken. Wie schon gesagt, die Tagesdaten verschmelzen hier mit anderen Zeiten. Der Monat April schimmert jedoch relativ deutlich durch.

Da die Zahlen aber recht häufig verdreht aufgeführt werden, ist eine präzise Deutung von zukünftigen Daten oder Ereignissen immer ungewiß. Zwar betont Nostradamus einige Male, daß man konkrete Schlüsse immer erst nach einem Ereignis ziehen kann, aber ein bißchen frustrierend kann das schon sein! Hier scheint sich zumindest herauszukristallisieren, daß es wahrscheinlich keine nennenswerten Auseinandersetzungen nach 1995 in oder um Paraguay geben wird, da in den Berechnungen immer wieder auf das Jahr 1954 verwiesen wird.

Immerhin beruhigend für jene Menschen, die in diesem Land leben oder dort irgendwann einmal ihre Heimat finden werden.

Wieder Krieg in Deutschland?

2/57
Vor dem Konflikt fällt die große Mauer!
Der Große wird sterben, stirbt zu unerwartet, Wehklagen.
Unvollendetes Schiff: der größte Teil schwimmt,
nahe des Flusses, vom Blut färbt sich die Erde.

Das ist die ziemlich genaue, wortgetreue Übersetzung eines Verses, den beinahe alle mir bekannten Nostradamusbücher ebenfalls zitieren. Welche große Mauer ist gemeint? Die chinesische, der Westwall, die »Berliner Mauer«, oder – wie de Fontbrune meinte (der Vater) – »eine Festung im Konflikt zwischen Spanien und Italien, während des Dritten Weltkriegs«?

Für den Sohn de Fontbrunes wird hier vom Sturm auf die Bastille (1791) gesprochen, wogegen Centurio den Vers ins

Jahr 1914 verlegte. Die Mauer, so der Autor, stelle sinnbildlich »das kulturelle Gewissen der Völker« dar. T. Pakraduny erkannte hier ebenfalls »die zusammenbrechende Kultur im Ersten Weltkrieg«.

Eberhard Fuchs las schließlich aus den gleichen Zeilen die Kuba-Krise heraus, verbunden mit dem Kennedy-Mord, und die Autoren Eilenberg/Kraus vermuteten »einen Blitzkrieg« der Warschauer-Pakt-Staaten gegen die Bundesrepublik Deutschland.

Von welcher Mauer spricht also der »Seher«? Ist der Vierzeiler in der Zukunft oder in unserer Vergangenheit anzusiedeln? Eigentlich spricht Nostradamus ja nicht von einem Krieg, sondern von einem Streit oder einem Konflikt, also von einer Auseinandersetzung, die nicht gleich in einen Dritten Weltkrieg ausarten muß.

Wenn jedoch – und daran ist kaum zu rütteln – mit der »großen Mauer« eben jene Mauer gemeint sein soll, die über Jahrzehnte hinweg West- und Ostdeutschland voneinander trennte, dann spricht der Vierzeiler direkt unsere Gegenwart und die allernächste Zukunft an. Denn diese »große Mauer« ist ja inzwischen gefallen, und es würde – laut Nostradamus – geschehen, bevor es zum »Konflikt« kommt und bevor »der Große« unerwartet stirbt.

Die Versalien – es sind nur die vier Anfangsbuchstaben – lassen sich nur unschwer als »1 LES« umsetzen, was viele Deutungen zuläßt. Damit könnte das erste Wort »AVANT« gemeint sein, die erste Zeile, die ersten senkrechten drei Buchstaben, die Buchstaben unter dem ersten Großbuchstaben usw.

Was immer man auch berechnet, führt in eine hohle Gasse, die nicht so recht zum Text passen will. »Vor dem Konflikt fällt die große Mauer« – diese Aussage grenzt die Zeit vom Fall der Mauer bis zum Beginn der Auseinandersetzungen etwas ein. Berechnungen, die ins Jahr 2002 oder noch weiter führen würden, passen also nicht in diese Beschreibung. Dem Fall der Berliner Mauer (1989/1990) folgten auf dem Fuß der Golfkrieg, die Auseinandersetzungen auf dem Balkan und das Zerbröckeln der kommunistischen Blockstaaten. Und ohne das Andenken einiger Verstorbener schmälern zu wollen – ein wirklich »Großer«, der unerwartet und zu plötzlich starb, war – gemessen am internationalen Bekanntheitsgrad – sicherlich nicht unter ihnen.

Zum Zeitpunkt, da dieses Buch geschrieben wird, lassen sich auch die dritte und vierte Zeile nicht deuten. In ein unvollendetes Schiff, dessen größter Teil schwimmt, ließe sich natürlich – falls der Satz symbolisch gemeint sein sollte – eine Menge hineindeuten. Es wäre aber untypisch, denn die vorangegangenen entschlüsselten Vierzeiler zeigen, daß der Seher zwar eine Menge Tricks verwendet, bestimmte Dinge zu verschleiern, daß er sich aber fast nie einer symbolischen Sprache bedient. Wir werden also abwarten müssen, bis das Ereignis tatsächlich eingetroffen ist.

Der plötzliche und beklagenswerte Tod eines »Großen« kann natürlich jederzeit eintreten. Wer das sein könnte, läßt sich nur am Anfang der zweiten Zeile erahnen, wo man ab dem Komma (von rechts nach links zu lesen) den folgenden Hinweis findet, der natürlich auch Zufall sein kann:

Rom, 1 + 4 + 5 (= 10), 1975 + 3 (= 8), also: Rom, Oktober 1978

Im Oktober 1978 trat Papst Johannes Paul II. in Rom sein Amt an.

Eine zufällige Konstellation aus Buchstaben und Zahlen? Oder wird hier tatsächlich sein Tod für das Jahr 1999 vorausgesagt?

Möglich ist – vorausgesetzt der Fall der Berliner Mauer wird tatsächlich in diesem Vers angesprochen –, daß verschiedene Ereignisse zusammengefaßt wurden: das Ende der ehemaligen DDR; der plötzliche und beklagenswerte Tod einer wichtigen Persönlichkeit; ein Konflikt (der nicht zwingend auf deutschem Boden ausgetragen werden muß), ein »unvollendetes Schiff« (mit dem der Autor heute noch überhaupt nichts anzufangen weiß) und andere Ereignisse. In Europa kriselt es zur Zeit an allen Ecken und Enden – das, was sich aus dem ein oder anderen Konfliktherd entwickeln kann, läßt sich derzeit noch nicht voraussagen.

Wir werden also abwarten müssen, was uns die allernächste Zeit beschert (im Jahr 1999 – ein mögliches Datum wäre am 6. Dezember oder im April)! Konkrete Aussagen sind hier sehr schwierig, da zwei Daten – die des Konflikts und des Ablebens eines »Großen« – zusammenfallen. Auch der Hinweis im entschlüsselten Text »Pere« hilft nicht weiter. Er kann »Vater« bedeuten (Synonym für »Heiliger Vater«), aber auch »7 Ere«, wonach man wieder über das vierte Wort zu den Anfangsbuchstaben »1 LES« geleitet wird.

5. Kapitel

Mit besten Grüßen aus der Zukunft

Da stehen wir also. Mit Versen, die zwar etwas Arbeit machen, wenn wir sie richtig lesen wollen, die andererseits jedoch Ergebnisse liefern, die mit einer gewissen Logik Fakten, Daten und Ereignisse offenbaren, die wir bisher nicht hinter den ungeschliffenen Textgebilden vermutet hätten. Alles erscheint in einem neuen Licht. Aber – und das wollen wir niemals vergessen – was wir mit viel Fleiß, Verstand und Arbeit ans Tageslicht brachten, könnte natürlich auch ein Produkt aus Hirngespinsten, Eigendynamik und unserer (oder meiner) regen Phantasie sein.

Wenn… wenn da nicht dieser verflixte Planet Neptun wäre, der uns überdeutlich darauf hinweist, daß sich jemand dieses Buch eigentlich erst nach 1845 ausgedacht haben kann – also rund dreihundert Jahre nach der ersten Nostradamus-Ausgabe! Im Klartext: Vor diesem Datum kannten bestenfalls Außerirdische diesen für die Menschheit noch nicht existenten, namenlosen Planeten!

Wenn wir also nur allzu gerne den Gedanken ablehnen, diese seltsame »prophetische Chronik« käme vielleicht aus unserer Zukunft, müssen wir uns zumindest darüber im klaren sein, daß sie mit hoher Wahrscheinlichkeit zwingend aus der Zukunft des Michel Nostradamus kommen muß. Also auch ein unerklärliches »Wunder«. Prinzipiell ist es völlig egal, ob die Centurien aus seiner oder unserer Zukunft kommen! Aus irgendeiner Zukunft kommen sie, und so oder so scheint hier etwas faul zu sein.

Wir müssen also nur noch herausfinden, was. Nehmen wir die Sache mit den Schmuckranken, die jedem Brief, jedem Vorwort und beinahe jeder Centurie vorangestellt wurden. Allesamt enthalten sie mehr oder weniger gut getarnte

Satzzeichen, die – damit werden sich die Anhänger der Theorie, Nostradamus sei ein begnadeter Prophet gewesen, auseinandersetzen müssen – irgendein Drucker um 1668 herum angebracht hat. Sei es aus Gedankenlosigkeit, Mangel an Leerzeichen oder weil er glaubte, den Schlüssel gefunden zu haben und uns mit diesen Zeichen eine Hilfestellung geben wollte. Daß zwei dieser Ranken eine verblüffende Ähnlichkeit mit jenen aus einem Religionsbuch haben, das erst 1729 gedruckt wurde, sei nur am Rande vermerkt.

Gäbe es nun nicht die deutlich sichtbaren Satzzeichen über der zweiten Centurie oder den Doppelpunkt über dem »Vorwort an den Leser« (wo das »Avertissement«, wie unsere Pyramide bewies, sicherlich nicht zufällig mit einem zusätzlichen Druckfehler »D« versehen wurde, also »Advertissement«), gäbe es diese sehr deutlichen Einarbeitungen in einigen Ranken nicht, würde das geschickt getarnte Fragezeichen in der Kopfranke der ersten Centurie wohl kaum auffallen. Natürlich könnte auch hier der Drucker mittels Holzklötzchen aus Langeweile eine Vorlage geschnitzt und diese dann ausgegossen haben, um sie wie ein kleines Blümchen mit Punkt in die Ranke einzuarbeiten.

Aber einfach so, weil ihm danach war?

Und »rein zufällig« gibt es in der kompletten 1. Centurie nur eine Zeile, die mit einem Fragezeichen endet: Die zweite Zeile im allerersten Einführungsvers nach dem Wort »d'airain?«. Daß man hier unschwer mit Hilfe der Buchstaben-Tabelle von rechts nach links »Era...« (= frz.: »Ära«) entziffern kann und einem hier bei richtiger Handhabung gewissermaßen gleich zweifach der Spiegel der Zeit ab dem Jahr 1547 präsentiert wird, sollte eigentlich auch hartgesottene Skeptiker nachdenklich stimmen. Zu viele Ungereimtheiten und Zufälle, die sich nicht erklären lassen!

Die Befürworter der hier vorgestellten »Theorie zu vieler Ungereimtheiten« haben ebenfalls ein dickes, unbequemes Päckchen zu tragen: Sollte nämlich die These richtig sein, daß sich jemand aus der Zukunft des Namens Michel de Notredame bediente, um auf dessen Ruf ein Buch aufzubauen, das – zumindest in der hier vorgestellten Form der Ausgabe von 1668 – erst lange nach dem Tod des Sehers in die Geschichte »einfloß«, dann tauchen eine Unmenge recht unbequemer Fragen auf:

1. Wurde das Buch in unserer Zukunft oder in der Vergangenheit gedruckt?
2. Wenn in der Zukunft: Wie, um alles in der Welt, gelangt(e) ein solches Buch in eine längst vergangene Epoche…?
3. Wenn es zwar in der Zukunft geschrieben, aber in der Vergangenheit gedruckt wurde: Wie transportierte man die Originalinformationen in ein weit zurückliegendes Jahrhundert, und wer druckte es mit all seinen markanten Eigenheiten so nach, daß sein eigenwilliges Layout erhalten blieb?
4. Wer ist der Urheber des Werkes, und wann lebte er? Handelt es sich um eine Einzelperson, oder steckt eine (wohl- oder übelgesinnte) Gruppe dahinter…?

In den meisten Antworten werden wir auf Vermutungen angewiesen sein. Für Dinge, die man jedoch – dem technischen Wissensstand seiner Zeit entsprechend – noch nicht erklären kann, wird man logischerweise auch keine befriedigenden Argumente, Lösungen und einleuchtende Erklärungen finden, sondern bestenfalls eine Menge Kritiker auf den Plan rufen. Was bleibt ist eine vorsichtige, vielleicht realitätsbezogene Spekulation nach dem »Wie könnte es eventuell geschehen (sein)?«
Leider reißen neue Ideen und Denkmodelle immer wieder sogenannte Fachautoritäten aus dem Schlaf, die mit guter Rhetorik selbst die einleuchtendsten Argumente zu widerlegen versuchen. Galilei mußte sogar öffentlich seine These, nicht die Erde sei Mittelpunkt der Welt, sondern die Erde

drehe sich um die Sonne, widerrufen, um dem Scheiterhaufen zu entgehen.

Der Wiener Prof. Semmelweis, dem wir zu verdanken haben, daß unsere Frauen heute nicht mehr zu Abertausenden am »Kindbettfieber« sterben, prangerte an, daß die Ärzte seiner Zeit direkt nach Amputationen eiternder Glieder oder nach dem Sezieren von Verstorbenen mit ungewaschenen Händen am Wochenbett Geburtshilfe leisteten. Seine Feststellung, daß der angesehene Stand der Ärzteschaft gewissermaßen für das Massensterben der Wöchnerinnen verantwortlich war, löste Stürme von Protest und seinen lauthals geforderten Ausschluß aus der Ärztekammer aus.

Als George Stephenson im September 1825 den Briten seine erste Eisenbahn vorführte, die mit gemächlichen 25 Stundenkilometern über die Schienen tuckerte und er behauptete, daß man das Tempo sogar auf 32 Kilometer in der Stunde erhöhen könnte, schrieb die angesehene Zeitschrift »Quarterly Review« voller Skepsis:

Selbst wenn man allen Versicherungen von der Gefahrlosigkeit Glauben schenken wollte, ließen sich die Einwohner von Woolwich wohl eher auf einer Congreveschen Rakete abfeuern, als daß sie sich einer so schnell fahrenden Maschine anvertrauen würden.

Im Parlament kam schließlich zur Sprache, daß eine Lokomotive niemals bei Regen fahren könne, da dieser durch den Schornstein hindurch das Feuer lösche. Das sei zwar – so ein Parlamentsmitglied, das sich kundig gemacht hatte – zu verhindern, indem man die Lokomotive in Decken einwickeln würde, die aber der Fahrtwind wieder sofort wegrisse, womit das Problem also auch nicht gelöst wäre. Zudem bestehe Gefahr für Leib und Leben, da ein wiederholtes Fahren bei mehr als 30 Stundenkilometern beim Menschen unweigerlich zur Gehirnerweichung führen müsse.

Es würde ein dickes Buch füllen, all jene klugen Gelehrten zu zitieren, die das ad absurdum führten, was später zum ganz normalen Alltag geworden ist. Technisch Unbekanntes gab es ebenso häufig wie dessen Gegner und deren – dem technischen Wissen ihrer Zeit entsprechend logisch klingende, aber leider falsche Argumente. Spekulieren wir also ruhig ein bißchen und wagen wir die eine oder andere Hypothese des »Unmöglichen«, wobei wir jedoch aus Mangel an besserem Wissen über alles ein dickes »Vielleicht« setzen sollten.

Ein Buch, das Ereignisse und Daten aus den Jahren 1912 (Titanic), 1963 (Kennedy-Attentat), 1980 (Schah-Tod in Ägypten), 1993 (Bombe im World Trade Center) usw. beschreibt, muß *nach* dieser Zeit geschrieben worden sein. Das sagt uns der normale Menschenverstand. Bei einem Faksimile, das seit 1995 in Ihrem Bücherschrank steht und ein Ereignis beschreibt, das dann tatsächlich vier Jahre später (1999) stattfindet, ist irgend etwas nicht so, wie es sein sollte. Der Ursprung dieses Wissens muß nach dem Jahr 1999 zu finden sein! Und damit gerät unsere normale, brave Gedankenwelt etwas in Unordnung. Es ist etwas geschehen, das eigentlich nicht sein kann: In unserem Bücherschrank steht ein Buch, das erst noch gedruckt werden wird, denn darin stehen – da werden Sie 1999 Stein und Bein schwören – seit einigen Jahren Dinge, die vorher noch kein Mensch wissen konnte!

Wenn diese vorausgesagten Ereignisse nun wahr werden und sich die Voraussage erfüllt hat, weil wir gewisse Merkmale, scheinbare Falschschreibungen, Großbuchstaben oder wie zufällig sauber untereinanderstehende Buchstaben, verschobene Versnummern usw. berücksichtigt haben, dann muß uns kompromißlos klarwerden: Dieses Buch wurde komplett in einer Zeit geschaffen, die für uns erst noch kommen wird – in der Zukunft!

Denn nur da kann man gewiß sein, daß all die wichtigen Eigenheiten wie Falschschreibungen, Verschiebungen und versteckte Symbole in Schmuckbalken auch tatsächlich so abgedruckt werden, wie es sein muß. Und nur da kennt man die Fakten, Namen und genauen Daten unserer Geschichte.

Jemand wird also – diesen Eindruck erweckt bei genauerem Hinsehen das Originalbuch des Nostradamus – irgendwann einmal aus einem Geschichtsbuch Daten und Ereignisse übernehmen, um sie in verschlüsselter Form neu zu Papier zu bringen. Alle »verblüffend richtigen prophetischen Voraussagen« erklären sich damit recht logisch. Dieser »Jemand« muß dann nur noch einen Weg finden, sein Werk auf die »Zeitreise« zu schicken.

Die Herkunft der Prophezeiungen wäre mit dieser These geklärt. Die Frage aber, mit welchem technischen Trick man ein Buch ein paar hundert Jahre durch die Zeit transportiert, kann heute nur spekulativ beantwortet werden.

Teleportation? Außerirdische? Ein unerklärlicher Time-slip, ein Zeitrutsch? Wodurch könnte er hervorgerufen werden? Gab es das sagenumwobene Atlantis mit all seinem technischen Fortschritt bereits, oder leben wir gerade auf diesem Kontinent? Kommen die immer wieder gesichteten UFOs (unidentified flying objects) aus unserer eigenen, irdischen Zukunft oder von anderen Planeten? Und immer wieder die Kernfrage:

Wie können Informationen aus der Zukunft in eine weit zurückreichende Epoche gelangen?

Die Grenzen des Möglichen

Allein unser Milchstraßensystem umfaßt rund 135 Milliarden Sterne. Wenn davon nur ein Prozent Planeten mit einer Atmosphäre besitzen, dann sind das immer noch geschätzte 1,35 Milliarden Planeten. Besäßen davon wieder nur 1% die notwendigen Voraussetzungen für Meere, Wasser und niedrige Lebensformen, dann verbleiben etwa weitere

13 500 000 Planeten, auf denen sich Leben entwickeln könnte! Wenn sich nun auf nur einem Prozent dieser erdähnlichen Planeten Leben zu höheren Formen entwickelte, könnten allein in unserer Milchstraße rund 135 000 Planeten mit Leben, Hochkulturen und technischem Fortschritt existieren, davon mindestens 1 % (1350 Planeten) weitaus höher entwickelt als wir selbst, und geschätzte weitere 1350 etwa auf unserem technischen Niveau. Die anderen 132 000 Planeten stünden dann auf irgendwelchen anderen Entwicklungsstufen.

Wir sprachen bisher nur von unserem Milchstraßensystem. Im Universum existieren aber Millionen, vermutlich Milliarden Galaxien und sogenannte Schwarze Löcher, hinter denen sich ein neuer Kosmos verbergen könnte. So, wie sich die Erde mit den uns bekannten Nachbarplaneten kontinuierlich um die Sonne bewegt, so zieht die Sonne mit ihren Trabanten (Erde, Venus, Mars usw.) im Spiralnebel des Milchstraßensystems ihre Bahn. Mit etwa zwei Millionen Lichtjahren (ein Lichtjahr entspricht einer Entfernung von knapp 9,5 Billionen Kilometern) Abstand vom Zentrum des Spiralnebels entfernt, umkreist sie im nördlichen Bereich des Milchstraßensystems (ein Umlauf dauert etwa 200 Millionen Erdjahre) ebenso den Kern, wie unzählbare andere Sonnensysteme mit ihren Trabanten diesen Kern umlaufen.

Die Erde ist in diesem hypergroßen System von Milliarden Galaxien und deren unzählbaren Sternen und Planeten nichts als ein nahezu unsichtbares Staubpartikelchen! Und sie als die einzig mögliche Ausnahme anzusehen, in der sich Leben, Intelligenz und Fortschritt entwickelt haben könnten, dürfte ebenso vermessen sein wie die Annahme, es gäbe nur einen einzigen Grashalm auf ihr.

Der Planet Erde ist Teil eines Ganzen. Ein Atom unter Atomen! Und gäbe es ein so riesiges Elektronenmikroskop, daß man die Erde damit betrachten könnte, dann würde das große, prüfende Auge erstaunt feststellen, daß auch dieses Atom noch nicht das kleinste Teilchen ist. Denn auf und in diesem »Teilchen Erde« wimmelt und krabbelt es milliardenfach herum. Menschen, Säugetiere, Vögel, Wasserflöhe, Fische. Und in jedem dieser noch kleineren Teilchen gibt es wieder neue, in sich funktionierende Welten: Hautmilben, Milliarden von weißen Blutkörperchen, Bakterien, Nervenzellen (allein das menschliche Großhirn hat 14 Milliarden davon), rote Blutkörperchen (etwa 25 Billionen) und vieles mehr.

Makrokosmos und Mikrokosmos. Wo beginnt alles, wo hört es auf?

Es scheint, all das, was lebt und nicht lebt, ist Teil einer ihm mehr oder weniger bekannten Dimension, die wieder Teilchen einer anderen Dimension ist. Unendlichkeit ist schwer begreifbar, kaum vorstellbar, denn auch sie ist relativ. Nicht wirklich unendlich, aber – ähnlich wie ein Horizont – fern und ohne Grenzen. Wo immer wir uns auf Erden befinden, sehen wir einen Horizont, obwohl es ihn strenggenommen gar nicht gibt. Je näher wir ihm kommen, desto mehr scheint er von uns fortzurücken, aber die Entfernung zu ihm bleibt immer gleich. Tatsächlich entfernt er sich jedoch nicht, er bleibt auch nicht stehen – wir sind nur nicht in der Lage, uns ihm zu nähern, weil es ihn eigentlich nicht gibt. Und doch ist er da. Wie will man Unendlichkeit anders begreiflich machen?

Eine Welt lebt in der anderen, und jede ist ein Teil der anderen. Alles ist immer nur Teil eines Systems. Und jedes dieser in sich selbst funktionierenden Systeme unterliegt einer nur innerhalb dieses Systems bekannten, eigenen Ordnung, die man von einem anderen über- oder untergeordneten System, also aus einer anderen Dimension heraus, niemals voll erfassen wird. Bestenfalls erhält man einige winzige Einblicke.

Begrenzungen, Anfang und Ende, ein komplexes, globales System, also die alles verbindende Einheit und abgeschlossene Überordnung, scheint es nicht zu geben. Weder nach

»unten«, zum kleinsten Teilchen hin, noch nach »oben«, wo uns die Unendlichkeit des Kosmos Kopfzerbrechen bereitet. Und somit läßt sich die Frage, wo das Universum endet, da ja alles einen Anfang und ein Ende haben müßte, einfach nicht beantworten, weil bereits die Fragestellung falsch ist.

Wie wollen wir je ergründen, ob unser komplettes Milchstraßensystem – ein Spiralnebel mit Milliarden Galaxien und Planeten – vielleicht nur ein Pünktchen in einem noch größeren Spiralnebel ist, der sich wiederum um den Kern eines anderen Systems dreht?

Es ist anzunehmen, daß auch zukünftig das Ausbrechen aus einer Dimension in eine andere nur in Ausnahmefällen möglich sein wird. Kleine Sprünge scheinen jedoch schon in Sicht zu sein. Der Mensch beginnt gerade damit, seine Fühler im Rahmen seiner Möglichkeiten und unter Berücksichtigung seines technischen Fortschritts nach anderen Welten auszustrecken. Warum sollte es im umgedrehten Fall, bei einer höher entwickelten, vielleicht älteren Zivilisation nicht genauso – und inzwischen besser – funktionieren?

Die für uns derzeit noch unüberwindbar scheinenden, enormen Strecken zu entfernten und möglicherweise bewohnten Planeten bilden für andere, außerirdische Zivilisationen vielleicht längst kein Hindernis mehr! Raum und Zeit sind relativ, und deren Grenzen stecken wir uns nur selbst. Sie sind ein Produkt unseres jeweiligen Wissens- und Erkenntnisstandes, und diese Grenzen fallen, verändern oder weiten sich – je nach der Stufe unseres Fortschritts.

Besucher aus dem All?

Wollen wir der Heiligen Schrift Glauben schenken, dann gab es schon vor Jahrtausenden Kontakte mit außerirdischen Besuchern, oder – diese Möglichkeit sollte man ebenfalls nicht ungeprüft in den Müll werfen – irdischen Besuchern aus der Zukunft. Unsere Urahnen haben vermutlich lediglich aus Mangel an einem besseren technischen Verständnis aus der Beschreibung dieser biblischen Ungetüme zarte, blondgelockte Engel mit Flügeln aus Federn gemacht. Und es ist sicherlich nicht leicht, nun in unserem Kopf wieder korrigieren zu müssen, was wir seit rund dreitausend Jahren von Priestern, Eltern und Religionslehrern eingetrichtert bekamen.

Als Erich von Däniken mit seinem Sachbuch-Thriller »Erinnerungen an die Zukunft« (Düsseldorf 1972) im März 1973 eine Weltauflage von 9 Millionen Büchern in 26 Sprachen erreichte, folgerte das »Spiegel«-Magazin (Ausgabe 12/73), daß dies wohl nicht ein persönlicher Erfolg des Autors sei, sondern vielmehr ein Indikator des Zustandes unserer technischen Gesellschaft. Der Forschungs- und Wissenshorizont der Menschen weite sich immer tiefer in den Makro- und Mikroraum des Universums aus, und unsere Sehnsucht nach dem Sinn, nach dem großen Schlüssel des Lebensrätsels, wachse ständig. Damit traf der »Spiegel« den Nagel auf den Kopf.

Nach Erich von Däniken (und anderen Autoren vor ihm) kamen die Götter (die im Alten Testament nie als Ein-Gott-Wesen, sondern ausnahmslos im Plural als die Götter beschrieben werden) mit donnernden, feurigen Maschinen aus dem Weltall. In der Tat, liest man die Bibel nun mit diesem neuen »Astronauten-Verständnis«, haben die vom Körper abstehenden Flügel der Cherubine (die Übersetzer machten daraus den Begriff »Engel«), aus Hesekiel 1 keine Chance mehr, als Federkleid akzeptiert zu werden. Genau diese biblische Beschreibung aber stand Pate (neben ähn-

lichen Aufzeichnungen) für das prägnante Bild des biblischen Engels, das auch heute noch in unserem Kopf her-
umspukt. Seine Begegnung mit den Göttern beschrieb Hesekiel so:

*Ich sah: Ein Sturmwind kam von Norden, eine große Wolke mit
flackerndem Feuer, umgeben von einem hellen Schein. Aus dem
Feuer strahlte es wie glänzendes Gold. Mitten darin erschien etwas wie vier Cherubim. Und das war ihre Gestalt: Sie sahen aus
wie Menschen. Die Beine der Cherubs standen gerade, und die
Füße waren gleich wie Rinderfüße und sie glänzten wie glattes
Erz. Wo sie hingingen, da gingen sie stracks vor sich hin – sie
gingen aber, wo der Geist sie hintrieb. Wenn sie gehen sollten,
konnten sie nach allen vier Seiten gehen, und mußten sich nicht
herumlenken, wenn sie gingen. Und siehe, sie hatten Räder und
die Räder waren anzusehen wie ein Türkis, und sie waren alle
vier eins wie das andere. Und sie waren anzusehen, als wäre ein
Rad im anderen. Ihre Felgen und Höhe waren schrecklich; und
ihre Felgen waren rundum voller Augen an allen vier Rädern.
Und wenn die Cherubim sich von der Erde erhoben, erhoben sich
die Räder mit ihnen empor, denn der Geist der Cherubim war in
den Rädern.« (Wiederholungen und dann:) »Oben, jedoch über
den Cherubim, war es gestaltet wie ein Himmel, wie ein Kristall
(eine Kuppel?). Gerade über ihnen ausgebreitet, unter dem Himmel, die Flügel, und einer stand stracks gegen den anderen.
Und ich hörte die Flügel rauschen wie große Wasser und wie ein
Getön des Allmächtigen, wie ein Getümmel in einem Heer, wenn
sie gingen. Wenn sie aber stillstanden, so ließen sie die Flügel
nieder. Und in dem Himmel, der hoch über ihnen war, war es gestaltet, wie ein Saphir, wie ein Stuhl, und auf dem Stuhl saß einer,
gleichwie ein Mensch gestaltet. Und ich sah inwendig (im Inneren des Engels?) war es lichthell und wie ein Feuer rundherum;
oberhalb und unterhalb seiner Hüften glänzte es gleichwie der
Regenbogen in den Wolken steht. (Anschluß der Beschreibung im
10. Kapitel mit der Wiederholung des Innenraums des Cherubs,
dann:) Und er sprach zu dem Mann in der Leinwand: Gehe hin*

zwischen die Räder unter den Cherub, und er ging hinein, und ich sah, daß er hineinging, und die Räder wurden genannt ›der Wirbel‹, daß ich's hörte! Und die Cherubim schwebten empor, und ihre Räder lösten sich nicht von ihnen, denn der Geist des Cherubs war in ihnen.

Nicht minder interessant ist die biblische Geschichte vom Untergang Sodoms und Gomorras: Zwei Cherubim kamen (Beschreibung siehe oben!), um Lot zu besuchen. Aber »ehe sich die Männer zur Nachtruhe legten, kamen die Leute aus der Stadt Sodom und umgaben das Haus. Jung und alt, das ganze Volk aus allen Enden.«
Es kam zum offenen Aufruhr, da die Ankunft der beiden Cherubim wohl von der halben Stadt beobachtet worden war und das Volk äußerst unruhig wurde. Lot versuchte die aufgebrachte Menge zu besänftigen, wurde jedoch von den Leuten böse attackiert. Einige versuchten sogar die Tür aufzubrechen, um die Neuankömmlinge mit Gewalt herauszuholen.
Da stieß einer der Besucher die Tür auf, zog Lot herein, warf etwas hinaus, und im Nu wurden die Leute mit »Blindheit geschlagen, klein und groß, bis sie müde wurden und die Tür nicht mehr finden konnten«. Nach dem dringenden Rat, am kommenden Tag früh das Haus zu verlassen, aus der Stadt in die Höhe der Berge zu fliehen und sich auf der Flucht nicht umzuschauen, verließen die Männer Lot, um am kommenden Tag »Schwefel und Feuer vom Himmel regnen zu lassen. Und der Herr«, so fährt die Bibel fort, »kehrte die beiden Städte um und die ganze Gegend, und alle Einwohner der Städte und alles, was auf dem Lande gewachsen war.«
Während sich Lot mit seinen Kindern an die Anweisung hielt, sich nicht umzublicken, wurde der neugierige Blick seiner Frau augenblicklich bestraft: Sie erstarrte zur Salzsäule.
Auch hier spricht die Bibel von mehreren Cherubim und von

mindestens zwei Männern, die im Hause Lots verweilten. Diese Cherubim waren bestens ausgerüstet, denn – vorausgesetzt die Geschichte ist wahr und will uns nichts anderes erzählen – sie machten am kommenden Morgen Sodom und Gomorra dem Erdboden gleich. Federflügel schwingende Engel waren das sicherlich nicht!

Nach Erich von Däniken – und Hinweisen aus der Bibel – schufen diese Götter (durch vorsichtige Veränderung der Gene und künstliche Befruchtung) »den Menschen nach ihrem Ebenbild«. Das würde bedeuten, daß das Testobjekt Mensch eine »Kreuzung« des vorzeitlichen Menschen und einer außerirdischen Rasse ist, wodurch sich auch erklären würde, warum man bisher aus Schädel- und Knochenfunden nur vorgeschichtliche Affen oder den bereits aufrecht gehenden Menschen konstruieren konnte, nie aber das Bindeglied der zig Jahrtausende anhaltenden Übergangsperiode fand, in der sich Mensch und Affe auseinanderentwickelten. Wenn es also gewisse Ähnlichkeiten im Erscheinungsbild zwischen Mensch und Außerirdischen geben sollte, dann sehen unsere exterritorialen Besucher folglich nicht so aus wie wir, sondern richtiger wäre die Feststellung, daß wir (fast oder ähnlich) aussehen wie sie!

Sara, die Frau des biblischen Stammvaters Abraham, könnte ein Beispiel einer solchen genetischen Manipulation sein, zumindest ein Beispiel für eine frühzeitliche künstliche Befruchtung. Nachdem sie sich erdreistete, zwei Cherub-Besucher auszulachen, weil diese ihr mitteilten, sie könne trotz ihres sehr hohen Alters im kommenden Jahr noch ein Kind gebären, verließen die beiden Männer grollend das alte Ehepaar und versprachen wiederzukommen. Sie kamen tatsächlich zurück, machten ihr Vorhaben wahr »und taten mit ihr nicht nach der Weiber Art«. Sara gebar zu ihrem eigenen Erstaunen das von den Göttern angekündigte Kind, als sie 90 Jahre alt war.

Selbst Josef, ein Urenkel aus der Linie Abrahams, nahm schweigend hin, daß Maria, »durch das Wirken des göttlichen Geistes« befruchtet, das sonderbare Kind Jesus gebar. Ein Bote der Götter erschien Josef (im Traum?) und sagte ihm, er solle sich nicht scheuen, die schwangere Maria zur Frau zu nehmen, da es ein Kind des »Heiligen Geistes« sei. Es würde ein Knabe werden, und man solle ihn Jesus nennen.

Als Jesus schließlich geboren wurde, tauchte seltsamerweise ein »neuer Stern« am Himmel auf. Dieses hell leuchtende »Objekt« war recht beeindruckend, denn »der Stern, den sie hatten aufgehen sehen, zog vor ihnen her, bis zu dem Ort Betlehem, wo das Kind war. Dort blieb er stehen.« »Wenn man die Bibel mit unserem heutigen technischen Wissen liest«, sagt der Franzose Jean Sendy (»Roman der Bibel«), »ist der biblische Text gleich einer Reportage über die Ankunft himmlischer, konkreter physischer Wesen, die sich auf der Erde so benahmen, wie wir uns unsere Astronauten auf irgendeinem anderen Planeten vorstellen können, wenn wir über kurz oder lang über entsprechende Raumschiffe verfügen.«

Geschichten von Sichtungen merkwürdiger, unbekannter Objekte findet man aber nicht nur in der Bibel. Seltsam leuchtende Flugmaschinen, Prinzessinnen und andere Frauen, die sich mit den Göttern paarten, um dann »hellhäutige« Kinder in die Welt zu setzen, Wandzeichnungen von seltsam gekleideten Wesen in Raumanzügen usw. tauchen in allen Kulturen auf.

Ein massives Auftreten dieser Phänomene – sicherlich nicht das erste – erfolgte parallel zu dem gewaltigen Entwicklungsstoß, den die Menschheit ab und um die Zeit von 4500 v. Chr. zu verzeichnen hatte. Bis dahin schien man sich – zumindest was die Funde der Archäologen angeht – ausschließlich mit der Jagd und dem Formen von Tontöpfen begnügt zu haben.

Dann aber entwickelte man die Schrift, lehrte das Rechnen und die Wissenschaft von der Bewegung der Gestirne, und die ersten Kalender tauchten auf. Pyramiden, Straßen,

Schiffe, Paläste und Steinhäuser wurden gebaut. Hochkulturen erblühten – und überall schienen die Götter mitzumischen.

Aus jener Zeit – also vor mehr als 5000 Jahren konstruiert! – stammt auch die aus Schiefer gefertigte Nachbildung eines Propellers mit Stabilisationsrand, die man heute noch im Ägyptischen Museum in Kairo bewundern kann. Ein beeindruckendes Maschinenteil, das in dieser Zeit absolut nichts verloren hatte!

Fest steht, sobald man historische Zeiten betritt – also Zivilisationen, die genügend entwickelt waren, um geschriebene Dokumente anzufertigen – stellt man fest, daß man dort das gesamte Wissen und den Fortschritt als »von den Göttern geerbt« bezeichnete. »Von den Göttern, welche mit ihren Himmelsbarken und Cherubim auf der Erde landeten, um den Menschen Kultur und Fortschritt zu bringen.«

Platon schreibt in »Critias« von einer Zivilisation, die den Menschen von den Göttern gebracht wurde, die dann jedoch in einem schrecklichen Krieg ausgelöscht wurde. Manethon, ein ägyptischer Priester aus dem 5. Jahrhundert vor unserer Zeitrechnung, bezeichnet in seiner »Geschichte Ägyptens« die Pharaonen als direkte Erben jener Götter, welche »vor vielen tausend Jahren auf der Erde gelebt hätten.«

In Jeremias 1/5 sagt ein Seiender zu Jeremias:

Ich kannte Dich, ehe denn ich Dich im Mutterleibe bereitete. Und ich sonderte Dich aus, ehe denn Du von der Mutter geboren wurdest . . .

In der damaligen Zeit mußte ein solcher Ausspruch als eine Ungeheuerlichkeit verstanden werden. Jemanden bereits zu kennen, ohne daß der Samen schon eingepflanzt war, und diesen Samen sogar vorher noch zu bestimmen, war absolut undenkbar. Hier müssen die »Götter« tatsächlich eine Geburt beeinflußt haben.

175

An anderer Stelle heißt es in der Bibel:

Es waren auch zu den Zeiten Tyrannen auf Erden; denn da die Götter zu den Töchtern der Menschen eingingen und sie ihnen Kinder gebaren, wurden daraus Gewaltige in der Welt und berühmte Männer.

Hunderte von überlieferten Dokumenten und Zeichnungen und die Chroniken des Alten Testaments legen Zeugnis darüber ab, daß die Erde immer wieder Besuch aus dem Weltall hatte. Diese Berichte ziehen sich seit der Blütezeit der ägyptischen Dynastien durch alle Jahrhunderte bis in die heutige Zeit.

- Im Jahr 1290 sahen mehrere Mönche im Kloster Sankt Gallen ein unbekanntes tellerförmiges Ding am Himmel entlang schweben. Der Vorfall wurde schriftlich festgehalten.
- Im Logbuch der »Lady of the Lake« beschreibt der Kapitän einer englischen Barke im Jahr 1870, wenige Grade nördlich des Äquators im Atlantik, eine »wolkenartige Erscheinung, die aber keine Wolke gewesen sein konnte«. Er machte eine Zeichnung des Flugkörpers, den auch die gesamte Schiffsmannschaft gesehen hatte. Diese Skizze hatte größte Ähnlichkeit mit dem, was wir heute als »fliegende Untertasse« bezeichnen.
- Vor rund 150 Jahren, 1845, schrieb der Kapitän der englischen Brigg »Victoria« ähnliches in sein Logbuch. Hier sah man drei dieser sonderbaren Scheiben, die scheinbar vom Wasser aufstiegen und dann davonflogen.
- Berichte aus der Zeit vom 13. bis 18. Jahrhundert zeugen von Himmelserscheinungen, die man aus dem Wissen der Zeit nicht erklären konnte. Helle Scheiben, die entweder allein, meist aber mit anderen ihre Bahn am Himmel zogen. Einmal wurden 41 »glühende Scheiben« gesehen, die in Formation über eine Stadt zogen.

Nasa- und Astronautenberichte sowie die Aufzeichnungen und Tonbänder aus den Cockpits verschiedener Flugkapitäne aus unserem Jahrhundert würden ganze Bände füllen. Immer wieder tauchen diese UFOs (nicht identifizierbare Flugobjekte) auf: Angebliche Landungen, Abstürze, geborgene Insassen aus den Raumschiffen – wenn nur Bruchteile der unzähligen Berichte der Wahrheit entsprechen, bleibt immer noch ein gewaltiger Berg an Begegnungen mit außerirdischen Existenzen übrig. Genug, daß wir zumindest Lebensformen in Erwägung ziehen müssen, die außerhalb unseres Planeten existieren und einen Weg gefunden haben, uns zu kontaktieren.

Auch der Autor dieses Buches hatte in Begleitung eines deutschen Polizeibeamten vor einigen Jahren (April 1989) die Gelegenheit, auf einer langen Besichtigungstour durch den paraguayischen Gran Chaco über Stunden ein solches Objekt am Himmel zu beobachten. Unsere kleine Reisegruppe befand sich auf der Rückfahrt von der deutschsprachigen Mennoniten-Kolonie Fernheim/Filadelfia nach Asunción. Mein Bekannter und ich hatten uns wegen der meckernden Nichtraucher im Wagen eine Matratze gekauft, um die Rückfahrt im hinteren Teil des offenen Pickups paffend und bequem, auf dem Rücken liegend, zu genießen.

Was wir sahen, war gemessen an den Beobachtungen anderer Leute nichts Weltbewegendes. Aber es ließ sich auch nicht logisch in irgendeinem Kästchen unserer Erfahrungswerte einordnen:

Die Dämmerung brach schnell herein, und da wir schon auf der Hinfahrt ausgiebig den gigantischen Reichtum an Wasservögeln, Papageienschwärmen und majestätisch schwebenden Störchen und Geiern bestaunt hatten, lagen wir einfach auf unserer Matratze, unterhielten uns und starrten in den sehr nah wirkenden Sternenhimmel der Südhalbkugel hinauf. Und dort – etwa sternengroß und überhaupt wie ein Stern aussehend – schwebte etwas, das so, nach allem, was man an durch die Luft fliegenden Geräten kennt, nicht schweben durfte.

Der Lichtpunkt flog deutlich und auffällig auf einen Stern zu, stoppte dann, änderte die Richtung und bewegte sich nun im spitzen Winkel von der vorherigen Route abweichend auf eine recht sternenfreie Ecke zu, um nach etwa fünf Minuten wieder zu verharren und erneut markant seine Flugrichtung zu ändern. Dieses Kreuzen und Zickzack-Fliegen am Himmel beobachteten wir fast zwei Stunden lang. Dann wurde es langweilig, aber wann immer wir auf der rund fünfstündigen Fahrt wieder einen prüfenden Blick nach oben warfen, entdeckten wir das Ding rasch wieder. Die Flugbewegungen waren so deutlich, daß man diesen »Stern unter den Sternen« nicht lange suchen mußte.

Wir waren nicht betrunken, nicht high oder anderswie verzückt, was jeder, der diesen kleinen Ort im Chaco kennt, sicherlich bestätigen wird. Was aber schwebte da sehr hoch oben im Zickzack-Kurs unentwegt durch das All? Ein Flugzeug zieht eine ebenso gerade Bahn wie ein Satellit es tun würde, wenn man das seltene Glück hat, einen solchen Flugkörper überhaupt zu sehen. Das von der Erde aus gesehen zwar in gemächlich wirkender, in der großen Höhe aber gewiß enormer Geschwindigkeit fliegende UFO (nicht identifizierbares Flugobjekt) war vermutlich sehr viel kleiner als die gleich groß aussehenden Sterne.

Denkbar ist, daß sich dieser am Himmel kreuzende Punkt also auf einer viel niedrigeren Höhe fortbewegte und erheblich kleiner und bewegungsfreudiger als ein Stern war. Er muß aber dennoch so hoch gewesen sein, daß er noch von der Sonne angestrahlt wurde. Da wir das Objekt noch vier Stunden nach Sonnenuntergang seine Bahn ziehen sahen, war seine Höhe wohl ebenso enorm, wie seine Ausmaße.

Ein scheibenartiges UFO vom Durchmesser zwischen fünf und zehn Metern, wie es häufig in Kontaktberichten auftaucht, war dieses Monstrum sicherlich nicht. Eher – wenn schon Raumschiff – ein gigantisches Mutterschiff! Ganz si-

178

cher jedoch ein Objekt, das auf Grund seines Flugverhaltens, seiner Höhe und Größe in kein auf der Erde bekanntes Schema hineinpaßte.

Mehr habe ich an eigener »UFO-Erfahrung« leider nicht zu bieten. Die Beobachtung reichte jedoch aus, daß ich zum ersten Mal die zuvor von mir stets belächelten UFO-Sichtungen anderer Menschen etwas ernster nahm und solche »Begegnungen der dritten Art« als durchaus möglich anzusehen begann.

Dr. Pierre Guérin, 1980 Forschungsleiter am astrophysikalischen Institut in Paris, der sich eingehend mit der mathematischen Struktur von Raum und Zeit sowie der Materie in der Welt der Elementarteilchen befaßt hat, meinte zu der Frage, wie UFOs die schier unüberbrückbaren Distanzen zwischen den interstellaren Welten bewältigen, anläßlich eines Interviews im »Flying Saucer Review«:

»Ich kann mit Sicherheit bestätigen, daß die UFOs Raum und Zeit in einer für uns unbegreiflichen Art manipulieren; das macht es für sie sicherlich unnötig, die geodätischen Punkte unserer üblichen Raumzeit zu durchfahren. Es erlaubt ihnen, hier zu materialisieren und dort zu dematerialisieren. Anders scheint es unmöglich, die beobachteten Tatsachen erklären zu können.«

Das sporadische, zuweilen auch in Wellen beobachtete Auftauchen derartiger UFOs zu leugnen, zeugt inzwischen von noch mehr Borniertheit als die unvoreingenommene UFO-Leichtgläubigkeit, die man den vielen UFO-Beobachtern, Verbänden und Gruppen nachsagt, die seit Jahrzehnten eifrig Material über Sichtungen sammeln und selektieren. Immerhin faßte selbst das welthöchste politische Gremium, die UNO, bei einer Generalversammlung der Vereinten Nationen bereits im Jahr 1979 den offiziellen Beschluß, daß alle »interessierten Staaten« Berichte und Erkenntnisse über die sogenannten »Unbekannten Flugobjekte« dem damaligen Generalsekretär der UNO, Kurt Waldheim, zuleiten sollten. Waldheim, so der Beschluß, solle dann diese Berichte an den UNO-Ausschuß für die friedliche Nutzung des Weltraums weiterreichen.

Mitte Januar des gleichen Jahres sah sich auch das Britische Oberhaus genötigt, sich aus »aktuellem Anlaß« mit UFOs auseinanderzusetzen. Auf der Tagesordnung stand eine Debatte über »die zunehmende Zahl von Wahrnehmungen und Landungen Unbekannter Flugobjekte«. Was war vorausgegangen?

Die Jahre 1978 und 1979 gehörten zu den seltenen Jahren, in denen Wellen an Sichtungsberichten aus allen Bevölkerungsschichten der gesamten Welt Politiker, Militärs und Bürger aufrüttelten. Das »Flensburger Tageblatt« berichtete, daß am 3. Oktober 1978 drei Dänen zwischen Hadersleben und Vojens »seltsame Himmelserscheinungen« beobachtet hatten. Als die Zeitungen in Jütland über den Vorfall schrieben, meldeten sich unzählige Leser, die das gleiche Phänomen gesehen hatten – mehr als ein Dutzend Menschen in verschiedenen Ortschaften Südjütlands!

Am 16. 9. 1978 berichtete die Nürnberger »Abendzeitung« von UFOs, die in Italien beobachtet worden waren (Raum Florenz und Bozen). Am 18.10.1978 meldete das deutschsprachige »Argentinische Tageblatt«, daß Beamte des Flughafens Benjamin Matienzo in Tucumán mit einem UFO ihre Probleme gehabt hätten. Anfangs sei es über die Südspitze der Landebahn geschwebt, dann in atemberaubendem Tempo um 90 Grad herumgewirbelt, um über dem Parque 9. de Julio lange Zeit stillzustehen. Nach weiteren Manövern, die für ein irdisches Fluggerät gleich welcher Art als unmöglich bezeichnet wurden, verschwand das Objekt ebenso schnell, wie es aufgetaucht war. Die Geschichte bezeugten der Chef des meteorologischen Dienstes, der Leiter des Towers, der Chef der Flugplanung, ein Pilot und andere Beamte, die am Flughafenfeld arbeiteten.

Das Magazin »Esotera«, Freiburg, berichtete im Dezember des gleichen Jahres über einige deutsche Touristen, die am 11. Oktober 1978 etwa 30 Minuten lang bei Lloret de Mar

(Spanien) ein »ellipsenförmiges, grell glitzerndes Flugobjekt« beobachtet hatten, das sich etwa mit der fünf- bis sechsfachen Geschwindigkeit eines Flugzeugs fortbewegt hatte. Das UFO verschwand schließlich abrupt senkrecht nach oben, wobei keinerlei Motorengeräusche zu hören waren.

Die »Saarbrücker Zeitung« berichtete am 15. März 1978 über eine UFO-Sichtung zweier Camper in Kanada, und die »Berliner Zeitung« am 4. April 1978 über zwanzig riesige UFOs, die persische Fluglotsen in Teheran neben Piloten der Iran-Air und der Air France, auf den Radarschirmen beobachtet hatten. Am 5. März 1979 waren es gleich Hunderte von Menschen, die auf der Ferieninsel Teneriffa (Kanarische Inseln/Höhe Nordafrika) kurz nach 20 Uhr, bei totaler Dunkelheit, zwischen den Inseln Gomera und La Palma rot schillernde Kreise auftauchen sahen.

Auch die Männer des Observatoriums von Iznaña (Teneriffa), u.a. die Radiotechniker Alfonso Altamiro und Gilberto Naranja, beschrieben diese eindrucksvolle Erscheinung, die vom Meer her auf sie zuflog, dann senkrecht in die Höhe schoß, um über dem höchsten vulkanischen Berg Spaniens, dem Teide (3718 m) zu verharren. Als das UFO verschwand, blieb eine mit grünen, roten und gelben Farbtönen erhellte Zone für eine Weile erhalten. Die gesamte Sichtung dauerte etwa zehn Minuten und wurde später von verschiedenen Flugzeugbesatzungen und von den Besatzungen einiger Schiffe bestätigt. In dem kleinen Dörfchen Guia de Isora, schrieb später die in Santa Cruz erscheinende Zeitschrift »El Día«, sollen sogar einige Frauen in plötzlicher Weltuntergangspanik ohnmächtig geworden sein.

Gräbt man tiefer in diesem gigantischen Berg voller Zeugenaussagen, Dokumente, Zeitungsnotizen und Anträgen, die von Wissenschaftlern und Politikern an ihre Regierungen gestellt wurden, stößt man auch auf Schreiben, in denen kompetente Wissenschaftler mittels gerichtlicher Verfügung Akteneinsicht in CIA-Berichte und NASA-Dokumente über zwei abgestürzte UFO-Wracks erzwingen wollen, die seit 1948 im amerikanischen Luftwaffenstützpunkt Whrigt-Patterson, Ohio, aufbewahrt sein sollen.

Leonard H. Stringfield, ehemaliger US-Geheimdienstler im Zweiten Weltkrieg und Mitarbeiter am UFO-Untersuchungsbericht (Condon-Report, 1969) behauptet, daß die kleinen Wesen in Steven Spielbergs »Unheimliche Begegnung der Dritten Art« (ein Spielfilm, der auch mit NASA-Zuschüssen produziert worden sein soll) nach den Fotos aufgefundener Leichen gestaltet wurden, die man aus einem abgestürzten UFO geborgen habe. In den Vereinigten Staaten wisse man von mindestens 17 UFO-Abstürzen. Wenigstens zwei Maschinen seien nicht explodiert oder zerschellt. Und von den Besatzungen soll, so beteuerte zumindest ein ehemaliger CIA-Agent in Rainer Holbes SAT-1-TV-Show, mindestens eines dieser Wesen über Monate am Leben gehalten worden sein.

Die geborgenen Außerirdischen seien zarte Wesen, etwa 1,35 Meter klein. Ihre haarlosen Köpfe sollen für unsere Begriffe ungewöhnlich voluminös, leicht birnenförmig, sein; mit großen Augen und schmallippigem Mund – eben ganz so, wie Steven Spielberg sie nach authentischen Vorlagen in seinem Film vorgestellt hat.

Insgesamt sollen – anderen Berichten zufolge – wenigstens drei verschiedene Wesensformen der Erde ihre Besuche abgestattet haben: die beschriebenen zarten Winzlinge mit den großen Köpfen, dann eine etwa menschenähnliche Rasse sowie sehr hochgewachsene, stämmige Wesen; ziemlich behaart, muskulös und weit über zwei Meter groß. Planet Erde – ein Tummelplatz für außerirdische Existenzen?

Das klingt alles reichlich phantastisch, und es ist schwer, sich ein Bild über Wahrheit oder Dichtung zu machen. Unzweifelhaft machen sich viele Leute interessant mit ihren Erlebnisberichten, anderen mag die Phantasie durchgehen, oder sie leiden schlichtweg unter Wahnvorstellungen.

Und so beeindruckend die vielen Sichtungsberichte daher auch sein mögen – wir werden wohl heute wie morgen damit leben müssen, daß unter ihnen leider auch eine Menge geistiger Müll schlummert.

Ob sich Hesekiel die Cherubim mit den riesigen Rädern, welche man ›Wirbel‹ nannte, ebenso aus den Fingern sog wie die Schiffskapitäne ihre UFO-Sichtungen oder Thor Heyerdahl und dessen Begleiter (die »RA II-Expedition« sichtete etwa 10 Minuten lang ein UFO, »Frankfurter Rundschau«, 2. Juli. 1970), wage ich zu bezweifeln. Tatsächlich scheint es im Verlauf der Geschichte immer wieder zu Sichtungen und Kontakten zwischen Menschen und anderen Wesen gekommen zu sein.

Die Interpretationen dieser Phänomene aber änderten sich mit dem Stand unseres Wissens. Was wir heute als reale Möglichkeiten in Betracht ziehen – der Besuch von außerirdischen Wesen – konnte vor Tausenden von Jahren nur als von Gott gesandt erklärt werden. Vielleicht haben wir inzwischen ja wirklich, wie Erich von Däniken vermutet, eine Religion aus dem gemacht, was – aus heutiger Sicht – gar nicht mehr so abwegig erscheint: aus dem Besuch außerirdischer Raumschiffe!

Für den Mann, der als sechster Mensch den Mond betrat, Astronaut Captain E. D. Mitchel, scheint es hinsichtlich der Existenz von UFOs keine Frage zu geben. 1974 sagte er auf einer Pressekonferenz:

»Wir alle wissen, daß es UFOs wirklich gibt. Die Frage ist, woher sie kommen!«

26 Astronauten beschwören inzwischen, ein UFO gesehen zu haben. Auf der Fahrt von Skylab III beobachteten und fotografierten die Astronauten Jack Lousma, Owen Garriott und Alan Bean in einer Höhe von 430 Kilometern über der Erde ein UFO, das sich alle zehn Sekunden um seine eigene Achse drehte. Es schwenkte auf eine Umlaufbahn ein, die etwa 50 bis 80 Kilometer parallel zur Umlaufbahn der Raumkapsel lag und verschwand erst nach etwa zehn Minuten.

Prof. Hermann Oberth, Physiker und Mathematiker, der bereits in den ersten Jahrzehnten dieses Jahrhunderts Grundlagenforschung zu Problemen den Raketentechnik und Raumfahrt betrieb und mit einschlägigen Werken hervorgetreten ist, arbeitete nach dem Zweiten Weltkrieg für die Bundesrepublik Deutschland eine recht umfassende Studie über UFOs aus. In einem Interview des »Toronto Daily Star« vom 23. Juli 1969 sprach er deutliche Worte zu diesem Thema:

»Wir müssen einfach annehmen, daß diese Apparate, deren Geschwindigkeiten nach Radarmessungen bis zu 70 000 km/h betragen, nicht irdischen Ursprungs sein können!«

Offizielle Stellen der NASA, der US-Geheimdienste und der US-Luftwaffe neigen zwar seit rund dreißig Jahren dazu, UFO-Meldungen, Kontakte, Abstürze und Bergungen oder generell die Existenz außerirdischer Besucher, eifrig zu bestreiten, aber es gab auch schon Zeiten, in denen man sich nicht einfach über das Informationsbedürfnis der Bürger hinwegsetzte.

Nach dem folgenden Kommuniqué, das Oberst Albert M. Chop von der US-Luftwaffe im Jahr 1952 mit amtlicher Zustimmung des Geheimdienstes an die Presse gab, machten die amerikanischen Behörden »dicht« und behielten ihre Informationen fortan für sich. In der Pressemitteilung des Obersten hieß es damals:

»Die US-Luftwaffe hat niemals verneint, daß die unbekannten Flugobjekte von anderen Planeten kommen; und wenn die Angaben zahlreicher qualifizierter Beobachter richtig sind, dann ist die einzig mögliche Lösung die interplanetare Erklärung.«

Der Zeit-Kick: In einer Sekunde durch die Ewigkeit?

Heute sind sich die Wissenschaftler grundsätzlich darüber einig, daß die immensen Distanzen von mehreren Millionen Lichtjahren zwischen zwei Sternen, auf deren Planeten möglicherweise Intelligenzen mit vergleichbarem oder höherem Entwicklungsstand als auf der Erde leben, nur mit Antrieben zu bewerkstelligen sind, die sich weder heute noch in allernächster Zeit mit unserem physikalischen Kenntnissen realisieren lassen. Selbst eine an sich noch recht gemütliche »Reise mit Lichtgeschwindigkeit« – das sind knapp 18 Millionen Kilometer pro Minute bzw. 1080 Milliarden Kilometer in der Stunde (299 792,5 Kilometer pro Sekunde zurück) – ist heute noch absolut undenkbar.

Die Lichtgeschwindigkeit ist die höchste uns bekannte Geschwindigkeit, und doch würden wir, vorausgesetzt, wir könnten sie erreichen, auf einer Reise durch das Milchstraßensystem über vier Jahre benötigen, nur um zum nächsten Stern außerhalb unseres Sonnensystems, Proxima Centauri, zu gelangen!

Und so, wie die Zeit vergehen würde, wenn wir eine Reise mit Lichtgeschwindigkeit antreten könnten, vergehen die Jahre, bis das Licht die Erde erreicht. Von der Erde aus sehen wir die Sterne also nicht in ihrem heutigen Zustand, sondern so wie sie waren, als das Licht sie verließ. Mit starken Fernrohren kann man auf diese Weise Millionen Erdenjahre in die Vergangenheit des Kosmos zurückblicken.

Es scheint, daß der Mensch keine Verbindungen zwischen den Sternen herstellen kann, ehe er nicht in der Lage ist, schneller als das Licht zu reisen! Ein Beispiel soll einmal verdeutlichen, wie sehr unsere raumfahrtfähigen Antriebssysteme noch in den Kinderschuhen stecken:

Die Saturn-5-Rakete mit ihren 55 Millionen Litern Treibstoff, elf Haupttriebwerken und mehr als 20 Steuerungstriebwerken, die im Weltraum ein Raumschiff auf eine Geschwindigkeit von 24 000 Stundenkilometern beschleunigen könnte, hätte sich auf dem Weg zu Proxima Centauri bei dieser Geschwindigkeit jährlich nur um rund 209 Millionen Kilometer dem Planeten genähert. Sie würde etwa 195 000 Jahre (!) benötigen, um dieses »relativ nahe Ziel« zu erreichen! Dabei wäre dieser Raumflug – verglichen mit den Distanzen zu anderen Sternen im Bereich unseres Milchstraßensystems – nur so etwas wie ein kurzer Hüpfer zum nächsten Nachbarn!

Das Reisen mit Lichtgeschwindigkeit – in 8 Minuten zur Sonne, in etwas mehr als vier Jahren zu Proxima Centauri, in 36 Jahren zum Arktur und 900 Jahren zum Canopus (Rückreisen nicht mitgerechnet!) – wäre zwar ein Anfang, aber mehr nicht! Wissenschaftler haben inzwischen die Vermutung ausgesprochen, daß es eine Art von Teilchen geben könnte, sogenannte Tachionen, die schneller als das Licht sind. Es wäre somit vorstellbar, daß alle Teilchen, aus denen ein Raumschiff besteht, in die entsprechenden Tachionen umgewandelt werden, die mit mehrfacher Lichtgeschwindigkeit ein Ziel anfliegen, wo sie schließlich wieder in gewöhnliche Teilchen zurückverwandelt werden. So könne man in kurzer Zeit in anderen Galaxien landen…

Andere mögliche Hypothesen über Antriebssysteme beschäftigen sich mit dem elektromagnetischen Phänomen, das wir als Licht oder Strahlung bezeichnen. Die Quantenteilchen des Lichts, die sogenannten Photonen, könnten nach Meinung einiger Physiker als Energiestrahl dienen und die notwendige Schubkraft für einen Antrieb aufbauen, der dann zumindest Lichtgeschwindigkeit erreichen würde….Verschiedene Personen, die ein UFO gesehen haben wollen, berichteten, daß das Objekt nach einer längeren Beobachtungsphase plötzlich wieder »wie ein ausgeknipstes Licht« verschwand. Im Prinzip bedeutet das nichts anderes, als daß das Objekt einen blitzschnellen Wechsel von einer Dimension in eine andere vollziehen kann.

Auch die Teleportation – die Verdrängung von Materie in eine andere Dimension mit der Verlagerung des Objekts in andere räumliche oder zeitliche Positionen – gehört zu diesem Phänomen: Materie löst sich vor unseren Augen in nichts auf. Das Objekt verschwindet also, um an einem anderen Ort oder zu einer anderen Zeit wieder aufzutauchen. Eine stattliche Anzahl von Fallschilderungen deutet darauf hin, daß psychische Energien und höher dimensionierte Strukturen zuweilen auf die uns bekannten physikalischen Kräfte einwirken oder diese sogar aufheben können. Das alles spielt sich oft so rasch ab, daß wir uns dessen gar nicht bewußt werden. Und wenn unser Bewußtsein diesen physikalischen Dimensions-Kick doch mitbekommt, verstehen wir nicht, was da gerade passierte. Wir wundern uns und vergessen die Sache irgendwann, weil bekanntlich ja nichts sein kann, was unser Verstand nicht zu begreifen imstande ist.

Was ist eine Teleportation?

Ein Objekt, das kann auch ein Mensch sein, verschwindet von Ort A und taucht am Ort B auf, ohne irdische, feste Hindernisse überwinden zu müssen. Ein solcher Mensch läuft nicht durch die Straßen, sondern steht plötzlich zwei Straßen weiter vor einer Haustür, ohne zu wissen, wie er dahin gekommen ist. In den meisten Fallbeispielen vollzieht sich eine derartige Teleportation in Augenblicken der Angst oder der Lebensgefahr.

Viele Wissenschaftler sehen in diesen Phänomenen ein »Herausfallen aus unserem Raum-Zeit-Kontinuum«, also einen Dimensionswechsel, der entweder zufällig, oder auch als Folge eines enormen psychischen Drucks bzw. Angstzustandes hervorgerufen werden kann. Leider sind wir (noch) nicht in der Lage, eine Teleportation bewußt auszulösen. Wenn es geschieht, dann ohne daß der Mensch es in irgendeiner Form steuern könnte.

Man hörte ähnliche Geschichten häufig während des Zweiten Weltkriegs, nur daß in den meisten Fällen der Wunsch, diesen Ort blitzartig zu verlassen, um den Bruchteil einer

Sekunde zu spät kam, also synchron mit dem Augenblick des Todes eines Soldaten verknüpft war. Der tödlich getroffene Soldat materialisierte sich für kurze Zeit im Elternhaus, neben dem Bett der schlafenden Mutter, seiner Frau usw. Wochen später erfuhren dann die Hinterbliebenen, daß der im Haus erschienene »Geist« in der gleichen Nacht gefallen war.

Diese oft als »Spuk« bezeichneten Fälle sind in der Regel eine durch starke psychische Kräfte herbeigewünschte Verdrängung der Materie im Raum-Zeit-Kontinuum, ein »Herausbewegen aus einer Zeitebene«, in der vermutlich quantenmechanische oder gravitative Anomalien auf uns einwirken, was natürlich nicht leicht zu begreifen ist.

So fand man bis heute keine andere Erklärung für das mysteriöse Verschwinden fünf amerikanischer Grumman »Avenger«-Torpedobomber am 5. Dezember 1945, außer der Feststellung, daß die fünf Maschinen und ein später nachgesandtes Suchflugzeug scheinbar in einer »Lücke im Raum« verlorengegangen wären.

Die Maschinen waren von ihrem Stützpunkt Ford Lauderdale in Florida zu einem routinemäßigen Übungsflug gestartet. Kurze Zeit später befanden sie sich über der Küste Floridas, von wo aus auch der letzte Funkspruch des Staffelführers kam: »Ich weiß nicht, wo wir sind! Alles ist anders, alles seltsam, sehr seltsam und ungewöhnlich. Sogar der Ozean sieht anders aus!«

Dann brach die völlig verwirrt klingende Stimme des ansonsten hartgesottenen Staffelführers ab. Nachdem eine Stunde später auch das nachgeschickte Suchflugzeug spurlos verschwand, suchten 21 Schiffe nach Trümmern, Überlebenden oder irgendwelchen Spuren. Man fand nichts von alledem; keinen Ölfleck, keine Wrackteile – nichts! Sechs Flugzeuge verschwanden von einer Minute zur anderen!

Waren die Maschinen einer zu Tausenden bewährten Bauart und deren flugerprobte Besatzungen in eine Art »Raum-Zeit-Lücke«, von deren Existenz viele Wissenschaftler überzeugt sind, eingetaucht und in eine andere Dimension übergewechselt? Landeten sie in der Zukunft, in der Vergangenheit – im Nichts?

Wird es uns je gelingen, eine räumlich oder zeitlich beliebige Strecke, die von A nach B führt, auf Null zusammenschmelzen zu lassen? Dabei spielt es keine Rolle, ob wir einen Millimeter oder hundert Kilometer in Nullzeit überwinden. Wer ohne Zeitverlust einen Millimeter oder einen Meter »zurücklegt«, der überbrückt jede beliebige Entfernung, also auch Milliarden von Kilometern, in Nullzeit.

Das Einbeziehen der Wirkungsmechanismen solcher für uns noch sehr abstrakt wirkenden Phänomene in unser heutiges physikalisches Weltbild setzt natürlich ein gewisses Umdenken und Umlernen in der Forschung sowie ein enormes Verständnis mehrdimensionaler Denkweisen voraus. Doch es scheint nur eine Frage der Zeit zu sein, bis auch hier erste Erfolge erzielt werden. Und wenn es uns erst einmal gelingt, bei solchen Teleportationen Objektverletzungen auszuschalten, wie sie während des Philadelphia-Experiments vorgekommen sein sollen, haben vielleicht auch die Menschen unseres Planeten endlich einen Weg gefunden, die Grenzen ihrer Dimensionen zu sprengen, um andere, heute noch unbekannte Welten zu entdecken, diese zu durchfliegen oder in allen nur erdenklichen Formen zu nutzen.

Kommt Nostradamus aus der Zukunft?

Die Frage, so merkwürdig sie auch klingt, scheint berechtigt. Erinnern wir uns daran, daß das Licht bzw. das »Bild«, das wir am Nachthimmel vom »nahen« Fixstern Proxima Centauri auf der Erde sehen, bereits 4 Jahre und 4 Monate alt ist. Alles, was in diesem Augenblick auf Proxima Centauri passiert, würden wir mit einem gigantischen Fernglas erst in vier Jahren und vier Monaten sehen können. Nun ist es – trotz aller schön klingenden Theorien – nur schwer vorstellbar, daß ein – sagen wir mal 35jähriger Mann aus einem Geschichtsbuch Ereignisse verschlüsselt, diese niederschreibt, sie irgendwie in der Zeit zurückzuschicken versteht, um sie dann – nach ihrer Reise durch die Jahrhunderte – als vielleicht zwölfjähriger Junge wieder in die Hände zu bekommen. Da er gar nicht weiß, daß dieses Buch von ihm selbst stammt, kennt er auch den Schlüssel nicht und muß nun mühsam all das entschlüsseln, was er eigentlich erst in rund 23 Jahren aushecken wird.

Die Sache hat noch einen Haken: Wenn er als Zwölfjähriger das fertig geschriebene Buch bereits in Händen hat, muß er es dann als 35jähriger Mann (noch einmal) schreiben?

Oder man stelle sich einmal vor, ein UFO landet im Garten Ray Nolans, und die Außerirdischen bieten ihm an, ihn innerhalb von Minuten und für immer im Jahr 2034 abzusetzen, wo er seine inzwischen 72jährige Frau und eine zur Dame herangewachsene Tochter in die Arme schließen kann. Und nun entwickelt Ray Nolan in der Zukunft einen Code, an dem er sich nahezu fünf Jahre lang in den neunziger Jahren die Zähne ausgebissen hat. Das nenne ich eine Gottesstrafe! Aber könnte so etwas technisch funktionieren?

Da nicht nur die Zeit relativ ist, wie Albert Einstein bewiesen hat, sondern auch ein Raum niemals absolut ist, könnten wir mit einem überlichtschnellen Antrieb praktisch in unsere eigene Vergangenheit reisen und paradoxerweise Zeuge unserer eigenen Geburt werden.

Nostradamus könnte somit theoretisch sowohl ein Mann aus unserer eigenen Zukunft, als auch der »Besucher« eines anderen Planeten sein, der z. B. im Jahr 2063 auf der Erde landete, um nach einem erneuten, überlichtschnellen Kurztrip ins All schließlich in unsere Vergangenheit einzutauchen und die Leute als Nostradamus zu verblüffen. Ein gestrandetes Raumschiff, dessen Mannschaft sich wohl oder übel damit abfinden muß, in dieser Zeit ihr Leben zu fristen, wäre ebenfalls denkbar. Zu phantastisch?

Unter der Voraussetzung einer gedankenschnellen Überwindung beliebiger Entfernungen ist rundweg alles möglich und machbar, auch die Demateralisation einiger verschlüsselter, auf alt »zurechtfrisierter« Buchwerke, die im Nu von einer Dimension in die andere kippen, um irgendwo in Paris bei einem gichtkranken Apotheker von der Zimmerdecke zu fallen, oder sich im 17. Jahrhundert neben dem Bett eines Gardeoffiziers zu rematerialisieren.

Werden unsere so oft beobachteten außerirdischen Besucher vielleicht in fünfzig oder hundert Jahren einen »auserwählten« Menschen auf ihretschnelle Reise in die Vergangenheit mitnehmen, damit er dort seine geheimnisvollen prophetischen Verse unter das Volk streut?Auch dieser Gedanke ist nicht abwegig. Ich selbst würde jedenfalls eine solche Reise bedenkenlos antreten – mit einer Auflage: Auf keinen Fall würde ich im alten Frankreich unter König Heinrich II. mein Leben als Michel Nostradamus weiterführen wollen, um dort all jene schwammigen Verse zu verzapfen, an denen ich mir heute die Zähne ausbeißen muß.

In unseren biblischen Vorzeiten passierte es öfters, daß ein Mann sich dazu hergab, seine Zeit zu verlassen. In Moses 1/5 führt die Bibel die lange Reihe der Ahnen von Adam bis Noah auf. Die namentlich genannten »Stammväter« erreichten alle ein Alter um die neunhundert Jahre und mehr – bis auf einen Mann, Henoch, der vermutlich klammheimlich mit den Göttern verschwand!

Die gesamte Lebenszeit Henochs betrug 365 Jahre. Henoch war seinen Weg mit Gott gegangen, dann war er nicht mehr da; denn Gott hatte ihn aufgenommen.

Bei allen anderen Nachfolgern Adams heißt es am Ende »dann starb er.« Nur bei Henoch, der schon nach 365 Jahren »nicht mehr da war«, fehlt dieser Vermerk. Er »starb« nicht, ihn »hatte Gott mitgenommen, und er war nicht mehr da«!

Zu welchem Zweck trat er diese ungewöhnliche Reise an?Wurde ihm eine Aufgabe zuteil? Wäre es nicht denkbar, daß auch das Buch des Michel Nostradamus, mit oder ohne Begleitung eines Menschen, eine solche Zeitreise antrat?

Möglich wäre es schon, denn gerade in der Zeit zwischen 1547 und 1554 – also lange vor der Veröffentlichung der Centurien – wurden zuhauf UFOs über Südfrankreich, der Schweiz und in Deutschland gesichtet. Im bayerischen Oettingen berichtete der Pfarrer W. Braun gleich über eine ganze Schar von Himmelsfahrzeugen, die von den Dorfbewohnern am 28. Juni 1548 gegen sechs Uhr morgens und am 26. Juli (zwischen 6.00 Uhr und mittags) beobachtet wurden:

Sahen mit unverletzten Augen über ein weil ein schwartze scheuben sich um die Sonnen / davor nnd auf nnd nider thun / und rumb gefaren / alsdann nachend einer halben Stundt seind von der schwartzen scheuben andere scheuben wie Kugeln formiert ausgegangen / etliche schwartze vund etliche feurigs / als glutfarben / bey zehen ye zwaintzig nnd mer / nnd seind im Luft hergefaren nit schnell / auf all Örter / nnd ist von vilen Leut also gesehen worden / ganz wunderbarlich und erschreckenlich!

Am 13. Juni 1554 (!) berichtet ein Mann namens Fincel von über 30 »schwarzen Kugeln«, die sich wie »schwarze Hüte« mit einem »Hui« am Himmel über der deutschen Stadt Jena bewegt hätten:

In einem ›hui‹ sind vnzehliche vile schwartze Kugeln in der grösse einer Schüssel vmb die Sonne gefaren / nicht vber sie / sondern in die lenge auff beide seiten darneben / denn ehe man recht eingesehen / sind dreissig andere erschienen / vnd halt wider vergangen / balt andere kommen / vnnd wie schwartze hüte / sind sie zur Sonne gelauffen / als schösse man grosse Kugeln auss Büchsen / darvon gefaren wie ein Plitz das man sie kaum hat sehen

können / balt stille standen/ vnd blutige streimen von sich ge-
schossen.

Ohne Zweifel wird hier von UFOs berichtet, von einem Mutterschiff mit einer ganzen Flotte kleinerer Flugobjekte, die
sich in Massen zeigten – zufällig genau in jener Zeit in der
sich Nostradamus dazu entschloß, mit dem Schreiben seiner »prophetischen Voraussagen« zu beginnen.
Bekam er Besuch aus dem All? Machte er selbst einen Trip
in die Zukunft?Oder stammen die Bücher, aus denen er seine Voraussagen »entlieh«, von den Besuchern aus den
»fliegenden Hüten« und »schwarzen Kugeln«? Ließ man
so einige auf alt zurechtfrisierte Bücher in die Vergangenheit einfließen? Und wird uns das Nostradamusbuch selbst
die Frage nach seiner Herkunft beantworten, oder werden
wir die Antwort erst dann erfahren, wenn es zu jenem
»Kick« kommt, der uns heute immer noch Rätsel aufgibt? In
Vers 3/94 heißt es etwa:

Von fünfhundert Jahren dazugerechnet, entblößt 955491[1]),
wird jener, welcher eine Zierde seiner Zeit war,
durch einen großen ›Coup‹ Klarheit bringen,
was die aus diesem Jahrhundert sehr zufrieden macht.

Liest man nun von rechts nach links, wobei die 4 und 5 als
(4 + 5 = 9) gelesen werden, steht die nackte Jahreszahl
»entblößt« vor unserem Auge: 1995 -9. Und in der vorge-

---

[1]) *Die erste Zeile wurde in der Vergangenheit immer als »In 500 Jahren*
wird der, welcher eine Zierde usw.« übersetzt. Die korrekte Informa-
tion: »Von 500 Jahren dazugerechnet...usw.« taucht in keinem einzi-
gen mir vorliegenden Nostradamusbuch auf. Die letzten beiden Wor-
te der ersten Zeile lauten »ne tiendra« bzw., wenn man die Lücke zwi-
schen beiden Worten schließt: »Net 955 491« (= entblößt/nackt: 955
491).

gebenen Addition, bei der 500 zur Zahl 955491 hinzugerechnet werden sollen: 500 + 955491 = 1995-59 ! Auf das
gleiche Jahr verweist auch der deutlich kursiv geschriebene
Anfangsbuchstabe der dritten Zeile (P = 7) und das siebte
Wort in dieser Zeile, das erneut »völlig entblößt« das gleiche Jahr 1995 widerspiegelt:

```
D O N R R A
4 - 5 9 9 1
```

Wieder nur ein Zufall? Wieder ein versehentlich schrägge-
setzter Buchstabe, der uns auf ein falsch geschriebenes
Wort (richtig wäre »donra«) lenkt, das zufälligerweise das
gleiche Datum wie oben berechnet anzeigt? Eigenartig,
daß uns auch die Pyramide mit »Nu 17 554 339« über eine
pi-Berechnung gleich zweimal ins Jahr 554 (+ 1441=) 1995
führt!
Was will uns der Seher damit sagen? Welcher »Coup«
schafft Klarheit? Und wie wird diese Klarheit aussehen?
Sollte damit die Veröffentlichung dieses noch gar nicht beendeten Buches gemeint sein, von dem der Autor beim
Schreiben dieser Zeilen selbst noch nicht weiß, ob es jemals ein Verlag drucken wird? Wird dieses Buch 1995 erscheinen, oder ist es das Werk eines anderen Autors, das
mehr Licht in diese Angelegenheit bringt?
Geschieht irgend etwas Unerwartetes, das uns Klarheit ver-
schafft – mehr Klarheit über den Ursprung des Werkes und
seinen »Time-kick«? Ein neuer technischer Fortschritt vielleicht, der die Grundlagen für zukünftige Dimensionssprün-
ge schaffen wird?
Vielleicht ist es ja wirklich das vorliegende Buch »Das Nostradamus-Testament«, das, nachdem es erst einmal kräftig
von seinen Gegnern durch den Wolf gedreht wurde, zumindest die Idee evoziert für das, was später einmal entdeckt
werden könnte. Denn selbst wenn der hier vorgestellte
Schlüssel absurd und falsch wäre – es genügt, wenn letzt-

endlich nur eine einzige Person davon überzeugt ist, daß zumindest die »Neptun-Erwähnung« beweist: Hier muß irgendwie ein Zeittransfer des Originalwissens stattgefunden haben, der prinzipiell also auch auf irgendeine Weise nachvollziehbar sein muß.

Ein Grundstein zum Umdenken wäre damit vielleicht gelegt.

Der Glücksritter, der alle verblüfft

Wenn, wie gesagt, nur eine einzige Person die Erwähnung des Planeten Neptun als ein Phänomen betrachtet, das würdig genug ist, sich wissenschaftlich mit einer neuen Idee auseinanderzusetzen, dann taucht in den kommenden Jahren noch eine zweite Person auf, die mit einem recht eigenwilligen Einfall ihren Glauben an diese These untermauern wird: eine Person, die Millionen scheffeln und dabei Schlagzeilen machen wird wie noch niemand zuvor! Wie das ablaufen wird, umschreibt Nostradamus im 49. Vers der sechsten Centurie.

Die meisten Autoren lasen in diesem Vierzeiler Parallelen zu den Kreuzrittern heraus, Jean Charles de Fontbrune tippt auf das Friedenswerk des derzeitigen Papstes Johannes Paul II., wogegen N. Centurio und die Autoren Eilenberg/Kraus den Sieg Stalins und der Roten Armee über die Donauländer im gleichen Vers erkannten.

49
De la partie de Mammer grand pontife,
Subjuguera les confins du Danube:
Chaffer les croix par fer raffe ne riffe ,
Captif, or , bagues, plus de cent mille 'rubes.

6/49
Mit von der Partie des »Mammer« großer Pontifex,
bezwingt die Angrenzer der Donau:

Verteilt die Kreuze mit harten Spänen, ungefeilt,
gefangen, Gold, Ringe, und über 100 000 Rubine.

In jeder einzelnen Zeile existieren zuhauf Begriffe, die sich nicht sinnvoll deuten oder übersetzen lassen, was darauf schließen läßt, daß hier eine Menge anderer Informationen »im Verborgenen blühen«.

Mit dem Wort »Mammer« läßt sich nichts anfangen, und die Wörter »raffe« (altfrz.: »abgehobelte Teilchen«) und »riffe« (frz. von »rifler« = »feilen«, aber auch »hinunterschlingen«) tragen auch nicht gerade zu einem besseren Verständnis bei. Unmißverständlich herauszulesen ist eigentlich nur, daß jemand aus einem Angrenzerland der Donau seine »Kreuze verteilt« und dabei Gold und viel Geld ernten wird. Daß dieser Vers die Nummer 6/49 trägt, also die gleiche Bezeichnung wie das in Deutschland seit Jahrzehnten durchgeführte Zahlenlotto 6 aus 49, mag man anfangs noch als Zufall hinnehmen. Nach einem eingehenden Blick hinter die Kulissen vergißt man dann aber ziemlich rasch die Sache mit dem Zufall! Und auch Johann Wolfgang von Goethe beweist in seinem Faust (Abschnitt Hexenküche) erneut, daß er die Sprache des Sehers in die richtige Schreibweise und Lesart umzusetzen verstand. In einem Dialog zwischen Mephistopheles und dem Kater schreibt Goethe:

Mephistopheles:	*Da habt ihr ein groß Publikum.*
Der Kater:	*O würfle nur gleich,*
	Und mache mich reich,
	Und laß mich gewinnen!
	Gar schlecht ist's bestellt,
	Und wär ich bei Geld,
	So wär ich bei Sinnen.
Mephistopheles:	*Wie glücklich würde sich der Affe*
	schätzen,
	Könnt er nur auch ins Lotto setzen!

Zunächst: Wenn man Goethes Mephistopheles richtig umsetzt, wird man über die Schlüsselzahl 4713, über verschiedene Verse und bestimmte Worte schließlich zum Geburtsjahr Johann Wolfgang von Goethes, 1749, geführt. Ein vortreffliches Zusammenspiel zweier hochbegabter Autoren! Verblüffend: Die Erwähnung »(de)r Affe« in Goethes Versen und im Vierzeiler des Sehers (siehe dritte Zeile in 6/49: »raffe«) deuten ebenfalls auf ein Zusammenspiel, eine Art Kommunikation des Verstehens, zwischen beiden Autoren! Ist Goethes »Hexenküche« mit den seltsamen Tieren »Kater« und »Affe« vielleicht nichts anderes als ein Brief an den Seher Nostradamus? Daß Goethe in seiner Hexenküche überhaupt den Begriff »Lotto« erwähnt und vom plötzlichen Reichtum spricht, der durch »Zauberei« herbeigeführt wird, ist recht erstaunlich. Er muß vor rund zweihundert Jahren, ebenso wie Ray Nolan heute, das Wörtchen »Lotto« entdeckt und den Text entsprechend korrekt umgesetzt haben, was sicherlich – gerade in diesem Vers – kein leichter Spaziergang ist.

Die Nummer Drei im Bunde, jene Person, die mit den Coup des Jahrhunderts gewaltige Schlagzeilen machen wird, hat es sich vermutlich sehr viel einfacher gemacht. Voraussetzung für den gewaltigen Gewinn von mehrmals allen 7 richtigen Gewinnzahlen (inklusive der Zusatzzahl) plus der richtigen Superzahl, die den Gewinn sogar verdoppelt, ist der Umstand, daß diese Person schlichtweg die These von der »Zeitreise« als durchaus realistisch betrachtet und entsprechend reagieren wird.

Denkbar wäre das folgende Beispiel:

Jemand aus unserer Gegenwart erwirbt Ray Nolans Buch »Das Nostradamus-Testament« und geht davon aus, daß auch der wirkliche Urheber der Nostradamus-Centurien aus der »Zukunft« dieses Buch irgendwann einmal als antiquarisches Exemplar in die Hände bekommen wird. Es scheint eine Art von Rückkopplung (Feedback) zu existieren, da der oder die Autoren aus der Zukunft Ray Nolan in gewisser Hinsicht etwas unterstützt haben. Folglich müssen sie auch über ein Exemplar seines »Nostradamus-Testaments« verfügen.

Dieses Buch – sollte es in der künftigen Zeit antiquarisch sein – muß in früheren Jahren einmal einen Besitzer gehabt haben. Antiquarische Bücher gehen zuweilen verschlungene Wege, bis sie irgendwann einmal, vielleicht Jahrzehnte oder Hunderte von Jahren später, im Bücherschrank eines (heute vielleicht noch gar nicht geborenen) Sammlers landen. Möglicherweise findet ein Urenkel das Buch in einer halbverrotteten Kiste im Keller; vielleicht übernimmt ein Familienmitglied nach dem Tod des Besitzers dessen Bücher. Irgendwann stirbt der Erbe dann ebenfalls, sein Nachlaß wird weggeworfen, aus dem Sperrmüll gezogen oder versteigert, verramscht – oder das Buch wechselt sonstwie den Besitzer . . .

Was also liegt näher, als auf einer freien Seite dieses Buches, mit einem eigenen, kleinen Code versehen, eine Mitteilung an jene Person zu schreiben, die einmal das Nostradamus-Werk auf die Reise schicken wird?

Vielleicht ist es gerade Ihr Buch, das die richtige Adresse erreicht! Und vielleicht ist es ausgerechnet Ihr noch ungeborener Ur-Ur-Enkel, dem Sie mit einem zigfachen Millionengewinn eine gesicherte Zukunft aufbauen, ohne sich dessen überhaupt bewußt zu sein!

Wer die Vorzüge eines finanziell absolut sorgenfreien Lebens genießen kann, stellt auch die Weichen für eine bessere Zukunft, bessere Schulausbildung, spätere wissenschaftliche Forschungen usw. seiner Nachkommen. Wohlstand bedeutet aber auch, nicht in brisanten Krisengebieten leben zu müssen, was wiederum ausschlaggebend dafür sein kann, daß die Urenkel überhaupt geboren werden. Denn Enkel und Nachkommen gibt es nur dann, wenn dem »Stammvater« der künftigen Familie – vielleicht Ihnen oder Ihren Kindern – keine Granate auf den Kopf fällt.

Ihre Nachfahren haben also durchaus ein starkes Interesse

daran, daß es Ihnen wohlergeht, und Ihre verschlüsselte Botschaft könnte z. B. so beginnen: »Bitte, teile mir in Vers-Nummer ... mit diesem Code mit, ob ich derjenige bin, von dem in Vers 6/49 gesprochen wird. Schreibe bitte als Erkennungssignal dieses Wort: ...«

Und taucht das Wort dann tatsächlich auf, freuen Sie sich! Jetzt können Sie, was immer Sie möchten, vorbringen: »Sind wir miteinander verwandt – bitte ein Ja oder Nein in Vers ..., Wort ... usw.«

Damit das Entschlüsseln nicht so kompliziert wird, machen Sie eigene Vorschläge, wie Ihr Freund aus der Zukunft die Zahlen unterbringen soll: »Bitte teile mir die folgenden sieben Zahlen und ... Superzahl im neunten Kapitel nach jedem Wort ROY mit ...« oder: »Markiere die Zahlen durch Nennung eines Planeten (Städte, Farben oder andere Worte) in der 4. Centurie.«

Der Gag an der Geschichte ist, daß der zukünftige Freund sich die richtigen Zahlen für eine bestimmte Lottoziehung gar nicht selbst besorgen muß. Sie tippen die Zahlen, so wie Sie sie nach ihrem selbstfabrizierten Schema auffinden, gewinnen einige Millionen damit und schreiben Sie dann erst auf! Ihr Partner liest sie in der Zukunft, markiert sie wie angegeben, schickt das Buch auf die Zeitreise, wo Sie nun wieder – im Faksimile – Ihren eigenen Schlüssel knacken müssen. Lustige Vorstellung, nicht wahr?

Sie lesen gewissermaßen Ihre eigenen Zahlen aus den Versen, die Sie selbst erst eine Woche später niederschreiben werden, und ein Zeit-Raum-Feedback schließt sich damit! Die ganze hier aufgeführte Geschichte enthält am Anfang allerdings eine dicke Lüge: Es handelt sich nicht um ein Beispiel, sondern die Sache wird sich tatsächlich etwa so zutragen, wie sie gerade beschrieben wurde!

Auch wenn Sie dabei rote Ohren kriegen, sollten Sie das Experiment, das ja zu Hause im stillen Kämmerlein stattfindet, ruhig wagen. Das Schlimmste, was Ihnen damit passieren kann, ist, daß sich in zwanzig, dreißig Jahren Ihre

Enkel vielleicht krank lachen, wenn sie das Buch auf dem Speicher finden. »Guck mal! Opa hat den Nolan-Schwachsinn damals auch geglaubt.«

Andererseits: Vielleicht sind gerade Sie es, der im Deutschen Zahlenlotto 6 aus 49 »seine Kreuze verteilt«. Und vielleicht sind gerade Sie es, der dann auch mit den Worten »raffe ne riffe« mehr anzufangen weiß, als alle früheren Autoren. Genieren Sie sich nicht! Tun Sie diesen Schritt, denn das alles wird sich ganz sicher bewahrheiten! Auch das steht geschrieben!

6. Kapitel

»Zerstört den Regenbogen nicht!«

Der Wunsch, mehr über seine Zukunft zu erfahren, um hinter die verborgenen Schleier des Schicksals sehen zu können, ist ebenso eine Ursehnsucht im Menschen wie das Forschen nach seiner Herkunft. Die beiden Fragen »Wo kommen wir her?« und »Wo gehen wir hin?« sind die Triebfedern eines Bedürfnisses, das – je nach der individuellen intellektuellen Entwicklungsstufe des menschlichen Daseins und unter Berücksichtigung der jeweiligen Epoche und des jeweiligen Kulturkreises – seine Ausdrucksformen in der Religion, im Okkultismus, in den Wissenschaften, ja, sogar in der Politik findet.

Das Individuum Mensch braucht seine Regeln, an die es sich halten möchte und an die es sich klammern kann für den Fall, daß sein inneres Gefüge durch äußere negative Einflüsse und unbekannte Erfahrungen einmal durcheinandergeraten sollte. Und da, wo wir selbst nicht in der Lage sind, die Kernfragen nach dem Ursprung unserer Identität, dem völlig offenen Morgen und dem richtigen Weg, den wir zu gehen haben, zu beantworten, vertrauen wir auf das, was uns übergeordnete Autoritäten in ihren Dogmen, Philosophien, Religionen und Lehren als Lösung vorschlagen.

Daß diese Lehren nicht immer richtig sind, beweist allein die immense Kluft zwischen den verschiedenen Religionen oder die völlig konträren politischen Weltanschauungen. Der Wahn, die eine Rasse sei einer anderen vorzuziehen, gründet auf dem gleichen Irrtum, der schon seit Menschengedenken religiöse und politische Konflikte in blutige Gemetzel ausufern ließ. Eine vereinheitlichte Lösung bzw. das einzig richtige Konzept wurde noch nicht gefunden. Jede Partei, jede Gruppe sieht ihre (vielleicht falsche) Lösung als

Wer im späten Mittelalter Auffassungen vertrat, die von der kirchlichen Lehrmeinung abwichen, lebte gefährlich. Die Folterknechte der Inquisition, Rad und Scheiterhaufen warteten auf »Ketzer«, »Zauberer« und »Hexen«. Sich in einer solchen Zeit durch Veröffentlichung von Prophezeiungen Feinde zu schaffen, war ein gefährliches Unterfangen für den gutsituierten Arzt Michel de Notredame aus Salon.

die einzig richtige an und versucht daher, sie anderen aufzudrängen.

Wie schon gesagt: Bereits der Umstand, daß überhaupt zwei verschiedene Systeme existieren, beweist an sich schon, daß mindestens eines der Systeme, wenn nicht beide, sich aus falschen Dogmen entwickelt haben. Und wenn sich gar innerhalb eines solchen Systems erneut Untergruppen mit verschiedenen Anschauungen und Lehren bilden, so legt dies nur Zeugnis dafür ab, daß das System unüberbrückbareWidersprüche enthält. Zwietracht, Streit, Fanatismus, Rassen- und Klassenideologien, Streiks, Demonstrationen, das Streben nach Vormachtstellungen, Irrglauben und in letzter Konsequenz verheerende Kriege sind im Prinzip nichts anderes als die Folge dessen, daß das richtige Konzept, die Menschheit im Frieden zu vereinen, noch nicht gefunden wurde.

Oder etwa doch? Gibt es schon so etwas wie eine »Geheime Weltregierung«, die mit einer brillanten Idee damit begonnen hat, unbemerkt und mit beeindruckender Geduld den chaotischen Haufen des bunten Völkergemischs allmählich unter ihre Fittiche zu bekommen? Ist eine Zukunft ohne Kriege, ohne Kriminalität, und eine Welt, in der Geld und Gold nur noch eine untergeordnete Rolle spielen, überhaupt denkbar?

Warum fürchtet sich der Mensch überhaupt vor der Zukunft? Ist es die Ungewißheit? Sind es die globalen Grundfragen, die uns beschäftigen, oder mehr eine begrenzte, individuelle Angst vor dem ungewissen Morgen, also eine sehr persönliche Angst? Beide sind – je nachdem, in welchem Umfeld und in welcher Epoche der Mensch aufwächst – völlig unterschiedlicher Natur.

Auf dem Gipfel einer Hochkultur – das alte Ägypten, Rom, die Griechen und unsere jetzige westliche Wohlstandswelt legen Zeugnis dafür ab – geht es dem Menschen am Ende um nichts anderes mehr als um den Erhalt seiner Güter, Bequemlichkeiten und Freiheiten. Dazu gehören die Ausweitung persönlicher Freiheiten, das ungehinderte Ausleben sexueller Triebe (sittlicher und moralischer Verfall einer Gesellschaft hat bisher immer den Untergang einer Kultur angekündigt) und das Scheffeln von Reichtum und Wohlstand. Mit anderen Worten: Der Mensch ist bestrebt, seine – gemessen an vorangegangenen Zeiten – Bequemlichkeit weiterhin geschützt zu sehen, wobei die inzwischen erstarkten, säbelrasselnden anderen Nationen aus seiner Epoche – mit Recht, wie die Geschichte bewiesen hat – höchstes Unbehagen in ihm auslösen.

Was bleibt, ist die Angst vor dem Morgen, und speziell auf unsere Zeit bezogen: Angst vor der Zerstörung unseres Lebensraums, Angst vor einem Krieg, der all das zerstören könnte, was uns inzwischen lieb und teuer geworden ist! Angst vor einem unberechenbaren Gegner, der in unserer schnellebigen Zeit ständig sein Gesicht wechselt.

War es zunächst der Kommunismus, sprach man zwischenzeitlich von der »gelben Gefahr«, dann von der »Invasion des Islam«. Angst hat viele Schattierungen. Reiche wollen nicht arm, Gesunde nicht krank werden, und satte Menschen möchten nicht hungern müssen. Auch Schlagzeilen über die sogenannten Volksseuchen, wie Krebs, AIDS, unbekannte Allergien, Infarkte usw., die in Massen auftreten, tragen nicht gerade dazu bei, die eigene Zukunft in rosigem Licht zu sehen.

Wo also treiben wir hin? Was beschert uns die Zukunft?

Schon an der langen Vorrede zu diesem Kapitel kann man erkennen, daß sich der Autor bei dem Gedanken, nun konkret werden zu müssen, nicht sehr wohlfühlt. Die Geschichte der Prophezeiungen und Voraussagen hat oft genug ihre verhängnisvolle Rolle im Schicksal der Völker bewiesen. Häufig waren es offenbare und geglaubte Prophezeiungen, welche erst die Voraussetzungen dafür schufen, daß sie überhaupt in Erfüllung gehen konnten.

So erschien am 8. 9. 1935 in der »New York American Paper for people who think« unter dem Titel »Dieser Mann verlor den Krieg« ein Bericht über das von den Alliierten später so genannte »Wunder an der Marne«, das den deutschen Vormarsch in Frankreich beendete. Hentsch, der auch von den Deutschen beschuldigt wurde, er habe durch seinen unnötigen Rückzugsbefehl den Ersten Weltkrieg bereits am Beginn (1914) für Deutschland verloren, war mit General von Moltke der Meinung, »Es nütze ja doch nichts, da man letztlich diesen Krieg verlieren würde« (General von Schellendorff). Was man erst nach dem Krieg erfuhr: Moltke machte viele seiner Entscheidungen von den Prophezeiungen des Mediums Elisabeth Seidler abhängig.

Was war geschehen? Dem »Schlieffen-Plan« folgend waren die deutschen Heere sofort nach Kriegsausbruch tief nach Frankreich vorgestoßen, um die französischen Kräfte zu umfassen und zu vernichten. An der Marne stoppte ein überraschender Gegenangriff den Vormarsch. Es kam zu einer großen Schlacht, die sich zugunsten der Deutschen zu entscheiden schien, als Hentsch, beunruhigt durch feindliche Truppenbewegungen an seiner Flanke, für Freund und Feind überraschend den Rückzug befahl. Damit war der deutsche Kriegsplan zunichte gemacht.

Daß die Prophezeiungen des Michel Nostradamus auch zu Propagandazwecken geschickt eingesetzt wurden, zeigt eine gestellte Fotoserie, die im Februar 1939 in der amerikanischen Zeitschrift »Look« veröffentlicht wurde. Mit Fotomontagen von zerstörten Städten (London) und vom Untergang der USA, deren Bevölkerung im Zuge eines anhaltenden Kriegs mit »Nazi-Deutschland« (bis 1955) völlig verelenden werde, wurde kräftig Stimmung gemacht. Den Kriegsbeginn sagte man für das Jahr 1941 voraus, »nachdem ein polnischer Attentäter Hermann Göring niedergeschossen haben wird«.

Ein Jahr zuvor, 1938, war in der russischen »Prawda« über eine »Prophezeiung« berichtet worden, die später auch in der »Kleinen Volkszeitung« (Wien, 8. November 1938) abgedruckt wurde.

Hier scheint ein gut informierter Nachrichtendienst Hitlers heimlichste Abkommen mit Mussolini in die Hände bekommen zu haben, um sie, als Prophezeiung getarnt, unter das Volk zu bringen. Anders ist die Präzision der Vorhersagen, die ein Jahr vor der Eröffnung des Zweiten Weltkriegs und vor dem Hitler-Stalin-Pakt veröffentlicht wurden, kaum zu erklären.

Deutschland und Italien haben die Aufteilung verschiedener Länder Europas und Nordafrikas beschlossen, hieß es in der Prawda-Prophezeiung von 1938. Das deutsche Programm sehe zunächst für den Herbst 1939 die Besetzung Polens vor. (Am 1. September 1939 marschierten deutsche Truppen ohne Kriegserklärung in Polen ein – ein Datum, das Hitler schon im März 1939 in einer schriftlichen Mitteilung an seine Generäle nannte, womit der Schweizer Astrologe K. E. Krafft als möglicher Mit-Urheber des Weltkriegsbeginns ins Rampenlicht rückt.) Danach, so schrieb die »Prawda« weiter, seien Jugoslawien, Rumänien und Bulgarien 1940 an der Reihe, und sodann würde die Aufteilung Frankreichs, Belgiens, Hollands und Dänemarks folgen. Im Jahr 1941 werde schließlich der Angriff auf Rußland beginnen. (Im August 1939, kurz vor dem Überfall auf Polen, unterzeichneten Hitler und Stalin einen Nichtangriffspakt! Im Juni 1941 eröffnete Adolf Hitler dann, wie in der »Prophezeiung« vorausgesagt, tatsächlich auch den Krieg gegen die Sowjetunion.)

Erstaunlich ist auch das Bild, das der deutsche Minister Walter Rathenau vom noch gar nicht geborenen Großdeutschen Reich bereits im Jahr 1919 (also schon kurz nach dem verlorenen Ersten Weltkrieg) zeichnete. Im Datum verschätzte er sich dabei nur um vier Jahre!

Wer nach 20 Jahren Deutschland betritt, das er als eines der blühendsten Länder der Erde gekannt hat, wird niedersinken vor Scham und Trauer. Die großen Städte des Altertums, aus Lehm gebaut, ließ die Natur zerfallen und glättete Boden und Hügel.

Die deutschen Städte werden nicht als Trümmer stehen, sondern als halb erstorbene steinerne Blöcke, noch zum Teil bewohnt von kümmerlichen Menschen. Ein paar Stadtviertel sind belebt, aber aller Glanz, alle Heiterkeit ist gewichen. Müde Gefährte bewegen sich auf dem morschen Pflaster. Spelunken sind erleuchtet, die Landstraßen zertreten. Die Wälder abgeschlagen, überall auf den Feldern keimt dürftige Saat. Häfen, Bahnen, Kanäle verkommen, und überall stehen traurige Wohnungen, die hohen verwitterten Bauten aus der Zeit der Größe. Der deutsche Geist, der für die Welt gesungen hat, wird Vergangenheit. Ein Volk, das heute noch jung ist und stark – es ist tot.

(aus: Zürcher Zeitung, 1919)

Wie recht er hatte! Treffender kann man Deutschland am Ende des Zweiten Weltkriegs selbst heute nicht schildern. Walter Rathenau schrieb dies aber 25 Jahre vor dem Untergang des Dritten Reichs! Prophetie, Instinkt, Vorahnung? Dennoch ist es nicht von der Hand zu weisen, daß Zukunftsprognosen oder Prophezeiungen, wie anfangs erwähnt, auch bewußt lanciert wurden, und so erst die Voraussetzungen für ihre Erfüllung geschaffen haben.

Was aber kann ein armer Autor tun, um nicht ungewollt als Urheber für Dinge zu zeichnen, die sich heute noch gar nicht absehen lassen? Wenn es sich, wie der Autor glaubt, nicht um inspirative Prophezeiungen, sondern um Fakten aus unserer Geschichte und der Zukunft handelt – wie geht man um mit dieser Bürde?

Und nehmen wir einmal an, der »technische Kick«, ein Buch durch die Zeit zu teleportieren, funktioniert irgendwann einmal wirklich – wäre es dann nicht möglich, von der Zukunft aus auch mit anderen Büchern oder Teilen von Büchern die Menschheit auf ein bestimmtes Ziel zuzuführen oder sie zu manipulieren? Wenn der Faktor Zeit überlistbar ist, wäre es dann nicht ebenso denkbar, daß auch ältere sogenannte prophetische Werke gleichen oder späteren Ursprungs wie das Nostradamus-Werk sind? Wie steht es z. B. mit den Prophezeiungen, der Bibel? Könnten Teile dieses jahrtausendealten Werkes, z. B. das Buch Esra mit seinen geheimnisvollen Namen und Zahlen im zweiten Kapitel, nicht den gleichen Weg gegangen sein? Warum tauchen in den christlichen Lehren die Berichte über das Wirken Jesu erst ab dem 4. Jahrhundert auf? Wer versteckte die auf Lederrollen geschriebenen Urtexte des Propheten Jesaja, die ein fünfzehnjähriger arabischer Hirtenjunge im Frühjahr 1947, in Tontöpfen verstaut, nahe dem Roten Meer in einer Höhle fand und einem Flickschuster verkaufte, der damit fast die Schuhe seiner Kunden besohlt hätte? Gibt es möglicherweise Parallelen zur »Zeitreise« des Nostradamus-Werks, oder ist dieses Buch – vorausgesetzt, ein solcher Dimensionswechsel wäre überhaupt möglich – ein futuristischer Einzelgänger?

Wenn aber dieses für uns heute noch undenkbare »technische Wunder« irgendwann in der Zukunft Wirklichkeit werden sollte: welche Idee, welches Ziel steckt dahinter?

Einfach nur auf die Hoffnung zu bauen, da habe es jemand im stillen (zukünftigen) Kämmerlein gut mit uns gemeint und nun mit seiner epochalen Erfindung (die kein Mensch außer ihm kennt) dieses Buch durch die Zeit »gekickt«, um der Menschheit die Augen zu öffnen, ist zu wenig. Ebenso könnte man annehmen, daß die Gewaltigen dieser Welt, all die Präsidenten, Kanzler, Diktatoren und anderen Lenker der Völker, ihre Jobs als Regierungschefs ausschließlich mit dem uneigennützigen Ziel angestrebt hätten, der Menschheit Gutes zu tun.

Umwälzende neue Erfindungen entstehen heute in Labors, wissenschaftlichen Arbeitsgruppen und in staatlich geförderten Instituten. Die Zeiten, da in der heimischen Scheune Fahrräder, Verbrennungsmotoren, Dampfmaschinen oder Grammophone erfunden wurden, sind vorüber. Halbleiter, Mikrochips, Teilchenbeschleuniger usw. erfordern einen gigantischen Entwicklungsaufwand und bauen in der Regel auf vorangegangenen Forschungen auf. Sie verschlingen immer größere Mengen an Geldern, die den Geldgebern letztlich auch das Recht an der Verwertung sämtlicher Ergebnisse sichern. Wenn nun, wie zu vermuten ist, kein Einzelgänger hinter dem Zukunftsdeal steckt, sondern eine Gruppe, die damit ein bestimmtes Ziel verfolgt, stellt sich automatisch auch die Frage nach dem relativen »Gut« oder »Böse« aus heutiger Sicht.

Wird Ray Nolan mit einigen interessanten »Zukunftshäppchen« vor einen Karren gespannt, den er dann – unbemerkt von ihm selbst – in eine trostlose Zukunft zu steuern hat? Werden sich ein paar »Prophezeiungen« minutiös erfüllen, so daß man dann auch andere, vielleicht manipulierte Voraussagen glauben wird, entsprechend reagiert und damit genau das auslöst, was sich vielleicht ein paar finstere Gehirne ausgedacht haben? Stecken Geheimdienste, ein machthungriges System oder die reine Gier nach schnödem Mammon und Macht hinter allem?

Die mögliche Palette – immer vorausgesetzt, die These ist überhaupt richtig – von politischen Systemen, Wissenschaftlern, Religionsgründern, einflußreichen Wirtschaftsgruppen scheint unerschöpflich.

Es gibt nichts Manipulierbareres als die Masse Mensch. Nehmen wir als Beispiel das Abrutschen einer harten Weltwährung, z. B. den plötzlichen Kursverfall des US-Dollars in einem beliebigen Jahr: Danach wird die Börse vermutlich verrückt spielen, Krisensitzungen in Politik und Wirtschaft werden einberufen. Eine Lawine könnte ausgelöst werden. Aber sie wird verhindert, indem ein einziger als kompetent angesehener Mann – beispielsweise der Finanzminister der USA – einige beruhigende und optimistische Worte in einer Fernsehansprache ausspricht. Das Volk atmet auf, die Börse beruhigt sich, Wirtschaftskonzerne, Großbanken, Industrie, Anleger und Investoren funktionieren wieder. Dabei könnte der Mann im Fernsehen auch das Blaue vom Himmel herunterlügen. Die Methode würde dennoch funktionieren, weil wir manipulierbar sind.

Im Fall einer manipulierten Zukunftsbotschaft sind natürlich auch positive Beweggründe nicht auszuschließen. Eine friedliche Weltregierung könnte ebenso dahinterstecken, wie die Verzweiflungstat einer Gruppe von Wissenschaftlern oder Politikern kurz vor dem letzten großen Rumms, der die Erde erschüttert oder explodieren läßt. Ein gigantischer Komet könnte auf uns zurasen, Außerirdische die Antriebsfeder dafür sein, daß man uns mit einem »prophetischen« Buch einen Spiegel vor die Nase halten will – vielleicht um in letzter Minute doch noch eine Änderung unseres scheinbar angeborenen selbstzerfleischenden Verhaltens zu bewirken. Oder bestieg gar ein braves irdisches Männlein oder Weiblein ein UFO, um selbstlos – Freunde und Familie zurücklassend – eine Reise ohne Wiederkehr in die Vergangenheit zu unternehmen.

Wer sendet uns diese Botschaft?

»Was ist Wahrheit?« fragte Pontius Pilatus vor rund zweitausend Jahren. Ihm hat es auch keiner gesagt, und so ließ er Jesus entgegen seinem eigenen Rechtsempfinden als jüdischen Revolutionär ans Kreuz nageln. So gesehen muß man fast hoffen, daß Ray Nolan sich irrte, Neptun aus Versehen in die Centurien gelangte und das Marsfeld, der »Champ de Mars« in Paris, von dem Nostradamus in Vers 1/23 spricht (und das erst lange nach 1770 als Übungsplatz der Ecole militaire entstand), ebenso zufällig in einem Buch von 1668 landete wie das in diesem Buch erstmalig ins Deutsche übersetzte und veröffentlichte merkwürdige »Vorwort an die Leser« oder die Schmuckranken mit ihren eingearbeiteten Satzzeichen.

Denn sollte sich Ray Nolan nicht irren, dann müßten wir mit gemischten Gefühlen und äußerster Vorsicht jene Voraussagen lesen, die unsere Zukunft betreffen, und dabei auch nicht das große Fragezeichen vergessen, das über dem gesamten Werk schwebt. Da vor jedem Vers auf die biblisch klingende Einleitung »Also schrieb Nostradamus« verzichtet wird und Ray Nolan zwar auf einen etwas präziseren

Schlüssel zurückgreifen, aber dennoch durchaus Fehler in der Entschlüsselung machen kann, steht als Oberbegriff für alle nachfolgenden Voraussagen die Feststellung:
»Es könnte sich so zutragen!«
Auf Darlegungen von Berechnungsvorgängen, oder Hinweisen, mittels derer bestimmte Daten nach dem bekannten Schlüssel zu finden sind, wird in den nachfolgend vorgestellten Versen überwiegend verzichtet. Da, wo es mir angebracht erschien, Jahreszahlen oder Ereignisdaten zu verschweigen, habe ich mich entweder an die Aufforderung des Sehers »Datas secret« gehalten, oder ich war mir meiner Sache nicht sicher genug, Tage, Monate oder das richtige Jahr zu benennen. In der allgemeinen Zukunftsübersicht wurde – aus dem begreiflichen Grund, bestimmten staatlichen Einrichtungen die Suche nach einem übersichtlicheren Schlüssel zu erschweren – auf die Angaben von Berechnungsgrundlagen ganz verzichtet.

Mit Kenntnis einer Versnummer, der entsprechenden Umsetzung des Textes und einem sich als richtig erweisenden, weil gemäß der Prophezeiung eingetretenen Ereignisdatums könnte man nach einem solchen Ereignis zu leicht durch das Rückermitteln von fixen Daten auf jenen Schlüssel stoßen, der in den Händen einiger gegenwärtiger und vielleicht noch kommender Regime nach meinem Empfinden nichts zu suchen hat. Der Autor bittet seine Leser in dieser Sache um Verständnis. Das Beispiel der kurzfristigen Hitler-Krafft-Goebbels-Gemeinschaft und die Ergebnisse dieser Zusammenarbeit erklären ausreichend, warum ein bißchen »Geheimniskrämerei« angebracht erscheint.

Schon der Umstand, daß nachfolgend nur Verse aufgeführt werden, die sich ausschließlich mit unserer Zukunft beschäftigen und einige bisher unklare oder versehentlich der Zukunft zugeordnete Vierzeiler erstmalig ausgeklammert werden können, sollte dem Leser schon ein etwas klareres Bild von dem, was kommen wird, vermitteln. Vieles von dem, das wir bisher in der Zukunft glaubten, hat sich inzwischen erfüllt. Man denke dabei nur an die Expansionsbestrebungen des Osmanischen Reichs.

Die Türken standen einst vor den Toren Wiens, bedrohten halb Europa mit ihrer Invasion – Verse, die nur allzu gerne auch heute noch als kommende Bedrohung durch den Islam gedeutet werden. Und denken wir dabei auch an die Zeiten der Sklaverei, an die Seeschlachten eines Sir Francis Drake, an die Gemetzel während der Französischen Revolution, den Opfergang von Millionen Soldaten und der Zivilisten im Zweiten Weltkrieg. Viele Vierzeiler, die eine Episode aus der für uns längst abgehakten Geschichte schildern, werden und wurden von Autoren und Lesern immer noch fälschlich mit unserer Gegenwart oder der nahen Zukunft in Verbindung gebracht. Doch viele dieser entsetzlichen Ereignisse sind inzwischen vorüber.

Das war die gute Nachricht.

Die schlechte Nachricht: Es bleiben – selbst bei der Auswahl von nur einigen der nachfolgend vorgestellten zukunftsbezogenen Vierzeiler – noch genügend Ereignisse übrig, die nichts Gutes verheißen. Und auch in den unzähligen Versen, die in dieser »Vorschau« keine Erwähnung finden konnten, gibt es noch eine Unmenge, die künftige Ereignisse schildern, wo aber der Leser mit dem Rüstzeug der im »Nostradamus-Testament« vorgestellten Schlüsselzahlen, Codierungsgrundlagen und Tabellen zumindest nach dem jeweiligen Ereignis eine Bestätigung finden wird. Dieses Buch wurde, nach dem Abschluß vieljähriger Kleinarbeit, in den Jahren 1994 bis Sommer 1995 geschrieben. So konnten leider einige wichtige Weltereignisse nicht mehr rechtzeitig zum Abdruck kommen. Einiges, was für den Autor heute noch im Bereich der Voraussagen liegt, wird für den Leser (nach dem Erscheinen dieses Buches) schon längst zum »alten Eisen« gehören. Die Medien überschütten uns heute mit Greueltaten, Kriegsnachrichten und Berichterstattungen jeglicher Art, so daß vieles in unserer Epoche – sehr viel rascher als noch vor einigen Jahrzehnten – verdrängt und vergessen wird. Was uns im Januar noch entsetzte – im August ist es längst durch andere Ereignisse überholt und uninteressant geworden! Keine gute Tendenz, die sich hier für die Menschheit abzeichnet.

Dennoch sind die Hinweise interessant, da man durch sie im nachhinein eine Bestätigung finden und sich vieles dann auch von selbst erklären wird, was der Autor nicht imstande war, im voraus (klarer) zu interpretieren.

Das Dilemma an den Zukunftsberechnungen des Michel Nostradamus ist, daß man stets mit einem gewissen Gottvertrauen darauf angewiesen ist, zunächst ohne einen einzigen klaren Kontrollvers arbeiten zu müssen, der einem zeigt, ob man mit seiner Schlüsselzahl nun wirklich richtig liegt oder nicht. Gäbe es einen derartigen Vers, in dem die Daten der Ereignisse unmißverständlich mit der Prophezeiung übereinstimmen, und wo insbesondere eine klarere Lesart bestätigt würde, dann wäre zugleich und zwingend auch jeder Zweifel an der These des Autors, die Voraussagen seien womöglich nicht prophetischer Natur, sondern niedergeschriebene Geschichte, beseitigt.

Doch das ganz eindeutige Okay erhält man nicht, weil man entweder die Zahlen verdrehen oder den Text zurechtbiegen muß, um eine halbwegs einleuchtende Gemeinsamkeit zwischen der Aussage und einem zukünftigen Ereignis zu finden. Solange man einen solchen Kontrollvers nicht gefunden hat, wird immer unklar bleiben, ob es sich bei Nostradamus um prophetische Voraussagen im mystischen Sinn oder tatsächlich um niedergeschriebene geschichtliche Ereignisse handelt.

Es werden also viele Fragen offenbleiben, worin der Sinn vieler Prophezeiungen zu liegen scheint. Uns ist es nur gestattet, einen flüchtigen Blick ins Schlüsselloch der Zukunft zu werfen. Und wie es Schlüssellöcher so an sich haben, bleibt die Sichtbreite, sehr zum Leidwesen des neugierigen Spähers, immer etwas begrenzt!

Daran führt kein Weg vorbei, und damit müssen wir leben.

Der 1. Nachlaßbrief des Michel Nostradamus: Erste Übersicht für die Zeit von 1913 bis 2012

(Entschlüsselte Textversion)

Drei Weltkriege, Hunger, Elend, Regen und verseuchtes Wasser prägen die Welt von gestern, heute und morgen...!
Durch verheerende Seuchen, lange Hungersnot und Kriege, noch mehr durch »lese 9/53.5« [Adolf Hitler-Vers über die Vernichtung der Juden im Dritten Reich, sowie die Hitler-Attentate] *wird die Welt von hier* [1939] *und dem festgelegten Termin davor* [Erster Weltkrieg] *und danach* [!] *einige Male so vermindert, daß so wenig von der Welt übrigbleiben wird, daß man keinen findet, der die Felder bestellen will, welche genauso lange frei bleiben werden, wie sie einst bestellt wurden* [Hungersnöte während und nach den Kriegen].
Was nun das himmlische, sichtbare Urteil angeht, wird – während wir uns noch in der 7. Zahl von Tausend [lies jeweils das 7. Wort im Brief vor und nach »Tausend = mille«: 553 (1994) oder 1779-4713 = 439 = 1994)] *befinden, die alles verändert, und wir uns der achten nähern* [beide Ausrechnungen führen ins Jahr 443, bzw. 1555 + 443 = 1997] *, wo sich auch das Firmament der sich freigeistig ausdehnenden achten »Sph(ä)ere (ab 1997) befindet, wo der große, ewige Gott die Veränderung vollenden wird. Durch eine lange Reihe von Jahren wird sich die Erde nicht neigen* [?]
Durch zweideutige Meinungen und islamische Träume [ab 1984, durch »naturel les«!], *die den normalen Verstand übersteigen, wird Gott zuweilen durch seine »Minister«* [rechne: 495913 – 4713 = Vers 4/91,2 und dort 4713 – 433 = Ereignisse 1982/83!] *seine Feuerboten, mit flammenden Botschaften kommen, um uns die Prophezeiungen sichtbar vor Augen*

zu halten [Khomeini, Irakkrise, Sadat-Mord, PLO, Islam-Expansionen u. a.]!

Das tödliche Schwert nähert sich jetzt durch die verheerende Seuche (durch »guerre plus horrible« = AISD, »AIDS«?) *und Krieg, schlimmer, als er in drei Generationen je war! Oft wiederkehrende Hungersnot* (Era 242 = 2002–2003) *wird die Erde überfallen, denn die Sterne befinden sich in Übereinstimmung mit der Veränderung.*

Dann – für einige Male während der unheilvollen Stürme – wird der Herr sie zerbrechen und kein Mitleid haben! Und es werden tausend andere Ereignisse, hervorgerufen durch Wasser und die andauernden Regenfälle, eintreffen! Die nachfolgenden Menschen werden schließlich die Prophezeiung erkennen und unfehlbar die kommenden Ereignisse begreifen.

LES VRAYES PROPHETIES
(Entschlüsselte Version)

M. NOSTRADAMUS:

»In dieser Zeit naht der Untergang!
Riesige Fluten und Stürme verheeren
Europa und die gesamte Welt!
O ihr Wissenschaften, was habt ihr angerichtet!«
(1994 – 2017)

Papst Johannes Paul II. verläßt diese Welt in einem Jahr, das in allen abendländischen Nationen einen Balanceakt hoher finanzieller Labilität, Ohnmacht und Unbeständigkeit einleiten wird. Bewährte alte Lehrbuch-Rezepte erweisen sich als nicht mehr durchführbar.
Bei einigen Nationen, wo sich die Währungen kurz stabilisieren, kehren sich traditionelle Werte ins Gegenteil um – die wirtschaftlichen Aspekte obliegen plötzlich neuen Re-

geln. Da aber, wo die Wirtschaft – ohne Chancen auf langen Bestand – kurz aufblüht, wird die Stabilität altbewährter Devisen ins Bodenlose fallen. Die neuen Modelle offenbaren Ratlosigkeit und bewähren sich nur kurzfristig.

Ohne Takt und Rücksichtnahme werden nun von einigen »Großen« Rücklagen angelegt und heimliche Reserven geschaffen. Ein Bankskandal ohnegleichen wird inszeniert, wobei die tatsächlichen Hintergründe so geschickt vertuscht werden, daß man erst Jahre später Licht in die Affäre bringen und die rüden Methoden aufdecken wird.

Wegen eines anderen Milliarden-Skandals kommt es weltweit zu einem tiefgreifenden Schock, und zwei Jahre später wird die Welt schließlich einsehen müssen, daß auch die neuen Lösungen nicht halfen. Ohnmächtig erkennt man, daß das aufgeblähte System zu platzen droht. Dann folgen jedoch urplötzlich völlig andere Probleme, die das lange Ringen um die Stabilisation von Wirtschaft und Finanzen beenden – ein anderes Ereignis tritt unerwartet in den Vordergrund.

Bereits im Jahr 1997 hätte man – anhand einiger Verbindungen und Verknüpfungen – ohne Schwierigkeiten erkennen können, was sich recht offen abzeichnete!

Niemand sieht es jedoch so, und diesmal ist die Politik gemäßigter, als die, die lauthals dazu anspornen, nicht die Hände in den Schoß zu legen. Laßt sie dennoch dort liegen! Hört nicht auf die Schreier in einigen Medien, die euch der Tatenlosigkeit bezichtigen! Wirklich große und entsetzliche Kriege entstehen nur durch große Bündnisse! Lernt aus dem, was sich 1997 abzeichnen wird! Nicht immer sind die Konstellationen so günstig, daß alle Betroffenen einsichtig sind und wieder einlenken.

Fünf Jahre später geht einer seinen Weg unbeirrt weiter.

Vorher, lange vorher, beginnt man, den Regenbogen zu zerstören (wohl eine Umschreibung für eine heile Umwelt). Es ist die Zwangssituation, die niemanden zur Eile antreibt. Wirtschaftliche Interessen sind im Spiel, aber wohl eher nebensächlicher Natur. Das Ozonloch weitet sich unaufhörlich. Kein Zurück! Wenn man endlich selbst in der hintersten Reihe erkannt hat, daß etwas getan werden muß, kann man trotzdem nichts bewirken. Der Lauf der Technik, der Lauf der Dinge läßt sich nicht einfach abstellen. Die Wissenschaft ist gefragt. Teure Spektakel sollen Hilfe bringen – eines führt zu einem Klima-Schock!

Hoffnungsvolle Worte hört man im Herbst 1998. Weltweit Änderungen. Trübes Wetter in diesem Jahr, wo man viel Sonne erwartet hat. Viel Regen, Stürme, Unwetter in den USA und Südamerika. In Europa wieder ein »Jahrhundertsommer« – die Medien feiern dieses tolle Wetter, die Leute freuen sich und genießen die »Hawaii-Tage«, Vorboten einer kaputten Welt.

Im Jahr 2002 erkennt man, daß man es eigentlich hätte wissen müssen. Die Zeichen waren doch deutlich seit 1997! Der Wohlstand kippt in eine tiefe Schlucht. Unwiederbringlich für eine lange Zeit. Jetzt sind es nicht die anderen – ihr seid jetzt selbst die Betroffenen! Aus der Ferne, da sah das alles anders aus, aber der Schock geht jetzt tief in die Knochen! Die Leute in den Staaten und die Engländer verkraften es psychisch am besten, die Deutschen trifft es mental am härtesten. Sie hatten doch für alles immer eine Lösung – und jetzt?

Etwas mehr als ein Jahr zuvor, als ein »Großer« in der Welt »sein Amt niederlegte«, wäre Zeit zum Handeln gewesen – Versäumnisse, die jetzt nicht mehr gutzumachen sind!

Wenn der Spuk endlich vorbei ist, kommen die echten Probleme mit der Umwelt. Das Ozonloch klafft gefährlich weit auf. Das durchschnittliche Wetter, seit Jahrzehnten so im Wandel begriffen, daß es jeder selbst spürte, wird der mächtigste, unberechenbarste und gewalttätigste Feind der kommenden Jahre. Urgewalten dröhnen zuweilen über die Erde. Mal hier, mal dort. Jede Region hat ihre eigenen Lasten, und das zu jeder Jahreszeit.

In den USA entwickeln sich extreme Sekten. Sie profitieren

von der Angst der Menschen. Die Welle neuer Bräuche und Sektenkults schwappt nach Europa über. Die Jüngeren werden geködert! Das Gesicht der Welt verändert sich. Lebenswerte verändern sich. Man gewöhnt sich an die Orkane, die Vereisungen – trotz der Angst. Dann folgt der größte Schock. Etwa in einer Zeit, wenn die wenigen Alten, die als Kinder noch den Zweiten Weltkrieg miterlebt hatten und jetzt noch leben, mehr neunzig als achtzig sind.

Die lange Nacht bricht über die Welt herein. Es bleibt dunkel, alles vergrößert sich optisch und fällt vom Grad ab, *»wenn der Mond die Sonne mehr als elfmal nicht mehr will«*. Der Horizont, der Mond, die Sterne – eine unwirkliche, vergrößerte Welt ohne Licht. Tage, Wochen, Monate?

Die Gesetzlosigkeit herrscht neben der Angst. Die Gewalt zieht in Horden durch die Städte und schleicht sich hinterlistig durch die Nächte. Gruppen und einzelne – wen muß man mehr fürchten? Die trostloseste Zeit der Menschheit ist angebrochen.

Im Jahr 2027 verändert sich die Herrschaft des Lichts. Die Sonne wirkt müde und ausgelaugt. Nun haben sich die meisten Prophetien erfüllt – und ausgezehrt.

Das Ende des 2. Jahrtausends und der Beginn der neuen Epoche 1994 – 2017

10/72
Jahr 1999, siebenter Monat.
Vom Himmel kommt ein großer Schreckenskönig.
wiedererweckt, der große König von Angoulmois.
Vor, nach Mars regieren zu guter Zeit.

Ich stelle diesen Vers an den Anfang der »Zukunftschau«, weil er – zumindest was die Richtigkeit der Umsetzung von Buchstaben in Zahlen angeht – eine Art von Kontrollvers darstellt. Der Vierzeiler wurde schon einmal zitiert, um die Umsetzungstabelle mittels der großgeschriebenen Buchstaben zu testen, die, wie die in Worten geschriebene Zahl in der ersten Zeile, klar auf das Jahr 1999 hinweisen.

3 4. 9 9 9 1. 1 4

An diesem Vers findet man viele weitere Übungsbeispiele, die z. B. mit dem Hinweis »427-4« auf die Pyramide aufmerksam machen oder zu den beiden Worten »vor« und »nach« Mars führen, wie es die letzte Zeile empfiehlt. So läßt sich auch die Versnummer (rückwärts lesen und ohne Null) mit der bekannten Schlüsselzahl 4713 verrechnen.

Ein deutliches Signal setzt auch 273 − 4713 = 4440, womit das Jahr 1999 (444 + 1555 = 1999) erneut eindrucksvoll bestätigt wird. Die uralte biblische Prophezeiung »*Tausend und noch mal Tausend*« findet in diesem Vierzeiler also ebenfalls ihre deutliche Bestätigung.

Was aber wird − nach Nostradamus − im Sommer dieses Jahrtausendwechsels auf die Menschheit zukommen? Einzelheiten sind hier kaum deutbar. Für Eilenberg/Kraus fallen zwei Ereignisse zusammen: Ein gigantischer Himmelskörper aus dem All versetzt die Menschheit in Angst und Schrecken. Gleichzeitig unternimmt das »Großreich der Chinesen« den Versuch, Asien und Europa zu unterjochen. Das Menschengeschlecht − so die Autoren − wird zu einem Drittel vernichtet.

Für die meisten anderen Autoren wird hier Geburt oder Machtergreifung des geheimnisvollen »Chiren« (Heinrich der Glückliche) beschrieben, der die Truppen des Islam (nach anfänglichen Mißerfolgen) schließlich völlig vernichtet und zum Retter der Christenheit wird.

Das im Klartext geschriebene Datum (113° oder 114° astrologischer Zeit), also der 14./15. Juli 1999, wird mehrmals bestätigt. Was jedoch mit dem »großen Schreckensherrscher, der vom Himmel kommt«, gemeint ist, bleibt vorerst im Dunkel der Prophezeiung. Ich habe mir zwei Nächte lang die Zähne daran ausgebissen, herauszufinden, welcher Natur denn nun dieser Schreckensherrscher sein mag. Leider ohne Erfolg. Wir sind also auf bloße Vermutungen angewiesen.

Diesem Vers kommt darüber hinaus eine große Bedeutung als Wendepunkt in der Nostradamus-Geschichte zu. Da sich die offenen Daten genau mit den Berechnungen decken und das Jahr 1999 somit unmißverständlich feststeht, wird am Ende dieses Jahres ein für allemal klar sein, ob Nostradamus lediglich Vermutungen, Hypothesen und biblische Prophezeiungen niederschrieb – wenn nämlich das Jahr ruhig verläuft und nichts von dem Angekündigten eintrifft – oder, falls sich der Vers eindeutig durch ein entsprechendes Ereignis erfüllen wird, daß seine, Nostradamus', Informationen geschichtliche Tatsachen sind, die nur aus einer zukünftigen Zeit stammen können.

Sollte das so klar angekündigte Ereignis nicht eintreffen, kann man das Thema Nostradamus getrost für alle Zeiten zu den Akten legen, und auch dieses Buch wäre nichts als der Beweis, wie leicht das Experimentieren mit Zahlen und Buchstaben eine trügerische Eigendynamik gewinnt, die auch den ehrlich um Wahrheit bemühten Geist beängstigend rasch in die Irre führt.

Juli 1994 und März 1998
(Entschlüsselte Textversion!)

6/97
Fünf und vierzig Grad wird der Himmel brennen,
Feuer nahe der großen, neuen Stadt.
sogleich schießt eine große, ausschlagende Flamme hervor,
wenn man die Normannen auf die Probe stellen möchte.

Rudolf Putzien sah hier den Fall von Berlin im Jahr 1945 (er deutete den Breitengrad als Hinweis für das Jahr »45«); van Loog (1918) vermutete hinter dem Vers eine Schlacht zwischen Italienern und Franzosen. Für Charles de Fontbrune fällt der Vers in den Dritten Weltkrieg (die Russen vernichten die Stadt Genf in der Schweiz). T. Pakraduny verlegte das Ereignis, wie Putzien, ebenfalls in den Zweiten Weltkrieg (Atombomben auf Hiroshima und Nagasaki).

Tatsächlich ist der Vers jedoch in unserer Zeit anzusiedeln: Das Datum wird hier einmal auf Juli 1994 (55307) und erneut ins Jahr 1998 (55703) gelegt. Der angegebene Breitengrad von 45 wurde in Worten geschrieben. Zwischen der »fünf« & »vierzig« (»Cinq & quarante«) befindet sich das Additionszeichen »et«. Die Addition der entsprechenden Buchstaben-Zahlen führt zum Breitengrad 34 bzw. 34,7.

Das Ereignis wird zwar etwas durch das Wort »Tora« (jüdisch/Israel) konkretisiert, läßt sich aber im voraus nicht klar deuten (der 34. Breitengrad läuft durch das Angrenzerland Libanon oder durch Argentinien!). »Argent« könnte somit als Kürzel für Argentinien, oder für französisch = »Geld/Silber« stehen. (1994 erfolgte in Argentinien ein Bombenanschlag auf ein israelisches Kulturzentrum bei dem nahezu hundert Personen starben. Tagelang suchte man in den Trümmern nach Toten und Verletzten. Die Leichen wurden nach Israel überführt).

Das Beispiel zeigt, wie schwierig es ist, selbst relativ leicht zu dechiffrierende Ereignisse im voraus konkret zu begreifen. Mit »Adera« könnte die israelische Stadt »Hadera« gemeint sein. In welchem Zusammenhang aber z. B. die »Normannen« (nördliches Europa) in Verbindung mit Israel eine Rolle spielen werden, weiß man sicherlich erst, nachdem auch das Ereignis im Jahr 1998 eingetroffen ist.

1997 oder Juli 2000?

1/63

Die vergangenen Greuel dezimierten die Erde.
Lange Zeit Friede auf der entvölkerten Welt.
Man reist sicher durch Himmel, Erde, Meer und Wellen.
Dann entstehen von neuem die Kriege!

Im Gegensatz zum vorangegangenen Vers, wo die Jahreszahl zwar relativ leicht zu ermitteln ist (siehe auch »pi« im letzten Wort), die textliche Aussage aber dechiffriert werden mußte, ist hier der Text zwar relativ klar, aber die Daten sind nicht leicht zu ermitteln. Sie könnten recht leicht zu Trugschlüssen und falschen Interpretationen führen.

Im ersten Kapitel wurde dieser Vierzeiler schon einmal zitiert, um die gewaltige Bandbreite zu demonstrieren, in der die verschiedenen Autoren das Ereignis und die Zeit anzusiedeln versuchten.

Von einer langen vorausgegangenen Friedenszeit nach einem verheerenden Krieg (1945 und Nachkriegszeit) wird hier gesprochen. Eine Periode, die durch Ferien, Flug-, Schiffs- und Landreisen geprägt wird. Freizeit und Urlaub bestimmen das Leben der Menschen immerhin so prägnant, daß man es – später, wenn dieses Buch geschrieben wird – deutlich hervorhebt. Tatsächlich reisten wohl in keiner anderen Zeit zuvor Jahr für Jahr so viele Millionen Menschen in entfernt liegende Urlaubsländer, an die Meere und Strände anderer Länder und Kontinente wie in unserer Gegenwart.

Daß diese Reisewelle hier so deutlich hervorgehoben wird, bedeutet aber auch, daß die sorglosen Zeiten, in denen Urlaub, Ferien und Freizeit groß geschrieben wurden, irgendwann einmal der Vergangenheit angehören. Goldene, unbeschwerte Zeiten, von denen man in jenen Jahren, in denen dieses Buch auf die Zeitreise geschickt wird, nur noch wehmütig träumen kann.

Berechnet man das dritte Wort mit der Schlüsselzahl 4713 (wie es die Versalien am Zeilenanfang andeuten), zeigt sich ein deutliches Datum 700445 – also Juli 2000. Andere Berechnungen führen ins Jahr 1997, wo ein Datum im europäischen Herbst (17. September 1997?) das Ende dieser sorglos schönen Zeit einleiten könnte.

Juli 1994 bis 1998
(Entschlüsselte Textversion!)

1/61
Die elende, unglückliche schwarze Republik,
ungeheuerlich durch die neue Obrigkeit!
Große Anhäufung am unheilvollen Verbannungsort,
bringt die Schwaben dazu, ihren großen Vertrag zurückzunehmen!

Der Vierzeiler beschreibt Ereignisse, die irgendwann im Jahr 1994 beginnen und bis in den Monat April 1996 (?) hineinreichen sollen. Die letzte Zeile muß im Klartext nicht unbedingt verbindlich sein. Hier wird von 1,121 Millionen Menschen gesprochen, die im Jahr 1994 (553) ins (999 = »up 14«) Exil getrieben werden. Am Beginn der gerasterten Zeile steht das französische Wort für »Wasser« = »eau«, durch das zweite Raster (F 159311) wird man zum Wort »miserabel« gelenkt, also »schlechtes Wasser«.
Das Datum von 142 (Anfang August) oder 124 (Ende Juli) kristallisiert sich relativ klar heraus. Der Name des Landes soll in der Pyramide verborgen sein (Rechne »nouveau«, lese: »use 435«). Sollte es erneut ein zweites Biafra geben? Mit weit über einer Million vertriebener, hungernder und durstender Menschen? Die Jahresangabe von 1994–1996 wird jedenfalls sehr deutlich aufgezeigt. Es scheint, daß es sich hier um die schrecklichen Ereignisse im afrikanischen Ruanda handelt. Der Name hebt sich als

RUANDE deutlich in der Pyramide ab. Im Sommer 1995 –
zur Zeit, als dieses Buch abgeschlossen wurde – schien
sich die Lage etwas beruhigt zu haben. Dennoch ist bis in
die ersten Monate des Jahres 1996 von weiteren Massa-
kern die Rede.

Ob die »Schwaben« (die Deutschen) in dieser Zeit (wegen
dieser Ereignisse, oder aus anderen Beweggründen) »einen großen Vertrag zurücknehmen«, (Militär, UNO, Wirt-
schaftssanktionen, Entwicklungshilfe o. ä.), oder ob es sich
hierbei nur um eine Floskel handelt, die das Fundament
des Rasters bildet, wird sich – wie alles andere – erst zeigen, wenn das Ereignis stattgefunden hat. In diese Zeit fiel
die deutsche Entscheidung, sich nun auch militärisch bei
NATO-Einsätzen zu beteiligen.

Hier nun die Pyramide, in welcher der Name der »erbärmli-
chen unglückseligen Republik« RUANDA enthalten ist. Unten: »3 Les« und ab 3. Position (s) 1 Era 9353 – 4713 = 440
(1995) oder 11 Era und auf 11 »Era 1 = 5453 (- 4713 = 74 –
4713 = 439 bzw. 1994) !

				L				
			S		S			
		E		R		Ⓐ		
	L		E		Ⓤ		Ⓡ	
F		Ⓔ		R		A		S
U		E		Ⓓ		Ⓝ		-		-

Das Jahr 2004 oder (24. April?) 2002

1/17
Vierzig Jahre wird man keinen Regenbogen sehen,
vierzig Jahre lang nur kraftlose Tage!
Die Erde verdorrt in zunehmender Trockenheit,
und große Fluten, in einem Augenblick!

Eines der traurigsten Kapitel der Menschheit nimmt im Jahr 2002 oder 2004 (vermutlich in Rußland?) seinen Anfang. Da im dechiffrierten Text auch »Uran-239« erwähnt wird (Plutonium), haben die vierzig Jahre mit den »kraftlosen Tagen« sicherlich keinen symbolischen Charakter (schlechte wirtschaftliche Verfassung des Landes o. ä.), sondern sie weisen konkret auf eine Veränderung der klimatischen Gegebenheiten hin. Es ist kaum anzunehmen, daß diese Voraussage ausschließlich Rußland betrifft. Die Vermutung liegt nahe, daß sicherlich auch die angrenzenden Europäer und asiatischen Länder unter den Auswirkungen leiden werden (ein Atomunfall in militärischen Einrichtungen, Reaktor-Supergau, Atombombe, ein Unfall bei der Herstellung, oder der Entsorgung von Plutonium o. ä. wäre denkbar.)
Trockenheit, bis hin zur Dürre, dann wieder enorme Regenfälle, die das Land binnen kürzester Zeit unter Wasser setzen, künden in diesem drastisch geschilderten Vierzeiler furchtbare Zeiten der Armut, der Verelendung und eine anhaltende Epoche des Massensterbens an. Leider verrät uns diese Voraussage (bis auf den Hinweis »Uran-239«) nichts über die Ursachen der klimatischen Veränderungen. Ob sie in Rußland selbst liegen oder das Land nur besonders schlimm unter den Auswirkungen zu leiden hat, ließ sich nicht herausfinden.
Andere Berechnungen – dann entfiele Rußland als Verursacher – zeigen eine Periode ab 1999,3 (siehe 4. Wort, über das letzte Wort der 2. Zeile »4 nu«). Die trennenden

Häkchen im Wort verwirren leider etwas. Gemeint sein könnte 1999 plus 3 = 2002, oder »Mai 1999 (+3?)«.
Was immer sich auch um diese Zeit ereignen wird – die Auswirkungen werden bis weit über das Jahr 2030 spürbar sein.
Trotz der nachfolgenden entschlüsselten, aber noch schwer begreifbaren Textformen, aus denen reale Daten nicht herauszulesen waren, wird man die Texte wohl verstehen, wenn die Ereignisse eingetroffen sind. Es sind entschlüsselte Voraussagen, die sich auf unsere Zukunft beziehen.

Mit 16 und 2311(?),
in der polnischen Regentschaft
rasch durch den Tod beendet.
Es raucht 244 838 über der Stadt der Trauer,
ob der 14. (Löwe) folgt?

Charmant erklärt er sich den Menschen.
Alles, was sie hören wollen, verspricht er,
ruchlos nur an seine Ziele denkend.
Tränen und Tod folgen 5379 in fünf Jahren!

Abermals geschieht es:
O welch ein Entsetzen verbreitet er!
Pest, Hunger und Krieg sind die Folge,
obwohl er 74024 das Gegenteil verspricht!

Licht und Schatten wechseln zu schnell,
in den Regionen der »OTAN« (?).
Es kommt zu Veränderungen in der Gruppe.
Schwaben und England einigen sich 69557 nicht.

Das Jahr 2002

2/46
Nach dem großen menschlichen Zwist
bereitet sich noch Schlimmeres vor.
Der große Regent erneuert die Jahrhunderte.
Regen, Blut, Milch, Hunger, Feuer und Seuchen.
Vom Himmel kommt ein langer Feuerschweif.

Die Entschlüsselung des Textes beschränkt sich lediglich
auf die Wiederholung der Jahresangabe. Die Ereignisse im
voraus zu deuten, fällt daher nicht leicht.
Für Rudolf Putzien wird hier der Beginn des Wassermann-
Zeitalters (Beweger der Jahrhunderte) angesprochen. Im
»funkenartigen Feuerstreifen« versteht er den Einsatz von
Atombomben und anderen Kampfstoffen, was auch der
Franzose Jean Charles de Fontbrune vermutet. Das Autorenteam Eilenberg/Kraus sieht darin eher einen herabstür-
zenden Planetoiden, der nach dem Abkippen der Erde unseren Mutterplaneten rammt. Kurt Allgeier erkennt hinter
den Zeilen – wie die meisten anderen Autoren – den Ausbruch des Dritten Weltkriegs, den er für die Zeit kurz vor der
Jahrtausendwende kommen sieht.
Welche der Interpretationen sich letztlich bewahrheitet,
bleibt vorerst abzuwarten.
Das Jahr errechnet sich recht schwierig. Mit der Schlüsselzahl 4713 (durch die Anfangsbuchstaben signalisiert, von
unten nach oben zu lesen – 1, 7, 3 mache 1) führt »Apres«
über das 4. Wort »humain« schließlich zum Jahr 2002 und
den Monat März.
Nach anderen Berechnungen ist das Ereignis ebenfalls im
Jahr 2002 zu erwarten. Ein Tagesdatum wird mit 299 angegeben. Auf dem astrologischen Meßkreis wäre das der 20.
Januar 2002! Die Zahl 299 könnte aber vielleicht auch offen
auf den 29. 9. im Jahr 2002 hinweisen.

Das Jahr 2014:
AIDS weiterhin eine ungebändigte Volksseuche!

5/72

Wegen des Vergnügens, durch das Gesetz der Sinnlichkeit,
mischt man Gift in das Gesetz.
Die Liebe (Venus) wird so zur Tugendhaftigkeit aufsteigen,
die aussichtslos alles in der Sonne enthält.

Der fürchterliche Immunschwäche-Virus grassiert weiter!
Trotz Warnungen, Aufklärungen und den Appellen von Wissenschaftlern und Politikern fordert AIDS in so hohem Maße Opfer, daß es im Jahr 2014 zu harten, gesetzlichen Maßnahmen kommt. Die gegenwärtig noch so »freie« Liebe unterliegt dann harten Regeln, so daß Sexualität – ständig von der Angst begleitet – wieder sittsam und tugendhaft im traditionellen Sinne wird.

Dies könnte bedeuten, daß sich die Entfaltung sexueller Triebe und Leidenschaften ausschließlich auf »auserwählte« Menschen reduziert, die den Beweis antreten können, absolut frei von AIDS zu sein. Wer sich leichtsinnig und ohne schützende Vorkehrungen zu treffen auf sexuelle Abenteuer mit Partnern einläßt, die diesen Nachweis nicht erbringen können, muß mit harten Strafen, Aussonderung und Isolation rechnen. Möglich wäre auch die Zwangssterilisation von HIV-Trägern, Kastration oder die Entstehung riesiger AIDS-Gettos – unzugänglichen Zonen, aus denen es für die Erkrankten kein Entrinnen mehr gibt.

Was immer uns dieser Vierzeiler mitzuteilen hat und welcher möglicherweise andere Sinn in ihm steckt – die Aussichten für unsere Kinder und Enkel, ihre Triebe ausleben zu können, scheint in einer ohnehin schon durch Klimakatastrophen gebeutelten Welt mehr als düster zu sein!

Der letzte Satz, »daß alles aussichtslos in der Sonne enthalten ist«, befremdet zunächst. Wenn man jedoch das »rein zufällig« kursiv geschriebene »S« im Wort »Sonne«

(»Soleil«) beim schräg gesetzten »S« beginnend berechnet und damit ebenfalls im Jahr 2014 landet, versteht man den Hinweis besser. (Ab 2012 Zuspitzung der Gefahr!) Was in diesem Jahr konkret passiert, läßt sich aus dem Vierzeiler nicht herauslesen. Wir sind also auf Hypothesen und Spekulationen angewiesen.

Ab März 2009

3/05
Ziemlich langes Gebrechen von beiden großen Lichtern,
was zwischen April und März beginnt.
Oh, welche Verteuerung! Doch zwei große Gutherzige;
durch Land und Meer unterstützen sie alle Seiten.

Spricht der Seher hier von einem »Fehler an Sonne und Mond«, also jenen beiden Himmelskörpern, die von der Erde aus betrachtet, unsere größten Nachbarn im All bilden? Für die meisten Autoren wird hier klar eine länger anhaltende, kosmische Katastrophe geschildert. Lediglich Jean Charles de Fontbrune sieht in diesem Vierzeiler »eine Verknappung der beiden edelsten Metalle (Gold und Silber), welche zwei hochgeborene Staatsoberhäupter dazu veranlaßt, über Land und Wasser Hilfe zu bringen«.
Die Autoren Eilenberg/Kraus vermuten einen gigantischen Planetoiden, der sich zwischen April 1999 und März 2000 todbringend der Erde nähert. Zwei Länder, auf Hochplateaus gelegen und daher weniger stark betroffen, helfen dann den Unglücksnationen im Rahmen ihrer Möglichkeiten.
Für Rudolf Putzien kommt es in »der Endphase des Dritten Weltkrieges zum Masseneinsatz von Atombomben und einer Verdunkelung durch radioaktive Wolken« und in der Konsequenz zur Lebensmittelknappheit. Er sieht in den zu Hilfe eilenden Nationen die Länder Argentinien und Kana-

da. Ich kann mich nicht besonders für diese Interpretation erwärmen. Einen Masseneinsatz von Atombomben schildert man sicherlich anders. Möglich wäre allerdings, daß es zu einer spürbaren Verdunkelung von Mond und Sonne kommt, wobei die Ursachen in diesem Vierzeiler aber nicht aufgeführt werden. Eher – das ist meine spekulative, sehr persönliche Überlegung – handelt es sich hier um ein örtlich (wenn auch nicht eng) begrenztes Desaster zweier führender Nationen in der Welt. Da andere Länder durchaus in der Lage sind zu helfen, ohne daß sich dabei deren eigene Vorräte erschöpfen, ist die Katastrophe eingegrenzt. Beim »letzten Überlebenskampf« nach einer globalen Katastrophe würde das Individuum Mensch sicherlich rasch den Beweis antreten, daß sich jeder selbst der Nächste ist und gewiß nicht die letzten knappen Reserven und Vorräte in christlicher Nächstenliebe mit anderen teilt.

Das Jahr 2017

Im unbewohnten Himmel (All),
beobachten die Menschen den Krieg!
Der Himmel spricht,
man sieht den Ball umhereilen!

Dies ist eine dechiffrierte Textfassung für ein Ereignis, daß sich im Jahr 2017 gewissermaßen direkt vor unserer kosmischen Haustür abspielen wird. Bedrohlich nah genug, daß man die Geschehnisse verfolgen kann. Kämpfen die Menschen selbst im Kosmos, oder ist der herumeilende »Ball« am Himmel ein gigantisches interplanetarisches Kampfschiff? Eindringlinge aus einem anderen Sonnensystem, die von unseren »Beschützern« – vielleicht von unseren Stammvätern, deren Raumschiffe so oft gesichtet werden – abgewehrt werden? Oder was sonst könnte sich da vor unseren Augen abspielen?

Die Textfassung ist ziemlich korrekt wiedergegeben. Ob die Auslegung des Vierzeilers richtig ist, wird sich erst zeigen müssen. Meines Erachtens läßt der recht klare Text kaum eine andere Interpretation zu.

September 1999 oder Anfang März 2004

10/55
Die unglückselige Hochzeit wird feierlich und in großer Freude zelebriert, aber das Ende ist unglücklich.
Der Vermählte und die Mutter verachten die Schwiegertochter.
Der »Phybe« tot, und die Schwiegertochter noch kläglicher.

Durch die auffallend falsche Schreibweise der »Hochzeit« (französisch= »no-ces«), wo der Seher glatt ein markantes »P« mitten ins Wort plazierte (Hinweis auf das 7. Wort »joye«) kommt Licht in diese Angelegenheit. Das Ergebnis von 426 (+ 1555) führt ins Jahr 1981, wo am 29. Juli die Prunkhochzeit von Prinz Charles und Lady Diana (Lady »Di«) stattfand. 750 Millionen Menschen verfolgten das feierliche Spektakel über die heimischen Fernseher, während einige Hunderttausend in London den Weg zur St.-Pauls-Kathedrale säumten, um diesem einmaligen Schauspiel beizuwohnen.

Das überraschende Aus für diese nach außen hin immer harmonisch scheinende Ehe erfuhren die Engländer am 9. Dezember 1992 durch ihren Premierminister John Major. Der »Ehestreit« wurde öffentlich ausgetragen und ging via Presse im wahrsten Sinne des Wortes bis unter die Gürtellinie. Dianas Auszug aus dem königlichen Schlafgemach wurde von Charles und seiner Mutter mit tiefstem königlichem Groll honoriert – ein schwarzes Jahr für Englands Monarchie.

Das vom Seher wohl nicht grundlos eingesetzte Phantasiewort »Phybe« läßt sich heute noch nicht deuten. Prinzessin

Diana starb am 31. August 1997, das ist der 159. Tag im astrologischen Meßkreis. Dieses im Voraus kaum zu deutende Datum ergibt sich durch den letzten Satz im Vierzeiler, wo man den Hinweis findet, ab dem 7. Wort in Vers 3/75 die Buchstaben O-I-T zu lesen. Als Ergebnis erhält man dann »TOD 442« (plus 1555 = 1997) und 159 für den 31. August diesen Jahres.

```
I G T R O R D S N H M D S
I   T   O   D   N   M   S
    2       4       4
9       –       5       1
```

Das Jahr 2001 oder 2014

1/82
Wenn die Säulen des großen Waldes zittern,
vom heißen Wind mitgeführt, und überzogen mit roter Erde,
werden Versammlungen außerhalb von vielen gemieden.
Wien und die Länder Österreichs erbeben.

Umweltkatastrophe, Baumsterben – ein Erdbeben in Österreich? Oder spricht der Seher hier von Krieg, chemischen Kampfstoffen und allgemeiner Verseuchung? Dr. N. Centurio, der 1953 noch nichts vom Baumsterben und einer gefährdeten Umwelt ahnen konnte, verlegt den Vierzeiler in den November 1918, wo Österreich »mit dem Leichentuch« bedeckt worden sei. Die sozialdemokratische (rote) Regierung habe das schreckliche Erbe des Hauses Habsburg in diesem Jahr angetreten. Hunger und Entbehrungen (Österreich erbebt) seien danach in Wien eingezogen.
Rudolf Putzien sieht das Ereignis noch weiter in der Vergangenheit: Im Jahr 1683 seien rund 200 000 Türken bis nach Wien vorgedrungen, das von einem armseligen Häuflein von 22 000 Soldaten verteidigt wurde.

Durch die vielen Übersetzungsmöglichkeiten und deren Auslegungen (die zweite Zeile könnte etwa auch mit »vom Wind durch List verdeckt« übersetzt werden), läßt sich der offene Text tatsächlich nur sehr schwer interpretieren. Eine Berechnung scheint, wie von Rudolf Putzien angenommen, wirklich ins Jahr 1683 zu führen.

Die Frage, ob dieser Vierzeiler nun der Vergangenheit oder der Zukunft angehört, läßt sich eigentlich nur dadurch beantworten, daß Nostradamus den Einfall der Türken in Österreich vermutlich anders geschildert hätte. Die Berechnungen führen ins Jahr 2001.

Das Jahr 2001 oder 1997

4/80
Nahe des großen Flusses werden große Erdgräben verlegt.
In 15 Kanäle wird Wasser verteilt.
Die Stadt eingeschlossen, Feuer, Blut, Schreie,
ein trauriger Konflikt.
Und der größte Teil ist von dem Zusammenstoß betroffen.

Mit der Interpretation dieses Vierzeilers sind sich alle mir bekannten Nachkriegs-Nostradamus-Autoren gewissermassen einig. Für sie stellt der Text eine »raffinierte Umschreibung der Maginotlinie im Zweiten Weltkrieg« dar (Schützengräben und Bunkeranlagen der französischen Truppen gegen die anrückenden Deutschen). Nur Centurio erkennt hier »kolossale Internierungslager«, in denen nach dem Fall von Aachen Millionen deutscher Gefangener (1945) untergebracht waren und wo angeblich ein großer Mangel an Wasser herrschte. Für James Laver, der ebenfalls zur Maginotlinie tendiert, umschreibt der Seher mit dem Wort »Wasser« die deutschen Truppen. Mit den beiden letzten Sätzen seien die vielen Schlachten gemeint, nachdem Hitler die französische Verteidigungslinie umgangen hatte.

Nun wurde die Maginotlinie, die man ganz sicher nicht mit »15 großen Erdgräben« vergleichen kann, weder mit Wasser überflutet noch die Stadt (nach Meinung der Autoren »Paris«) mit Feuer, Blut, Schreien und Gemetzel eingenommen. Paris »fiel« kampflos, und Hitlers Truppen haben die Maginotlinie einfach umgangen. Nur vierzehn Tage nach diesem strategischen Trick ließ sich Hitler bereits im offenen Wagen durch das nächtliche, schlafende Paris chauffieren. Kein Blutbad also.

Spricht der Seher hier von einem gigantischen Wasserkraftwerk? Brasilien und Paraguay besitzen derzeit gemeinsam das größte Wasserkraftwerk der Welt (Itaipú) mit einer Breite von über 7 Kilometer und 15 gigantischen Turbinen und Wasserüberläufen. Jede einzelne dieser Turbinen erzeugt soviel Strom wie ein mittleres Atomkraftwerk in Europa! Ähnliche Projekte existieren oder entstehen in den USA, der Schweiz und einigen anderen Ländern.

Das Jahr 2002 (Dezember?)

10/89
Mit Steinen aus Marmor werden die Mauern wieder aufgebaut.
57 Jahre Frieden. Freude unter den Menschen,
die Wasserleitungen erneuert, Gesundheit,
große Früchte, Freude und eine zuckersüße Zeit.

Es scheint, daß der Mensch nur selten erkennt, wie gut es ihm geht. Wie sonst hätten so viele Autoren diesen Vierzeiler, der den gegenwärtigen Zustand unserer westlichen Zivilisation nicht treffender schildern könnte, in eine mehr oder weniger entfernte Zukunft verlegen können? In mehr als zehn Büchern wird verzückt von der herrlich paradiesischen Zeit unter dem geheimnisvollen »Großen Chiren« geträumt, der nach einem gewaltigen Krieg (entweder gegen den Islam, oder – will man Rudolf Putzien glauben –

nach dem fürchterlichen Krieg zwischen England und Frankreich) endlich das ersehnte Paradies auf die Erde bringt. Daran, daß wir, realistisch betrachtet, derzeit vielleicht in diesem Schlaraffenland leben könnten, wurde in den Deutungen zu diesem Vers kein einziger Gedanke verschwendet!

Nicht nur die Berechnungen mit der Schlüsselzahl 4713 führen über die Versalien ins Jahr 447 (plus 1555) und zum Jahr 2002. Neben deutlichen anderen Ergebnissen, die das gleiche Jahr anzeigen, beschert der sehr offene Hinweis im Klartext, »57 Jahre Frieden«, punktgenau das gleiche Ergebnis! Vom Ende des Zweiten Weltkriegs (1945) sind es präzise 57 Jahre bis zum Jahr 2002!

Die textliche Aussage ist so klar und offen, daß sie keiner weiteren Interpretation bedarf. Wir leben jetzt in dieser so von den Autoren herbeigesehnten Zeit! Danach wird es Einbußen geben, denn sonst wäre das 57. Jahr sicherlich nicht so deutlich hervorgehoben worden. Die süße Zeit der »großen Früchte« scheint kurz nach der Jahrtausendwende ihr jähes Ende zu finden.

1995 Juli bis 2002

1/92
Einer besänftigt alle zum Frieden,
aber nach kurzer Zeit, kommt es zu Plünderungen und Revolution.
Durch die Zurückweisung werden Städte, Land und Meer angegriffen.
Tote und Gefangene, das Drittel von einer Million.

Bis auf Dr. Max de Fontbrune, der in diesem Vierzeiler Parallelen zum Krieg zwischen Deutschland und Frankreich unter Napoleon sah, erkennen die meisten Autoren hier eine Schilderung der wiederholten Vertragsbrüchigkeit Adolf

Hitlers. Mit rund 330 000 Toten und Gefangenen käme dann allerdings die Napoleon-Interpretation näher an die tatsächlichen Ereignisse heran.

Die Berechnungen der Versalien scheinen jedoch auf ein zukünftiges Ereignis im Jahr 2002 zu verweisen. Vielleicht ist dieser Vers sogar als Anschluß an den vorangegangenen Vierzeiler 10/89 gedacht, der ja ebenfalls – nach einer 57jährigen Zeit des Wohlstands und relativen Friedens – auf das Jahr 2002 hinweist.

Über die Versalien (mit 4713 berechnet) erscheint aber auch das Jahr 440, also 1995. Dieses Jahr wird noch einmal deutlich erwähnt, wobei dann die »7« als Monat Juli angesehen werden müßte. In diesem Fall könnte es sich bei der Beschreibung um die Geschehnisse in Jugoslawien handeln, das seit 1992 unter den Auseinandersetzungen zwischen Serben, Kroaten und Moslems leidet.

Ob der inzwischen auf Druck der NATO erzwungene Frieden von Dauer sein wird, läßt sich zum Redaktionsschluß dieses Buches nicht absehen. Vieles weist jedoch darauf hin, daß die Voraussagen des Sehers eintreffen werden: Der mühsame Frieden wird nicht von Dauer sein. Es wird zu neuen, heftigen Ausschreitungen und Übergriffen kommen, die zahllosen Menschen das Leben kosten werden.

Das Jahr 2001 oder (Juni) 1997

4/45
Wegen des Konflikts legt der Regierungschef sein Amt nieder.
Der noch Mächtigere ist schwach in seinem Werk.
Verfolgt vom Tod entkommen nur wenige.
Alles wird zerstört – einer wird es bezeugen!

Viele sehen in der Schilderung das Aufeinanderprallen von Napoleon III. und dem deutschen Kaiser Wilhelm I., bei dem mehr als eine halbe Million Soldaten während des

236

Winters einer Grippeepidemie zum Opfer fielen. Kurt Allgeier und Jean Charles de Fontbrune vermuten dagegen richtig, daß der Vierzeiler ein Ereignis aus der Zukunft beschreibt. Allgeier erkennt in der Beschreibung den amerikanischen Präsidenten, der sich nicht in der Lage sieht, einer anderen Nation zu Hilfe zu kommen, weil sich die USA selbst in finanziellen Schwierigkeiten befinden. Europa müsse sich selbst helfen, was in eine mörderische Auseinandersetzung ausarten werde. Für Fontbrune befinden sich, am Ende der »Fünften Republik«, die Sowjets in einer wirtschaftlichen Krise, würden zugrunde gehen und schließlich niedergemetzelt werden.

Das tatsächliche Jahr läßt sich nicht genau festlegen. 1997 (Juni?) ist nicht ganz auszuschließen, wahrscheinlicher ist aber, daß das Ereignis im Jahr 2002 – vermutlich im April oder Februar – stattfinden wird, also in die ersten vier Monate des Jahres 2002 fällt. Hinweise auf die Personen oder das Land konnte ich nicht herausfinden. Allerdings ist der Hinweis, »einer würde die Geschichte bezeugen«, relativ nebensächlich. Es wäre daher möglich, daß in diesem Satzteil ein Name verborgen ist, der sich heute aber noch nicht konkret fixieren läßt. Sich hier festzulegen, ist aus heutiger Sicht absolut unmöglich.

Ab 1996?

5/92
Nachdem einer den Stuhl 17 Jahre innehatte,
wechseln Fünf im gleichen Zeitraum.
In der gleichen Zeit wird einer erwählt,
der mit den Römern nicht sehr konform geht.

Sollte in diesem Vierzeiler von mehreren Päpsten die Rede sein?
Einige wichtige Textpassagen lassen darauf schließen. So

spricht der Seher z. B. davon, daß die Nachfolger gewählt werden, was bei früheren Herrscherhäusern (Königen) nicht der Fall war, da die Erbfolge den künftigen Regenten bestimmte. Wenn hier von verschiedenen aufeinanderfolgenden Päpsten die Rede ist, dann muß dieser Vierzeiler schon aus dem Grund in der Zukunft angesiedelt werden, da es seit dem Erscheinen der ersten Centurien keine ähnliche Konstellation gegeben hat. Kein einziger Papst in den vergangenen 440 Jahren hatte 17 Jahre lang den Stuhl Petri inne, und keinem folgten danach fünf Päpste in den nächsten 17 Jahren.

Im Herbst 1978 wurde Kardinal Karol Woityla (Johannes Paul II.) zum Papst gewählt. Sein 17. Jahr wäre allerdings im Oktober 1995 abgelaufen. Wer immer hier auch gemeint ist, wir würden nach ihm mit fünf weiteren Päpsten rechnen müssen, was einer durchschnittlichen Amtszeit von drei bis vier Jahren pro Papst entspräche. Diese Amtszeit verkürzte sich erheblich, wenn einer der Päpste fünf Jahre oder mehr den Heiligen Stuhl innehätte. Also keine besonders hohe Lebenserwartung für die nächsten gewählten Kardinäle! Besonders der fünfte aus dieser siebzehnjährigen »Serie« könnte sich schon beim Antritt in sein hohes Amt ausrechnen, wann er die Tiara, von der in einem anderen Vers die Rede ist, für immer ablegen muß.

Die Namen sind nur als Kürzel wiedergegeben. Leo XIV. könnte den Reigen der Kurzzeitpäpste eröffnen oder abschließen, zumindest wird er – sollte es tatsächlich Johannes Paul II. sein, von dem in diesem Vierzeiler die Rede ist, unter den fünf nachfolgenden Päpsten zu finden sein. Außerdem wird es in dieser Phase vermutlich zum ersten Mal einen Engländer auf dem Stuhl Petri geben.

2002 bis 2004 (?)

8/14 und 8/28
Die großen Kredite, Gold, Silber im Überfluß
verblendet durch die Sucht nach Erfolg:
Die Trugbilder von Gold und Silber sind aufgebauscht.
Mit der Bekanntgabe werden alle ruiniert und verwirrt.

Hier wird man mit einem Kniff zu zwei Vierzeilern geführt (entschlüsselter Text siehe oben, Berechnungsgrundlagen in den französischen Restzeilen), die den Zusammenbruch von Devisenmärkten, Börsen und des Kreditsystems schildern. Ein Börsen-Supergau nach der Jahrtausendwende? Die gigantischen Verschuldungen in aller Welt können weder mit den Edelmetallen (Gold und Silber) noch mit Wirtschaftswachstum abgebaut werden. Die aufgeblähte Verflechtung von Schulden, Zinsen, Haben und Soll läßt sich nicht mehr rechnen. Ein Zusammenbruch aller traditionellen Handelswerte könnte die Folge sein.

Planet Erde – Der Mensch und seine Umwelt

1995 bis 2036

10/71
Erde und Luft lassen im Jahr 2012
riesige Wassermassen gefrieren, wenn man
damit beginnt, den Donnerstag zu verehren.
Etwas, das niemals so schön war,
aus vier Teilen kommt man, es zu bestaunen.

Ein plötzlicher Kälteeinbruch führt an einem Donnerstag des Jahres 2012 zu einem Naturschauspiel, das man über einen längeren Zeitraum bestaunen kann. Hier spricht der Seher also nicht von Eis, das in Form von Hagel vom Himmel fällt, sondern eher von der »Materialisation« eines gigantischen Eisblocks, der durch ein klimatisches Phänomen entstehen könnte. Möglicherweise kann ein ähnliches Naturschauspiel sogar schon im Jahr 1998 beobachtet werden! Die Menschen strömen aus allen vier Himmelsrichtungen herbei, um dieses Naturphänomen – ein Mahnmal dafür, daß sich in unserer Umwelt einiges drastisch zu verändern scheint – zu bestaunen.

10/70
Kurze Zeit vorher wird sich das Loch wegen des Objekts derart ausdehnen,
so sehr und heftig, daß Schnee fallen wird.
Bewässerte Gegenden schrumpfen,
und jene der am höchsten entwickelten Tierwelt unterliegen dem neuen Frost.

Das französische »l'oeil« (»Loch/Auge«) wurde in der Vergangenheit ausschließlich nur als »Auge« übersetzt. Beide

Übersetzungen – »Auge« und »Loch« sind korrekt. Im Zusammenhang des Gesamttextes gesehen, erscheint es mir jedoch unwahrscheinlich, daß Nostradamus hier von einem Auge spricht, das sich wegen »eines Objekts ausdehnt, wonach es dann zu heftigen Schneefällen kommt«.

Der Seher könnte hier möglicherweise vom Ozonloch sprechen, das – hervorgerufen durch ein Objekt (von unserer Erde?) – in dramatischer Weise weiter aufreißt, wodurch eine einschneidende Klimaveränderung eingeleitet wird. Heftige Schneefälle und Frost in bestimmten Regionen der Erde, verdunstendes Wasser und ein damit verbundenes Absinken des Grundwasserspiegels prägen ein neues Bild unserer Erde. Die Regionen mit der am höchsten entwickelten Tierwelt kühlen erheblich ab und haben künftig mit starken, nie zuvor gekannten Frostperioden zu rechnen – trübe Aussichten.

3/34

Wenn die Zeit des Fehlers an der Sonne kommt,
– im Jahr 2002 (oder etwas früher) –
wird man den ganzen Tag das Monster sehen:
Man wird es vollkommen anders deuten.
Die Verteuerung ist nicht aufzuhalten,
niemand sah es voraus/keiner traf Vorsorge.

Die meisten Autoren übersetzten Teile der ersten Zeile als »Verdunkelung der Sonne« oder daraus ableitend »Sonnenfinsternis« (»...faire défaut«), was aber vom Seher so nicht formuliert wurde. Er spricht ganz klar von einem Fehler oder Gebrechen an der Sonne.

Was er mit dem Wort »Monster« meint, bleibt vorerst unklar, da selbst jene Menschen, die das scheußliche Ding oder das gigantisch-monumentale Phänomen sehen, nicht so recht einordnen können, was sie da eigentlich (am Himmel) beobachten.

Im gleichen Jahr kommt es zu so immensen Verteuerungen, daß sie es immerhin wert sind, in diesem Vierzeiler hervorgehoben zu werden. Solche Entwicklungen treten ein als Folge von Verknappungen an Rohstoffen, Grundnahrungsmitteln oder anderen lebensnotwendigen Bedarfsgütern (z. B.: durch Mißernten in großem Rahmen, durch unvorhersehbare Klimaveränderungen, Staatsverschuldungen, Handelsembargos, Krieg, Inflation u. ä.).

Die beiden Ereignisse fallen zwar ins gleiche Jahr, müssen jedoch nicht Ursache und Wirkung miteinander verknüpfen. Es kann sich also um zwei markante, aber dennoch getrennt wirkende Ereignisse des gleichen Jahres handeln.

6/05
Größte Hungersnot durch die Pestwelle.
Hervorgerufen durch lange Niederschläge im Jahr 2006 – längs des Nordpols.
Samarobryn, 100 Orte der Hemisphäre leben ohne Gesetz, politisch losgelöst.

Die Berechnung der Ereignisse führt zu verwirrenden Ergebnissen, die auch auf eine Zeit (Juli) um die Jahrtausendwende deuten könnten. Das gilt auch für den aufgeführten Namen »Samarobryn«, der die lateinische Schreibweise des französischen St. Amiens (Samarobriva) wiedergibt, nach Meinung der Autoren Eilenberg/Kraus aber auch auf die russische Stadt Kujbyschew (das frühere Samara im innerrussischen Sarmatien) hinweisen könnte, die schlechthin die Zentrale der sowjetischen Industrie sei – eine Interpretation, die man sicherlich nicht aus den Augen verlieren sollte!

Ob von diesem Unheil Frankreich oder Rußland betroffen sein wird oder das Wort »Samarobryn« eine Umschreibung der Ursache darstellt, die wir heute noch nicht deuten können, wird die Zukunft zu klären haben. In rund hundert Gegenden oder Orten unserer nördlichen Halbkugel scheinen in jenem Jahr jedenfalls Chaos und Ausnahmezustand zu

herrschen. Jeder ist sich selbst der Nächste.
Wahrhaft trostlose Aussichten für die Betroffenen!

8/10
Fürchterlicher Gestank liegt über Lausanne
im Jahr 2004 oder 2009.
Niemand erfährt die Ursachen,
die Bevölkerung wird für längere Zeit verlegt.
Man sieht Feuer am Himmel,
ein fremdes Volk, mager und entstellt.

Auch die Schweizer haben, wie es scheint, zukünftig weiterhin ihr Umwelt-Päckchen zu tragen. Chemie-Unfall am
Genfer See? Luftverpestung mit einer gigantischen Ge-
stankwolke über Lausanne? Wie so oft in solchen Fällen
will's keiner gewesen sein, und niemand ist zuständig. Ob
die Ursachen einfach nur vertuscht werden oder ob die
staatlichen Stellen wirklich nicht wissen, wem man das De-
bakel zu verdanken hat, läßt sich nicht aus dem Vierzeiler
herauslesen.
Große Teile der Einwohner Lausannes müssen für längere
Zeit evakuiert werden. Ob der letzte Teil des Vierzeilers, wo
von »einem Feuer am Himmel« sowie von einem »fremden
Volk, mager und entstellt« die Rede ist, direkt mit diesem
Ereignis verknüpft ist, läßt sich heute nicht beantworten.

9/48
Die große Stadt, die direkt am Meer liegt,
eingeschlossen von kristallisierten Wasserflächen:
In der Wende des Winters und der ersten Zeit
des Jahres 2006 oder 2012,
wird sie von furchtbaren Stürmen heimgesucht.

Wieder ein Vierzeiler, der ein klimatisches Ereignis besonders hervorhebt! Ein etwas kälterer Winter mit ein paar
Herbststürmen scheidet daher wohl aus. Nostradamus

spricht von einer großen, am Ozean gelegenen Stadt, die –
in wortgetreuer Übersetzung – von »Kristall-Pfützen/Tümpeln umgeben/eingeschlossen« ist. Für die Autoren Eilenberg/Kraus wird hier die Stadt New York (»umgeben von einem Sumpf von Glasfassaden«) umschrieben, die in einem
»Feuersturm« untergeht. Der gleichen Meinung ist Rudolf
Putzien, der hier jedoch von »kristallklaren Meeresfluten«
spricht. Für ihn wird New York durch den Einsatz einer
Atombombe dem Erdboden gleichgemacht. Manfred Dimde, der aus den »furchtbaren Stürmen« mittels Computer
»Zelte der Verkaufsmacht« zusammenbastelt, sieht hier
nicht den Untergang New Yorks, sondern eher das genaue
Gegenteil davon: den Aufstieg der Stadt ab (1948) zum
Welthandelszentrum Nummer eins.
Centurio erkennt in dem Vierzeiler die Angriffe deutscher
Fliegerstaffeln auf London im Winter 1940/41, und van
Loog spricht von einer Schlacht um Israel.
Die Stadt festzulegen, ist nicht möglich, es sei denn, die
Buchstaben »CH« sind irgendwann einmal zu interpretieren. Mit der Wahl des Landes scheinen die Autoren Eilenberg/Kraus und Rudolf Putzien richtig zu liegen. Das hier
angekündigte Ereignis betrifft – ziemlich wahrscheinlich –
eine am Meer gelegene Großstadt in den USA!

5/98
Am 48. Breitengrad, 63. Stufenjahr,
am Ende des Sternzeichens Krebs,
herrscht im Jahr 2016 eine riesige Dürre.
Fische werden im Meer, den Flüssen und Seen
schwindsüchtig gekocht.
Bearn. Bigorre wegen des Feuerhimmels im Elend.

Das Flüßchen Luy de Béarn und das Nachbarstädtchen
des Wallfahrtsortes Lourdes, Bigorre – beide auf der französischen Seite am Fuße der Pyrenäen –, werden sicherlich nicht, wie einst Eduard Roesch und Rudolf Putzien ver-

muteten, Zielpunkte von Atomraketen sein. Van Loog sah hier »brennende kosmische Massen« vom Himmel stürzen, legte sich jedoch nicht zeitlich fest.

Der markante Punkt hinter dem Wort »Bearn.« deutet auf eine Abkürzung hin, eher noch (ab dem Punkt von rechts nach links zu lesen!), daß man hier mathematisch vorzugehen hat. »Bigorre« richtig in Zahlen umgesetzt und mit der Schlüsselzahl verrechnet, führt schließlich ebenso zum Jahr 2016 wie die Berechnung der Versalien (+ 4713). Die letzte Zeile lautet daher richtiger: »Das Jahr 2016 wegen des Feuerhimmels im Elend!«

Mit der Bezeichnung »Stufenjahr« (»climatérique«) wurde in der Epoche des Nostradamus ein Zeitraum von jeweils 7 Jahren oder im »Großen Stufenjahr« eine Zeitspanne von 63 Jahren bezeichnet. Die Berechnung von BEARN. X 63 beschert in der Rasterlesung (5..7..5 + 1441) erneut das Jahr 2016!

Auch die Angabe des Breitengrades wurde mit der französischen Schreibweise geschickt als »quarante-huit« (40 − 8 = 32) getarnt. Die Ausrechnung von 32 x 63 (Stufenjahr) zeigt nun das völlig offene Jahr: 2 0 1 6 !

Um den 21. Juli 2016 (Ende des Zeichens Krebs!) wird hier also der Beginn einer so großen Hitze- und Dürreperiode vorausgesagt, daß selbst die Fische in den Seen – wörtlich übersetzt – »schwindsüchtig gekocht« werden! Die wichtigsten Orte, die zwischen dem 47. und 49., also um den 48. Breitengrad, liegen, sind (rund um den Erdball verteilt): Europa: Brest, Le Mans, Paris, Straßburg, Süd-Luxemburg, Mülhausen, Freiburg, der Bodensee, München, Wien, Salzburg und der Süden Rußlands und Asiens. In den USA und Kanada: Seattle, Montana, North Dakota, der Obere See, Quebec, Neufundland usw.

Die Vierzeiler 4/28 bis 4/33

In der vierten Centurie gibt es einen kompletten Block von sechs aufeinander folgenden Vierzeilern (4/28 bis 4/33), der ausschließlich ähnliche kosmische Phänomene bzw. Katastrophen schildert. Diese Verse folgen direkt dem »Pyramiden-Vierzeiler« 4/27. Lesern, die mehr aus den nachfolgend vorgestellten Versen herauslesen möchten, als es der offene Text zuläßt, empfehle ich, aus allen groß geschriebenen Wörtern der sechs Verse eine große, komplette Pyramide (man lese zum Thema Pyramide Kapitel 7) zu erstellen und diese dann mit den einzelnen Versen in Einklang zu bringen bzw. zu vergleichen. Die Pyramide ist auf die Schlüsselzahl 4713 ausgerichtet, was sich unschwer durch die Pyramiden-Mitte (von der Spitze senkrecht nach unten) erkennen läßt. Ansonsten unterliegt dieser Block eigenen Gesetzen und Berechnungsgrundlagen, die sich auf andere Verse nicht anwenden lassen. Die Ergebnisse sind recht genau. Wer die Hinweise in der Pyramide richtig versteht und umsetzt, wird zu den gleichen Ergebnissen gelangen, die ich nachfolgend nur angedeutet habe.

4/28
Dann, wenn Venus von der Sonne verdeckt ist,
verborgen hinter ihrem Schein, eine geheime Form.
Merkur wird sie unter Feuer enthüllen.
Mit kriegerischem Getöse wird im Jahr 2014
ein Handstreich durchgeführt.

Ein rätselhafter Text eröffnet den Block dieser sechs kosmischen Vierzeiler. Die Venus liegt, von der Erde aus betrachtet, hinter der Sonne, kann diese also nie verdecken bzw. in irgendeiner beliebigen Konstellation zu einer Sonnenfinsternis führen, wie einige Autoren vermutet haben!

Viel interessanter ist der Hinweis, daß sich hinter dem Schein der Venus etwas Fremdartiges – eine geheime Form – verbirgt. Was immer das auch sein mag, der Planet Merkur wird diese geheimnisvolle Form »unter Feuer enthüllen«. Der Text ist heute einfach nicht zu deuten. Wo findet der »kriegerische Handstreich« statt? Wer unternimmt ihn?

Wenn das Ganze nicht aus der Sicht des Universums gemeint ist, aus dem ein UFO herannaht, um der Erdbevölkerung im »Handstreich« einen Schlag zu versetzen, dann erscheint der Text auf den ersten Blick recht geheimnisvoll!

Es sei denn, wir Menschen selbst vollbringen in der großen Buchstaben-Pyramide dieses einzigartige kosmische Wunder. Denn erst dann, wenn auch dort die Sonne Venus verdeckt, bekommt alles seinen Sinn und wird nicht nur allein durch das Feuer des Merkur enthüllt.

Wenn man das Rätsel zu lösen versteht, erhält man ein großes Geschenk aus der Zukunft! Man subtrahiert von der richtigen Schlüsselzahl für diesen Block das nackte Jahr 1994 – und erhält auf diese Weise eine Versnummer mit einer messerscharfen Jahreszahl, die sich aus den Versalien des entsprechenden Vierzeilers errechnet und gleichzeitig die Block-Schlüsselzahl bestätigt!

Im vorangegangenen Vierzeiler stimmt (vermutlich) nur, daß wir im Jahr 2014 mit einem schnellen militärischem Schlag irgendeiner Nation rechnen müssen.

4/29

Die Sonne verborgen, verdunkelt wegen Merkur,
wird nur für den 2. Himmel/Vorsehung gemacht.
Vom Vulkan Hermes wird die Speise zubereitet.
Man sieht die Sonne durch weißgelbliche Dämpfe.

Eine Sonnenfinsternis durch Merkur ist absolut unmöglich. Wörtlich genommen führt diese Aussage zu dem Schluß, daß Nostradamus im Drogenrausch alles als phantastische und göttliche Visionen hinnahm, was ihm seine Sinne vorgaukelten. Und dabei mag er gesehen haben, wie sich Merkur vor die Sonne schob und wie sogar der noch gar nicht entdeckte Neptun, der das Schlußlicht in diesem sechsteiligen Planetenblock bildet, nun auch im Zodiak auftauchte.

Will man das so nicht hinnehmen, muß für die ersten beiden Zeilen eine andere Lösung oder Erklärung gefunden werden. So gesehen könnte die erste Zeile an die »Betriebsanleitung zur großen Pyramide« des vorangegangenen Vierzeilers anschließen.

Der Rest des Verses scheint klar zu sein: Gegen Ende der Prophezeiungen erzeugt ein mächtiger Vulkanausbruch eine gigantische Staub- und Schwefelwolke am Himmel, so massiv und dicht, daß die Sonne über weiten Teilen der Erde nur noch als verschwommenes weißgelbliches Licht hindurchzuschimmern vermag.

4/30

Mehr als elfmal wünscht der Mond die Sonne nicht.
Alles vergrößert sich und fällt vom Grad ab.
Ja, so tief, daß man nur wenig Gold zusammentragen wird.
Erst nach Hunger und Seuchen wird das Geheimnis gelüftet.

Von elf Sonnenfinsternissen, die sich über einen längeren Zeitraum erstrecken – also einem normalen geometrisch-optischen Phänomen – ist hier sicherlich nicht die Rede. Elf dunkle Tage (Wochen, Monate oder Jahre) müssen die Menschen ohne Sonnenlicht verbringen. Wieso?

Die Neigung der Erdachse könnte sich verändern. Es kommt zu Verschiebungen, die optische Veränderungen im Kosmos, vielleicht auch auf der Erde, hervorrufen. Die Horizonte wirken nah und ungewohnt groß. Der Mond könnte z. B. der Erde näher als zuvor sein. Seine Nähe und Größe wären dann die Ursache dafür, daß er über lange Zeit hinweg die Sonne verdeckt.

Letzteres würde bedeuten, daß eine kosmische Katastrophe vorausging, die den Mond (oder die Erde) aus der ursprünglichen Bahn kippen ließ und/oder auch die Gravitationskräfte änderte.

Man ist jedenfalls ratlos, kennt nicht die Ursachen. Die bis dahin so gut funktionierende Geschäftigkeit der Menschen, der einst so rege Arbeitsalltag, ist gestört. Handel, Kommunikation, wirtschaftliche Expansionen und alle Betätigungen schlechthin – alles läuft auf Sparflamme (»es ist kein Gold mehr zusammenzutragen«). Hunger, Krankheiten und Seuchen werden in dieser Zeit zum mächtigsten Partner von Angst und Panik. Lange Zeit herrscht Ungewißheit, dann erst findet die Katastrophe ihre Erklärung, wobei man beachten sollte, daß ein »gelüftetes Geheimnis«, wie es in der letzten Zeile formuliert ist, immer voraussetzt, daß das Wissen zwar existent, aber verschlossen ist, bzw. von jemandem zurückgehalten wird.

Das einzig Tröstliche an dieser Voraussage ist der Umstand, daß diese Epoche nach – hoffen wir auf eine kleine Zeiteinheit! – elf Tagen oder elf Wochen wieder vorbei sein wird.

4/31
Um Mitternacht, der Mond über dem hohen Berg.
Der neue Weise, der als einziger zu sehen versteht,
wird durch seine Schüler unsterblich verehrt.
Die Augen gen Mittag; im Geist, Hände, Körper am Feuer.

Eigentlich gehört der nächste Vierzeiler – im direkten Anschluß an den vorangegangenen Vers – an diese Stelle. Vermutlich wurde die hier vorliegende Prophezeiung nur »dazwischengeschoben«, um die Zusammenhänge des Sechserblocks nicht allzu deutlich zu machen.

Der Mond, der direkt über der Sonne im Glanz der Pyramide steht, verrät das Kommen eines »neuen Weisen«, der die Zusammenhänge zwischen Kosmos und Prophetie als einziger zu verstehen scheint. Eine Art Lehrmeister, der über den stofflichen Tod hinaus von seinen Schülern und Anhängern verehrt werden wird.

Das Jahr 1997 (oder März 1999, eher jedoch 1997) wird in diesem Zusammenhang vermutlich eine wichtige Rolle spielen. Wer immer dieser »neue Weise« auch sein mag, er wird Spuren hinterlassen und vielleicht im Sinne des Sehers und der Prophezeiungen aufklärend wirken.

4/32
Zu jenen Zeiten und Orten wird man hilflos
und unentschlossen sein[1]).
Das allgemeine Gesetz wird ins Gegenteil verdreht,
Altes wird stärker bestehen, dann aus der Mitte entfernt.
Der Gemeinschaftsgeist geht immer mehr zurück.

Dieser Vierzeiler scheint die Beschreibung von 4/30 fortzusetzen und beschreibt das Leben auf der Erde nach der (kosmischen) Katastrophe. Ob die erste Zeile wörtlich zu nehmen, oder die französische Redewendung anzuwenden ist, läßt sich heute nicht beantworten. Sie ist eigentlich eine französische Redewendung für Situationen, in denen man schwach und unentschlossen ist. Ähnlich wie man im deutschen Sprachraum sagt, »er weiß weder ein, noch aus«, drückt die Redewendung völlige Ratlosigkeit aus. »Panta aoiga philon« kommt aus dem Griechischen und bedeutet »Freunde haben alles gemeinsam«. Dieses Miteinander-Füreinander, d. h. die Tugend, einander in Zeiten der Not gegenseitig beizustehen, scheint in diesen Tagen, Wochen oder Monaten (an Jahre wollen wir hier gar nicht denken!) keine Gültigkeit mehr zu haben. Die bis dahin gültigen Gesetze werden von vielen abgelehnt und ins Gegenteil verkehrt.

Die tatsächliche Bandbreite von Delikten und Straftaten, die

---

[1]) *Die wörtliche Übersetzung lautet, daß man zu jenen Zeiten und an jenen Orten »nicht weiß, ob man Fisch oder Fleisch essen soll«.*

Menschen in ihrer Todesangst, ihren Überlebensinstinkten oder einfach nur aus Besitzgier in derartigen Ausnahmezuständen begehen können, übersteigt sicherlich unsere Vorstellungskraft. Mord und Totschlag, Selbstjustiz, Plünderungen, Überfälle und Diebstähle werden das neue (Über-)Lebensbild bestimmen.

Wenn plötzlich am Morgen die Sonne nicht mehr aufgeht und wenn es auch am nächsten Tag dunkel bleibt, wird nicht nur die Angst herrschen, auch Grausamkeit und Verrohung werden einsetzen – es kommt die Stunde des menschlichen Abschaums.

4/33
Jupiter, mehr mit Venus, als mit dem Mond verbunden,
zeigt sich von hellem Glanz:
Venus, verborgen unter dem Schein Neptuns,
von Mars geprägt, durch die große Verzweigung.

Hier ist er also, der legendäre »Neptun-Vers« (es existieren noch weitere Vierzeiler, in denen Neptun neben anderen Planeten erwähnt wird)! Ein Reim, auf den man sich eigentlich keinen Reim machen kann, weil er – abgesehen von der astrologisch nicht deutbaren Konstellation der fünf Planeten – keine Aussage darüber macht, was denn nun eigentlich passiert, wenn diese oder jene Planeten bestimmte Aspekte zueinander bilden.

Also ein absolut sinnloser Vierzeiler, der die Krönung der »sechs kosmischen Verse« bildet? Ganz sicher nicht! Der Seher gibt uns hier drei wichtige Hinweise, die man als aufmerksamer Codeknacker unbedingt beachten sollte. Addiert man nämlich jeweils die in Zahlen umgesetzten Buchstaben der fünf Planeten und der doppelt aufgeführten Venus, wird man spätestens nach dem Dazurechnen von Neptun für seine Aufmerksamkeit bestens belohnt.

Das nächste Dankeschön gibt es dann, wenn man auch mit dem letzten Planeten, Mars, etwas anzufangen weiß. Man kann das Ganze wirklich drehen und wenden wie man will, aber von Zufällen sollte hier nicht mehr gesprochen werden! Denn das, was hier wie ein junges, glückliches Pflänzchen im verborgenen blüht und scheinbar nur darauf wartet, gepflückt zu werden, macht uns – zumindest in bescheidenem Ausmaß – die geheime Tür zu den wirklichen Voraussagen wieder ein Stückchen weiter auf.

Wer mehr über die unzähligen zukünftigen Ereignisse erfahren möchte, die in diesem Buch keine Erwähnung finden konnten, der sollte wirklich die einmalige Chance ergreifen, die ihm dieser scheinbar so unsinnige Vierzeiler bietet! Nicht nur die Erwähnung des Planeten Neptun, von dem zu Zeiten des Nostradamus niemand ahnen konnte, daß es ihn je geben würde, macht diesen Vers so interessant. Es ist das Zusammenspiel von Planeten, Zahlen und bisher verborgenen Geheimnissen, die sich hier vereinen, um uns allen die Chance zu geben, zukünftige Ereignisse erkennen und datieren zu können. Der Griff zum Taschenrechner lohnt sich also. Denn es ist die Zahl der glücklichsten Stunde, die – vermindert durch den Namen des wahrhaftigen Lösers – die einzig richtige Ordnung in die Zeilen der Zukunftsschreibung bringt. (Lese Ruth 4/4, Altes Testament):

»Ich dachte, ich will dich davon unterrichten und dir sagen: Erwirb es in der Gegenwart der hier Sitzenden und in Gegenwart der Ältesten meines Volkes! Wenn Du lösen willst, so löse! Willst Du aber nicht lösen, so sag es mir, damit ich es weiß. Denn außer Dir ist niemand zum Lösen da, und ich bin nach Dir an der Reihe. Und ich antwortete: Ich will lösen!«

Leider wird dieses Lösen nicht gerade leicht gemacht! Selbst wenn man über so markanten Versen wie dem ersten Vierzeiler der 12. Centurie brütet, wo der Seher es fertigbrachte, jedes Wort der ersten zwei Zeilen mit dem Buchstaben »F« beginnen zu lassen (13 Worte!), rennt man leider immer wieder gegen verschlossene Türen.

7. KAPITEL

Daten, Fakten, Namen: Der geheimnisvolle Nostradamus-Schlüssel

Willkommen im Club der Hartgesottenen! Mein Kompliment! Wer sich mit einer gewissen Todesverachtung komplett durch die folgenden Seiten hindurchzuackern versucht, dem gebührt Hochachtung! Zudem muß er entweder ein neugieriger Mensch, ein hoffnungsloser Optimist, Esoteriker oder im Zeichen Jungfrau geboren sein. So oder so – in diesem Kapitel sind Sie bestens im kleinen Häufchen der unerschrockenen Mitstreiter, Tüftler und Taschenrechnerfreaks aufgehoben! Ihr Handwerkszeug sollte Karopapier sein – am besten ein Heft, damit Sie sich später nicht durch loses Blattzeug wühlen müssen, wenn Sie bestimmte Berechnungen oder Geistesblitze, Ideen usw. zurückverfolgen oder suchen möchten. Sie benötigen ferner Schreibzeug und einen Taschen- oder Tischrechner der bis zu 12 Stellen anzeigt. Unumgänglich ist am Anfang auch ein Tischkärtchen mit der Buchstaben-Umsetzungstabelle.

Wenn Sie gleich anfangen möchten, aber noch keine Tischkarte besitzen, malen Sie sich rasch selbst eine Buchstaben-Umsetzungstabelle. Nach einigen Tagen, Wochen oder Jahren haben Sie die Zahlenwerte für die Buchstaben der entsprechenden Spalten und deren Zahlenwerte ohnehin im Kopf und brauchen die Karte nicht mehr.

Das mit den Wochen, Monaten oder Jahren mag vielleicht etwas zynisch klingen, aber unterschätzen Sie niemals die Faszination der mystischen Zahlenkniffs! Bei mir begann es zunächst auch nur mit einem »Hineinschnuppern«, wenn ich etwas Zeit übrig und »Lust auf Nostradamus« hatte – irgendwann in den achtziger Jahren!

Dieser kleinen Warnung möchte ich noch eine zweite anhängen: Verlieren Sie niemals den Boden unter den Füßen, ganz egal, wie es Sie auch faszinieren mag! Der Großteil der Leser des 7. Kapitels wird sich recht normal verhalten, das Ganze überfliegen, hier und da ein bißchen mitrechnen und danach das Buch zuklappen. Andere werden sich tiefer einarbeiten, aber einige wenige werden sich auch unwiderruflich dem Thema »Nostradamus-Entschlüsselung« verschreiben, in ihrem Bekanntenkreis irgendwann als Spinner belächelt werden und trotzdem nicht ablassen können.

Wenn Sie merken sollten, daß Sie auf diesem Trip sind, dann rufen Sie sich, wann immer es Ihnen möglich sein wird, folgendes in Erinnerung:

Ganz gleich, was Sie herausfinden und als die einzige Wahrheit ansehen werden: Sie leben jetzt und in dieser Welt! Das ist real, greifbar und Wirklichkeit. Hier müssen Sie zurechtkommen, leben, arbeiten und sich und Ihre Familie ernähren! So toll Ihre Erkenntnisse auch sein werden – vergessen Sie dabei niemals diese reale Welt! Leben Sie nicht ausschließlich für Ihre Erkenntnis, sondern bleiben Sie, was immer Sie auch bewegt, der, der Sie jetzt noch sind!

Ich kenne jemanden, der behauptet, ein UFO aus der Nähe gesehen zu haben. Seitdem ist der Arme nicht mehr das, was er einmal war. Er lebt ausschließlich für diese seine neue Überzeugung, sitzt nur noch am Fenster, kontaktiert telepathisch die Außerirdischen in den fliegenden Scheiben und ist inzwischen finanziell völlig auf den Hund gekommen. Das Haus wurde versteigert, Frau und Kind sind nach vier Jahren mit fliegenden Fahnen aus seinem Leben geschieden.

Um es kurz zu machen: Wenn neben Ihnen ein UFO landet und man lädt Sie ein, die fliegende Untertasse einmal von innen zu inspizieren, dann freuen Sie sich, tun Sie es, fliegen Sie ein Stückchen mit und erzählen Sie die Sache nachher Ihren Freunden. Mehr nicht! Es gibt keinen einzigen Grund, nun nur noch die Welt davon überzeugen zu wollen, daß es diese UFOs gibt, und alles andere schleifen zu lassen. Sie leben hier und heute und müssen auf dieser Erde zurechtkommen! Dabei hilft Ihnen kein UFO, keine Sichtung von UFOs und keine noch so phantastische Nostradamus-Erkenntnis. Machen Sie in dieser Welt das Beste aus Ihrem Leben. Das ist unsere Bestimmung, dafür sind wir da.

Natürlich werden sich auch weniger Hartgesottene zunächst an dieses Kapitel wagen, um schließlich dann doch irgendwann das Handtuch zu werfen und aufzugeben. Diesen Lesern sei gesagt, daß die nachfolgenden Seiten zumindest eines mit Spielen wie »Mensch ärgere Dich nicht!«, »Fang den Hut« oder »Halma« gemeinsam haben: Die Spielanleitung, die Erklärungen, lesen sich komplizierter, als das Spiel in der Praxis tatsächlich ist!

Wenn Ihnen das zum Durchhalten nicht genügen sollte, rufen Sie sich die Sache mit »Neptun« wieder in Erinnerung: Nostradamus kann diesen Planeten nicht gekannt haben! Die Sache ist es also wert, sich etwas mehr hinein zu vertiefen, auch wenn mir selbst sicherlich eine Menge Fehler unterlaufen sind! Einmal selbst zu versuchen herauszufinden, was uns in dieser Welt noch alles erwartet, ist es durchaus wert, auf ein paar Stunden Fernsehen oder Video zu verzichten!

Erstmalig kam 1996 in der Original-Ausgabe des »Nostradamus-Testaments« das Faksimile eines alten, ehrwürdigen französischen Originals, komplett bis auf den letzten Punkt in Ihre Sprache übersetzt, auf diesem Weg einem breitgefächerten Leserkreis zu. Hier könnten Sie in eine Ausgabe Einsicht nehmen, in der wirklich ein großes, phantastisches Geheimnis schlummert.

Und falls ausgerechnet Sie es sein werden (oder möchten), der, wie in 6/49 beschrieben, als mehrfacher »Lotto-Millionär« im Deutschen Lotto 6 aus 49 »friedlich seine sechs richtigen Kreuzchen« verteilen wird (und dabei absahnt und

Schlagzeilen macht, wie zuvor kein anderer!), dann werden Sie nicht umhin kommen, sich irgendwie durch die folgenden Seiten hindurchzuarbeiten.
Packen wir's also an!

Die erste wichtige Regel für Ihre Berechnungen

Bei all Ihren Ausrechnungen beachten Sie bitte, daß die Berechnungsergebnisse unter Berücksichtigung der Umsetzungstabelle anders gelesen werden müssen, als Sie es bisher gewöhnt sind: Alle Ziffern der Spalten FOX (666) und HQZ (888) werden auf dem Rechner (nur beim Ergebnis, nicht bei der Eingabe von Buchstaben/Zahlen!) als NULL betrachtet! Alle Sechsen und Achten werden also als Null gelesen!

Beispiele:
156 655 = 1555; 1 850 565 = 1555; 4039 = 439; 8439 = 439; 4639 = 439; 6 640 398 = 439 usw.

Beispiel einer Eingabe von Buchstaben – Versalien im Napoleon-Vers 1/60:
»UQDQ« = 3848 – 4713 (Schlüsselzahl) = 8 6 **5** (nur die Fünf wird gewertet, die Acht und Sechs werden im Ergebnis als Null gelesen und entfallen!). Bei der *Eingabe* wurden die beiden »Q« als Ziffer »8« aber sehr wohl berücksichtigt!

Der Nostradamus-Schlüssel –
Spannender als ein Krimi!

1. Das Geheimnis der Schlüsselzahl 4 7 1 3:

Erinnern wir uns an den »Schlüsselsatz« aus dem Nachlaßbrief des Sehers an seinen Sohn Cäsar, der die einzige in Ziffern geschriebene Jahreszahl im Gesamtwerk enthält: »Von hier bis ins Jahr 3797. . .« Im Raster dieses Satzes finden wir eine neue Information eingebettet:

P	O	U	R	D	I	C	Y	A	L	A	N	N	E	E	3	7	9	7
7		3		4		U		S		1	-	5		5		7		7

Zu lesen als: »7 4 3 mache 1« und dann die Zahl »5577«. Verrechnet man diesen Wert mit **7 3 4 1**, dann zeigt das Ergebnis, wie die Schlüsselzahl **7 3 4 1** gelesen wird:
7341– 5577 = (von rechts nach links zu lesen) **4** (6) **7 1**.
Die »3« folgt dann als logische Konsequenz.
Zum ersten Mal taucht diese Zahl – etwas verdreht – im Brief an Heinrich II. von Frankreich in einer Auflistung von Bibelzahlen auf, die überhaupt nicht stimmen. Auch die Addition der falschen Bibelzahlen (als Ergebnis 4173) ist nicht richtig! In der Übersetzung lautet dieser Briefteil (hier statt mit ausgeschriebenen Zahlen in Worten, als Ziffern wiedergegeben):

. . . zähle ich nun die Jahre seit der Erschaffung der Welt bis zur Geburt Noahs, so komme ich auf 1506 Jahre. Von Noahs Geburt bis zur Fertigstellung der Arche und dem Nahen der Sintflut vergingen erneut 600 Jahre. Ob Sonnen- oder Mondjahre, oder beides gemischt, anzurechnen ist, sagt uns die Heilige Schrift, welche nach Sonnenjahren rechnet. Am Ende dieser 600 Jahre bestieg Noah die Arche, um sich vor der Sintflut zu

retten. Diese weltweite Überschwemmung dauerte 1 Jahr und zwei Monate. Nun vergingen vom Ende der Sintflut bis zur Geburt Abrahams 295 Jahre, und von da an bis zur Geburt Isaaks 100 Jahre. Von Isaak bis Jakob 60 Jahre und von da ab, wo er nach Ägypten zog, 130 Jahre. Und vom Einzug Jakobs in Ägypten bis zu seinem Auszug vergingen weitere 430 Jahre. Danach vergingen bis zum Bau des Tempels durch Salomon, im 4. Jahr seiner Herrschaft, 480 Jahre. Und wie die Schriftgelehrten meinen, vergingen vom Tempelbau bis zu Jesus Christus 490 Jahre. So komme ich durch meine Berechnungen, die ich nach der Heiligen Schrift zusammengestellt habe, auf etwa 4173 Jahre und 8 Monate mehr oder weniger. . .

Einige Absätze zuvor führt Nostradamus im gleichen Brief jedoch völlig andere Daten auf. Hier sind es nun nicht mehr 1506 Jahre von Adam bis Noah, sondern 1242 Jahre! Richtig wäre (nach der Heiligen Schrift) eine Summe von 1056 Jahren. Eine unbeabsichtigte Verdrehung der Zahl ist kaum möglich, da alle aufgeführten Bibelzahlen in Worten niedergeschrieben wurden. Von Noah schließlich bis zu Abraham vergingen nun weitere 1080 Jahre, schreibt Nostradamus weiter und widerspricht sich erneut!

In der anderen Auflistung berechnet er hier 600 Jahre (Noahs Geburt bis Sintflut, inklusive 1 Jahr und 2 Monate für die Dauer der Sintflut. 1. Moses 8/13) plus 295 Jahre (bis zur Geburt Abrahams) = insgesamt 895 Jahre. Rechnet man auch das in der Bibel nach (ab 1. Buch Moses 5. Kapitel), dann zeugte Noah in der Blüte seiner Manneskraft – im Alter von 500 Jahren seine drei Söhne Sem, Ham und Japhet (also im Jahr 1556 nach Null). Der kleine Sem war also gerade erst 99 Jahre alt geworden, als die Sintflut einsetzte, er sich wie zuvor schon seine Brüder eine Frau nahm und zwei Jahre nach der Sintflut damit begann, die Welt mit neuem Leben zu erfüllen.

Sein erster Sohn war Arphachsad, der nun bereits mit 35 Jahren Salah zeugte. Arphachsad starb früh – im Alter von

438 Jahren. Nach Salah folgten die Enkel und Urenkel Eber, Peleg usw., bis Abraham die Reihe dieser Ahnen im Jahr 1946 nach Null abschloß. 890 Jahre waren an biblischen Zeiten vergangen, Noah und sein Sohn Sem lebten immer noch und schauten auf eine Nachkommenschaft von 10 bzw. 9 Generationen zurück. Wenn die biblischen Zahlen stimmen, starb Noah im Jahre 2006 nach Null, also im gleichen Jahr, in dem Abraham bereits seinen 60. Geburtstag feiern konnte. . .

Das ist alles ein bißchen verwirrend, aber Nostradamus schaffte es – unbemerkt von allen Autoren –, durch seine beiden unterschiedlichen Auflistungen noch mehr Durcheinander anzurichten. Von welchen »Schriftgelehrten« er dann die Folgejahre bis Jesus nimmt, wird ein Rätsel bleiben. Mit viel Kleinarbeit kann man in der Bibel bestenfalls noch bis Josef zu relativ konkret schätzbaren Daten kommen, danach wird alles recht verwischt.

Überhaupt widersprechen sich auch in der Bibel einige Jahreszahlen. So soll Noah einmal nach 600 Jahren die Arche bestiegen und nach etwas über einem Jahr wieder Land unter die Planken bekommen haben. An anderer Stelle heißt es jedoch, daß im »sechshundertsten Jahr« wieder alles trocken gewesen sei. Bei der enormen Lebenserwartung unserer Vorfahren – Noah und Adam wurden jeder für sich immerhin 950 Jahre alt! – spielt ein Jahr mehr oder weniger aber sicherlich keine so große Rolle.

Wichtig ist in diesem Zusammenhang zunächst einmal nur, daß Nostradamus eine Auflistung biblischer Vorväter aufführt, die, richtig addiert, auf insgesamt 4757 Jahre käme, und an anderer Stelle auf 4091 (siehe Auszug seines Briefes an Heinrich II., Kasten), er jedoch eine Summe von 4173 Jahren zusammenrechnet. Wenn man diese unübersehbar »falschen Zahlen« einmal unter die Lupe nimmt, wird es immer verwunderlicher, daß in keinem einzigen mir bekannten Nostradamusbuch auf diesen markanten Widerspruch hingewiesen wurde.

Die folgende Tabelle zeigt die unterschiedlichen Zeitangaben der beiden Nostradamus-Auflistungen aus dem Brief an Heinrich II. Die mit »(ca.)« bezeichneten Jahre in der letzten Spalte sind Schätzungen, die der Zeittafel der Heiligen Schrift (Luther-Bibel, 1912) entnommen wurden.
Was immer Nostradamus hier auch aufgelistet hat, am Ende bleibt in beiden Listen die verstrichene Zeit von Adam bis Jesus und diese differiert um genau **6 6 6** Jahre (4757 4091 = 666)! In der zweiten Auflistung kommt der Seher nun aber nicht auf ein Ergebnis von 4091 Jahren, sondern schreibt, wenn er dies alles zusammenrechnet, käme er (mehr oder weniger) auf **4 1 7 3** Jahre!

Zeitabschnitt von/bis	1. Liste/ Jahre	1. Liste/Jahre Jahre	Bibel/ real
Adam bis Noah (Geburt)	1242	1506	1056
Noah bis Sintflut		600	600
Nach Sintflut bis Abraham	1080	295	290
Abraham bis Isaak		100	100
Isaak bis Jakob		60	60
Jakob in Ägypten . . .		130	130
bis Auszug aus Ägypten		433	?
Abraham bis Moses	515		?
Bau des Tempels		480	418 (ca.)
Moses bis David	570		418 (ca.)
David bis Christus	1350		1000 (ca)
Tempelbau bis Christus		490	950 (ca.)
Gesamtjahre	4757	4091	

(Kniff am Rande: 4137 − 666 = 3 4 7 1!). Zum gleichen Ergebnis gelangt man durch die Addition der beiden »falschen Bibelzahlen«:

```
  4 0 9 1
  4 7 5 7
  8 8 4 8
```

Bei Weglassung der »Achten« könnte dies ein Hinweis auf Vers 4 sein, wo tatsächlich nur vier Großbuchstaben existieren, die nach der Tabelle umgewandelt **7 4 3 1** lauten. Eine interessante Geschichte hört man auch vom Sohn Cäsar Scaligers, jenem alten Herrn, der Nostradamus so übel beschimpft hatte. Julius Scaliger, 1540 in Agen geboren, haben wir das »Julianische Datum« zu verdanken (nicht zu verwechseln mit dem »Julianischen Kalender«, der erst 1582 durch den »Gregorianischen Kalender« abgelöst wurde und auf Julius Cäsar, 46 v. Chr., zurückgeht). Nach Julius Scaliger sollte die korrekte Zeitschreibung tatsächlich am – achten Sie auf die Zahl und die Schreibweise! – 1. Januar **4713** v. Chr. beginnen! Das Jahr 1555 wäre in diesem Fall 6268. Die Zahl 666 (Differenz der beiden Auflistungen biblischer Daten nach Nostradamus und der markante Punkt 666 in der »FOX-Tabelle«) fiele auf das Jahr **5379**. Wir kennen diesen Wert aus der erweiterten Schlüsselzahl (Cäsar-Brief, Jahr **5 3 7 9 7**)!

Damit aber nicht genug. Denn gerade da, wo der Seher in einem »Bannspruch gegen Uneingeweihte und Toren« nach mittelalterlicher Praxis allzu neugierigen Zeitgenossen einen Angstschauer über den Rücken laufen läßt, stößt man wieder deutlich auf diese Schlüsselzahl. Der Spruch befindet sich, deutlich durch Lettern und Kursivschrift hervorgehoben, zwischen dem Ende der sechsten und dem Beginn der siebenten Centurie. Dieser Vierzeiler wurde komplett – vollkommen aus der Norm – vom Seher in lateinischer Sprache verfaßt.

Der Vers demonstriert mehr als jeder andere Vierzeiler, daß die meisten Autoren sich erst gar nicht die Mühe machten, ihn einmal selbst zu übersetzen: Der Fehler von Dr. N. Centurio wurde von den Autoren übernommen, und danach hat wohl einer vom anderen in der Annahme, die Übersetzung sei richtig, abgeschrieben. Im Original lautet der sogenannte »Bannspruch«:

VERFÜGUNG[1]) ZUR ABSICHERUNG GEGEN TÖRICHTE[2]) KRITIKEN

> ## LEGIS CAVTIO CONTRA
> ### INEPTOS CRITICOS.
>
> *Qui legent hosce versus, mature censunto :*
> *Prophanum vulgus & inscium ne attrectato :*
> *Omnesque Astrologi, Blenni, Barbari procul sunto ,*
> *Qui aliter facit, is rite sacer esto.*

Wer diese Zeile(n)[3]) liest, prüfe zur rechten Zeit[4]),
einfaches und unwissendes Publikum gebe sich nicht damit ab[5]):
Alle Astrologen, Dummköpfe, Sprachunwissenden sollten sich
fernhalten,
wer auf andere Weise vorgeht, ist zurecht dazu bestimmt.[6])

Besonders dieser letzte Satz wurde in der Vergangenheit stets mit »Wer hier zuwiderhandelt, der sei rechtmäßig verflucht!« übersetzt, woraus sich auch die Bezeichnung »Bannspruch« für diesen Vers entwickelte. Viel Doppelsinn liegt in diesem Spruch (siehe erklärende Fußnoten), wobei ich besonders auf die erstmalig hier anders vorgestellte Interpretation des ersten Satzes verweisen möchte, die mir besonders gelungen erscheint. Bei Centurio heißt es hier: »Wer diese Verse liest, der prüfe sie gründlich.« Die Mischung beider möglicher Übersetzungen könnte dann auch

---

[1]) »Legis« = auch »Zusammenlesen/Zusammenraffen«

[2]) »Ineptos criticos« = auch »zur unrechten Zeit kritisiert«

[3]) »Versus« = auch »diese Zeile/Vers«

[4]) »Mature censunto« = auch »rechtzeitig/zu früh«

[5]) »Attrectato« = auch »die Bedeutung des Zusammenfassens«

[6]) »Sacer esto« = auch »hierfür geweiht«

so lauten: »Wer diese Zeile(n) liest, der prüfe sie gründlich (wenn die Zeit reif dafür ist)« – ich denke, daß wir diese Zeit, die uns hilft, vieles in den Centurien endlich richtig zu erfassen und zu deuten, tatsächlich erreicht haben.

Schreiben wir nun einmal einen Rastertext, der sich aus den Wörtern bildet, die wir ab den groß geschriebenen Buchstaben des Kursivtextes abzählen (ab »Qui« das 8. Wort; ab »Prophanum« das 7. Wort usw.). Der Rastertext entwickelt sich schließlich, wie die rechts stehende Tabelle zeigt.

Im ersten »kleinen Raster« liest man die Schlüsselzahl »Jahr 4 1 7 3« und den Hinweis, man möge »ATR« lesen, das man schließlich im erweiterten Raster findet: »Rat 3 1 4 7«.

Diese geheimnisvolle Zahl taucht noch einmal im ersten Brief »Advertissement au Lecteur« auf, wo dem großen Schmuckbuchstaben »A« die Buchstaben »M«, »Y« und »L« folgen, also in Zahlen umgesetzt: **1 4 7 3** . Auch die groß geschriebenen Buchstaben der ersten drei Worte (Briefanfang) verweisen mit »A«, »M« und »L« auf diese Zahl. Einen weiteren deutlichen Hinweis gibt uns die zweite Titelseite des Originals, wo unter dem Namen »Michel Nostradamus« die Aufzählung verschiedener Länder erfolgt. Die Zeile beginnt mit einem sehr deutlich vorgerückten **»Use 409.4«**

Im Vierzeiler 4/09 lautet das 4. Wort »**CAMP**«, bzw. in Zahlen umgesetzt wieder: 3 1 4 7. An dieser Stelle heißt es aufpassen, nachsehen und nicht nur hier mitlesen! Ihnen entgeht sonst glatt das Beste an diesem Hinweis zu 4/09.4, der nicht nur erneut offenlegt, daß irgendwer selbst den Einband des Buches vom Jahr 1668 mitgestaltet hat.

Den entscheidenden und wichtigsten Hinweis auf **4 7 3 1** findet man natürlich im allerersten Vers der Centurie 1. Dieser wurde in der Vergangenheit immer als eine Art Schlüsselvers angesehen, wobei sich die Suche der »Nostradamus-Experten« aber meist schon beim letzten Wort in der

3 7 1 4 NA LES.ATR.

V U L G U S O M N E S Q U E A S T R O L O G I B A R B A R I P R O C U L

U G S M E Q E S R L G B R A I R C L

7 4 • 1 3 T A R ←

zweiten Reihe erschöpfte, das man immer wieder als »drei-
beinigen Eisenschemel« verstand – eine Art Stuhl, ohne
den man keine »göttlichen Eingebungen« empfangen könne. Nach Kurt Allgeier schleppte Nostradamus diesen
Schemel in sternklaren Nächten sogar auf das Dach seines
Hauses, um dort seine »geschwefelten Visionen« zu empfangen.

S T A N T aſſis, de nuiᵈt ſecret eſtude,
Seul; repoſé ſur la ſelle[1] d'airain[2]?
Flambe exigue, ſortant de ſolitude
Fait proferer qui n'eſt à croire en vain.

Die Übersetzung (nicht sehr wichtig) lautet etwa so:
Während ich dasitze, nachts, bei geheimen Studien,
allein; beruhend auf den unerschütterlichen Gedanken?
Winzige Flamme dringt aus der Einsamkeit,
bringt hervor, woran man nicht vergeblich glauben soll.

Lies→ ESTANT ASSIS DE NUICT SECRET ESTUDE,
　　　　SEUL; REPOSE SUR LA SELLE D'AIRAIN?　←Lies
Lies→ FLAMBE EXIGUE, SORTANT DE SOLITUDE
　　　　FAIT PROFERER QUI N'EST A CROIRE VAIN　←Lies

---

[1] »selle« = altfrz. »Gedanke/Ausdruck« aber auch »Sattel« oder
»Stuhlgang«

[2] »d'airain« = »airain« ist zwar das immer wieder übersetzte »Erz«
oder »Kupfer«, »d'airain« bedeutet jedoch ausschließlich »unemp-
findlich/hart/unerschütterlich« usw.

Theoretisch könnte man – siehe Anmerkungen – also auch übersetzen, Nostradamus habe unter »hartem Stuhlgang« gelitten. Aber wie immer der Vers auch in der Übersetzung lauten mag, uns interessiert zunächst einmal die Originalversion, wo in der ersten Zeile bereits einige Versalien ins Auge springen. Wenn Sie schon etwas Übung im Lesen von rechts nach links haben und hier zwei Buchstaben nach der Tabelle umformen, dann werden Sie erkennen, daß es gleich zu Beginn der ersten Zeile folgende Aufforderung zum Lesen gibt (den Schmuckbuchstaben »E« mit einbeziehen!): »TEST AN 166« (Versalien nach unten weiterlesend). Werfen Sie nun einen Blick in die Anfangsbuchstaben des Verses 1/66, und Sie werden die Schlüsselzahl **4 7 3 1** als **3 1 4 7** wiedererkennen!

Der erste Vierzeiler bietet aber noch ein völlig anderes Geheimnis! Achten Sie auf die im untenstehenden Kasten aufgezeigte Schreibweise, die ein ganz neues Buchstabenmenü zum Rastern bilden wird. Man kann hier vieles falsch, aber auch vieles richtig machen.

Liest man nur sämtliche Anfangsbuchstaben dieses Vierzeilers, zunächst von links nach rechts, dann im Schlenker runter in die nächste Zeile und von rechts nach links weiterlesend usw., erhält man folgendes Buchstabenmenü

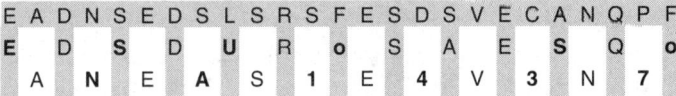

mit der Information: »**Sa use: 7 3 4 1 an**« = »**Dies anwenden: Jahr 7 3 4 1**«

Die obenstehende Tabelle zeigt die Rasterlesung dieser Information noch einmal klar auf. Beide Raster werden, wie gewohnt, von rechts nach links gelesen.

2. Das Geheimnis der Schlüsselzahl 1 4 4 1

Einmal, und das recht deutlich, ist diese Zahl im »Magen« des Nostradamus enthalten. Am besten sieht man es in den auffällig gedruckten Lettern der verschiedenen Titelblätter und Überschriften. Nostradamus schreibt, daß der Schlüssel zu seinen Prophezeiungen »in seinem Magen« eingebettet sei. So bildet sich die Zahl **1 4 4 1** nicht nur aus den Buchstaben »**A D A M**« (1414), sondern besonders aus der in den Titeln sehr markant geänderten Schreibweise des Namens: Das »U« am Ende wird mehrmals durch ein »V« ersetzt, das den Eindruck einer lateinischen Schreibweise erwecken sollte.

Wenn man Titelseiten, Überschriften usw. durchblättert, stößt man immer wieder auf diese Schreibweise:

N O S T R A D A M V S
1 4 4 1

Besonders markant setzte der Drucker der Ausgabe von 1668 in der Vorrede zum Brief an Heinrich II. »versehentlich« ein Trennungszeichen mitten in den Namen des Meisters. Wenn Sie genau hinsehen, werden Sie erkennen, daß im kursiv geschriebenen Namen des Sehers das Ende »**AMVS**« **(1441)** noch schräger »kursiv« geschrieben wurde als der andere Namensteil! Berücksichtigt man nun das Trennungszeichen im Raster, wird die Zahl 1441 auch in der Rasterlesung deutlich:

M I C H E L   N O S T R A – *D A M U S*
I   –   U – O – T – 1 – 4 – 4 – 1

Liest man das Ganze komplett als Hinweis (von rechts nach links): »1441 tu 89«, heißt die Antwort nach der Subtraktion: »et us« bzw. nach dem Addieren: »1 nu«.

3. Das Geheimnis der richtigen Schreibweise: Die Pyramide der alten Meister

Neben der gerasterten Schreibweise von bestimmten Worten, die hintereinander geschrieben werden, versteckt der Seher seine Informationen hauptsächlich mit einer Technik, die uns inzwischen völlig verlorengegangen ist. Mittels dieser Codierungsmethode mittelalterlicher Alchemisten und der Gelehrten des Altertums bildet sich automatisch ein sehr eigenwilliges Leseraster: eine Art Buchstabenpyramide, mit deren Hilfe die verschlüsselten Botschaften im Prinzip völlig zerrissen und unkenntlich gemacht werden können.

Von jeher nahmen in der jahrtausendealten Zahlenmystik die Zahl **Drei**, das **Magische Dreieck** und als höchste Vollendung des Trinitätssymbols die **Pyramide** den höchsten Stellenwert ein. In der Kabbala beinhaltet die Dreiheit das Übergeordnete, das Göttliche in seiner Dreieinigkeit: Vater, Sohn und der Heilige Geist – Gott, Weisheit und der klare Verstand. Die Drei symbolisiert die sich fortsetzende Entwicklung, und die vollkommenste Ausdrucksform der Drei, die Pyramide, diente von jeher dazu, Zukunftsberechnungen zu ermöglichen und wurde im Altertum daher als höchstes Geheimnis der Vollkommenheit gehütet. Auch Nostradamus erwähnt in seinem Brief an seinen Sohn Cäsar immer wieder diese »unteilbare Dreieinigkeit« und gibt zum Deuten seiner Centurien die folgende Anregung:

Es sind also drei Dinge, die Zeitabschnitte zu erkennen:
Okkultes Wissen, Befähigung und Göttliche Macht, womit die drei Zeiten
der Ewigkeit zusammengefaßt sind, welche Vergangenheit, Gegenwart und Zukunft in sich birgt.
Sodann liegt alles offen und nackt da.

Das ist ein wunderschön formulierter Satz, aber im Grunde

läßt sich damit nicht viel anfangen, es sei denn, man ist ein religiös verirrter Spinner, der sich als »auserwählt« betrachtet, den Schlüssel offenbart zu bekommen, um die Welt zu retten. Liest man die französischen Worte dieses Textes jedoch im Raster, erkennt man sehr rasch, warum Nostradamus diese Worte wählte.

Bevor wir uns aber an dieses letzte große Geheimnis des Sehers wagen, sollten wir zunächst mit einem kleinen Test diese Art des Verschlüsselns üben. Nur wenn man die Technik des Verschlüsselns bestimmter Botschaften begriffen hat, wird man schließlich mit dem Entschlüsseln vertraut werden.

Im folgenden Beispiel möchte ich die Information unterbringen, daß beim Dechiffrieren überwiegend mit den Kommandos »Rat«, »Tue« und »Les« gearbeitet werden soll. Wo ich diese Information in der Pyramide unterbringe, kann ich mir beliebig aussuchen. Ein durchschnittlicher »Nostradamus-Satz« hat etwa 30 bis 36 Buchstaben. Die Positions-Nummern für eine solche Pyramide (sie werden später durch Buchstaben ersetzt) sehen im Zahlenskelett so aus:

Wenn wir nun die drei Begriffe »Rat«, »Tue« und »Les« in der Mitte der Pyramide, ab Positionsnummer »5« unterbringen möchten, könnte das am Ende so aussehen:

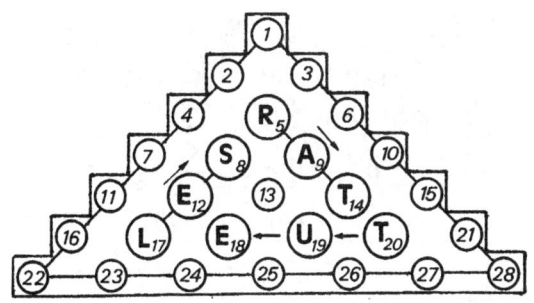

Das Ganze wird jetzt in die Breite geschrieben (unten), wobei die drei Wörter die gleichen Positionen einnehmen. Der freigebliebene Rest wird später sinnvoll ergänzt:

1	2	3	4	5	6	7	8	9	10	11	12	13	14	15	16	17	18	19	20	21	22	23	24	25	26	27	28
·	·	·	·	R	·	·	S	A	·	·	E	·	T	·	·	L	E	U	T	·	·	·	·	·	·	·	·
A	D	V	E	R	T	I	S	S	E	M	E	N	T	A	V	L	E	C	T	E	U	R	·	·	·	·	

(ADVERTISSEMENT)   (AV)   (LECTEUR)

Das Buchstabenmenü unserer drei Begriffe ist nun also so verzerrt, daß es in der normalen Schreibweise (mit »RSA ET LEUT«) nicht mehr zu entziffern ist. Die komplett ausgeschriebene Pyramide sieht nun so aus:

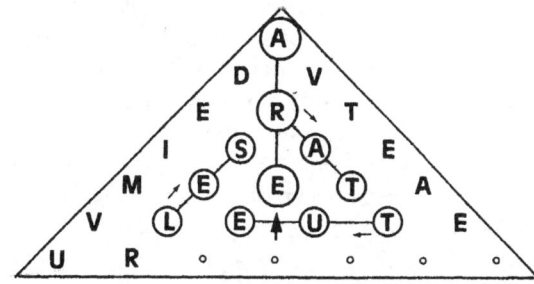

Im Kern lesen wir »Rat«, »Tue« und »Les«. Diesen Satz findet man übrigens als Eingangsfloskel zum Vorwort an die Leser der Nostradamus-Ausgabe von Jean Ribou, Paris.

ADVERTISSEMENT

A V

LECTEUR.

Vom »Doppelpunkt«, den der Drucker wohl »eigenmächtig« oder »aus Versehen« in der darüber befindlichen Schmuckranke untergebracht hat, war hier schon die Rede, ebenso von den beiden Satzzeichen (: und ;) in der Schmuckranke über der zweiten Centurie, oder vom dezent versteckten Fragezeichen zu Beginn der ersten Centurie (Schmuckbalken, ganz oben rechts).

Das Alphabet der »Zahlen-Buchstaben«, wie es zuvor in der »FOX« Tabelle vorgestellt wurde, hat seine Wurzeln in der Übertragung des griechischen Ziffernsystems auf das lateinische Alphabet. Aber schon lange bevor sich die Buchstaben und Zahlen zu jenen Symbolen entwickelten, die wir heute kennen und benutzen, entwickelten die Weisen und Schriftgelehrten Susas und Babylons ausgeklügelte Geheimschriften, wobei die Umsetzung von Buchstaben in Zahlen bzw. das Umsetzen von Zahlen in Buchstaben den höchsten Stellenwert einnahm.

In der Epoche des Michel Nostradamus – eine düstere Ära, wo in rabenschwarzen Nächten Genies wie Leonardo da Vinci (er schrieb alles in Spiegel-Schreibschrift nieder), Paracelsus, Kopernikus oder der deutsche Rechenmeister Adam Ries(e) die Menschheit mit ihren umwälzenden, zukunftsweisenden Entdeckungen, Ideen und Lehren schockierten – erlebte das Verschlüsseln bestimmter Botschaften eine nie zuvor gekannte Blütezeit.

Vieles, was wir heute mit einem überheblichen Lächeln als Hokuspokus aus der Alchemistenküche abtun – magische Zahlenquadrate, Zauberformeln mit merkwürdigen Wortgebilden, geheime Engel- und Dämonenlisten, numerologische Tabellen oder Zahlensiegel –, sind nichts anderes als geheime, verschlüsselte Botschaften von Menschen, die bestimmte Zusammenhänge zwischen dem Werdegang der Menschheit und prophetischen Aussagen, meist biblischen Ursprungs, erkannt hatten und dies nun in mittels »magisch« verstellter Zahlen- oder Buchstabendiagramme an Eingeweihte weitergaben.

Ein typisches Beispiel hierfür ist das »magische Jupiterquadrat«, dessen Urheber heute niemand mehr kennt. Es wurde bereits in den Büchern des Agrippa von Nettesheim (1486– 1535) aufgeführt, war also schon lange vor dem Abdruck der ersten Nostradamus-Ausgaben bekannt. Zeitlebens wurde der Philosoph, Doktor der Rechte und der Medizin, von der Kirche verfolgt, weil er in seiner Funktion als Anwalt die als Hexen und Hexenmeister angeklagten Frauen und Männer verteidigte und den Glauben an die Hexerei scharf bekämpfte. Schon 1507 hatte er in Paris eine Gesellschaft zur Erforschung der Geheimwissenschaften gegründet, die mit ihm an der Spitze erstmalig auch die jüdische und ägyptisch-griechische Geheimtradition aufarbeitete und analysierte. Agrippa von Nettesheim lebte unter anderem auch längere Zeit in Köln und Freiburg, kehrte dann jedoch nach Frankreich zurück, wo er als Leibarzt der Mutter von König Franz I. hohes Ansehen genoß. In seinen etwa 1700 Seiten starken »Magischen Werken« teilte er den Makrokosmos in drei Welten ein, die jeweils durch eine ihr eigene Magie beherrscht werden würden: die physische, die astrale und die religiöse Magie.

Seine »Tafel des Jupiter« will er aus anderen alten »magischen Schriften« entnommen haben. Dieses geheimnisvolle Siegel, dessen Lösung zu Glück, Erfolg und Reichtum verhelfen soll, scheint beim ersten Hinsehen nichts anderes als eine Zahlenspielerei zu sein, da jede senkrechte oder waagerechte Reihe in der Addition ihrer vier Zahlen die Summe von 34 ergibt. Nun jedoch zu glauben, daß die hohen Geister der geheimen Wissenschaften nichts anderes zu tun hatten, als solange an »Magischen Quadraten« herumzubasteln, bis sich in der Addition jeder Reihe ein einheitliches Ergebnis zeigte, würde ihnen sicher nicht gerecht. Diese »Spielerei« diente lediglich zur Tarnung für versteckte, geheime Formeln.

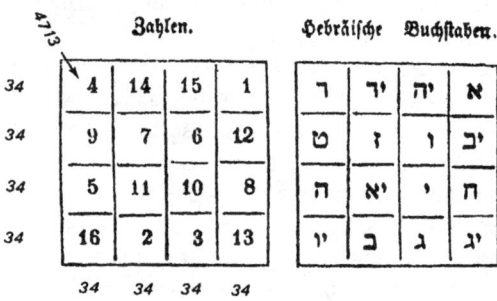

Die Tafel des Jupiter

Betrachtet man einmal die Diagonalreihen des »Jupiterquadrates«, die sich aus den Zahlen von 1 bis 16 entwickeln, so schimmert hier zunächst wieder einmal die geheimnisvolle Zahl **4 7 1 3** (bei Weglassung der Null und der doppelten Eins am Ende der ersten Diagonale 4 7 10 13) durch. Die zweite Diagonale mit den symmetrisch angeordneten Zahlen 1 6 1 1 6 1 erinnert nicht nur an die Ziffern des ersten Verses in der ersten Centurie (1166), sondern addiert mit 4713 beschert sie das Geheimzeichen für den Aufbau einer Buchstaben-Pyramide, nämlich die »magische Zahl« 1 5 7 4.

Eine Zahl, die uns leicht verdreht auch Nostradamus in seinem Brief an Heinrich II. nennt, wenn er auf der dritten Seite schreibt:

Ich beginne mit der gegenwärtigen Zeit, dem heutigen Tag,
dem 14. März 1547, und schaue weit darüber hinaus.

Stellt man nun das Jupiter-Quadrat in eine Buchstaben-Pyramide um (in der Astrologie gilt Jupiter als der symbolische Herrscher für Geist und Wissenschaft, edles Denken, Ruhm und Erfolg) ergibt sich an den Eckpunkten des Kreuzes die Zahl 4 7 1 3 und an den Ecken des inneren Quadrates »use o«. Das Interessanteste an dieser Pyramide ist jedoch der Hinweis, von links unten zur Spitze, bis zur Null zu lesen: **4 2 7**. In Vers 4/27 lesen wir auf dem 12. Wort »Pyramide«.

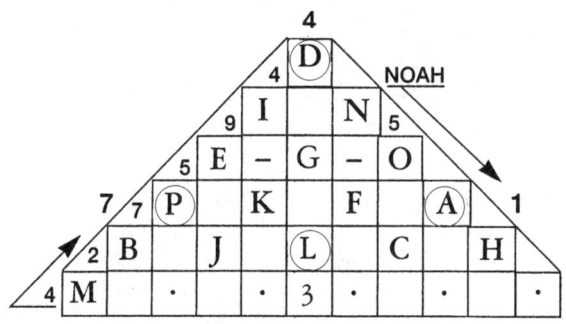

Fauler Zauber, Zufall oder Kommunikationsformel? Liest man
von links unten bis zum Wort »Noah« und verrechnet die Zahlen
mit der Schlüsselzahl 4713, so erhält man als Ergebnis die
»falsche« Noah-Jahreszahl 1242, die Nostradamus in seinem
Schreiben an Heinrich II. aufführt. Zufall? Verrechnen Sie einmal
die linke Zahl (427594) mit der Nostradamuszahl 53797. Ergeb-
nis: »Up3797«.

Was sich darin widerspiegelt, ist ein Kommunikationssystem zwischen Eingeweihten, das über Jahrhunderte hinweg gut getarnt funktionierte. Die nachfolgende Abbildung zeigt das Jupiter-Quadrat, in Buchstaben umgewandelt und als Pyramide zusammengestellt, wobei die Spitze wie beim

Quadrat bei 4 beginnt. Es folgen 9 und 14, dann 5, 7, 15 usw. Der besseren Übersicht wegen wurden einige Buchstaben nach der FOX-Tabelle umgesetzt.

Die Buchstaben-Pyramide unseres Alphabets.
(Einige Buchstaben wurden der besseren Übersicht wegen nach der FOX-Tabelle umgewandelt.)

Die Mittelsäule der Pyramide wird durch **1 5 4 7** (A-E-M-Y) gebildet. Das Kreuzzeichen (wie es Katholiken beim Gebet auf dem Körper markieren) zeigt die Schlüsselzahl **4 7 1 3**. In der vorletzten Querreihe führt (bei Auslassung des »Q« schließlich »pi 1 tu« erneut zur Schlüsselzahl 4713. Das »78 rat 3« ist ebenfalls interessant.

Die linke Seite der Pyramide führt uns wieder, wie in der Jupiter-Pyramide deutlicher ausgedrückt, zum Vierzeiler 4/27 (auch mit der Berechnung des Rasters 4241- 4713 = 472). In diesem Vierzeiler findet man dann dies:

Salon, Tanſol, Taraſcon de SEX. arc,
Où eſt debout encore la pyramide.
Viendront livrer le prince Dannemarc,
Rachapt honny au prince d'Artamide.

In der Übersetzung der zweiten Zeile heißt es hier: »Dort, wo noch die **Pyramide** steht. . .«, was sicherlich nicht als weiterer Zufall gewertet werden sollte. Vielmehr scheint es, daß wir hier auf eine Kommunikationsbrücke der alten Weisen gestoßen sind. Diese These wird besonders dadurch unterstützt, daß die Schreibform der Pyramide im herkömmlichen Alphabet (das Wort setzt sich aus den beiden Anfangsbuchstaben des Griechischen Alphabets »Alpha« und »Beta« zusammen) in der Mittelsäule den in Zahlen umgewandelten Wert **1 5 4 7** anzeigt.

Auf diese Zahl verweisen nicht nur das Jupiter-Quadrat und Nostradamus in seinem Brief an Heinrich («. . . beginne ich am heutigen Tag, dem 14. März 1547. . .»), sondern viele geheime Botschaften aus verschiedenen Jahrhunderten. Daß Nostradamus auch in diesem Datum neben dem Hinweis auf die richtige Lesart (Umsetzen in Pyramide) zusätzlich die Geheimzahl **4 7 1 3** deutlich präsentiert, zeigt einmal mehr seine »typische Handschrift«. Stellt man dieses Datum nämlich in der richtigen Rangordnung zusammen – Jahr - Monat - Tag –, bildet die unteilbare **Sieben** den Mittelpunkt zu den beiden Informationen **1547** (Pyramidenform) und **4713** (Schlüsselzahl):

14. März 1547 =

Jahr	Monat	Tag
1 5 4 7.	3,	**1 4**

Dieses Beispiel demonstriert recht deutlich, daß man die eigene Meinung über Nostradamus korrigieren muß, sobald man erst einmal dessen »Handschrift« kennengelernt hat und versteht. Der Seher hat uns keine geheimnisvoll anmutenden Hinweise gegeben, die er in düsterer biblischer Sprache verfaßt hat. Das Gegenteil ist der Fall: Nostradamus hat seine Hinweise sehr viel offener gestaltet als alle anderen Gelehrten und Eingeweihten vor ihm! Und er benutzte einen Schlüssel anderen Ursprungs, einen Code, den Eingeweihte bereits seit dem Altertum kannten, pflegten und weitergaben!

Und an diesem Spiel, erkennen zu lassen, daß man dazugehört, zum engen Kreis der Adepten, beteiligte sich auch Johann Wolfgang von Goethe, als er – wohl anspielend auf Nostradamus – im »Faust« sein scheinbar völlig unverständliches »Hexen-Einmaleins« verfaßte:

Du mußt verstehn, aus Eins mach Zehn,
Und Zwei laß gehn, und Drei mach gleich,
So bist Du reich.
Verlier die Vier! Aus Fünf und Sechs,
so sagt die Hex, mach Sieben und Acht,
so ist's vollbracht;
Und Neun ist Eins, und Zehn ist keins.
Das ist das Hexen-Einmaleins!

Die Lösung ist recht einfach, wenn man es sich selbst nicht zu kompliziert macht. Vor Jahren habe ich diesen Hinweis schon einmal in einem anderen Zusammenhang einem kleinen Kreis von Lesern zukommen lassen. Soweit mir bekannt ist, hat nur einer von ihnen alles richtig verstanden und umgesetzt. Er wurde damit auf einem anderen Gebiet sehr erfolgreich.

Schreibt man die Zahlen von 1 bis 9 nebeneinander, verfährt man genauso, wie der Spruch es angibt: Aus der Eins macht man eine Zehn. Nun wird die Zwei gestrichen, die Drei bleibt in der Reihe stehen. Die Vier wird ebenfalls gestrichen. Aus den Zahlen Fünf und Sechs werden einmal die Sieben, dann die Acht. Die folgende Sieben und die Acht bleiben stehen, und die Neun wird jetzt als Eins umgeschrieben. Danach wird die Zehn (die korrigierte Eins) wieder gestrichen. Dadurch ergibt sich jetzt das folgende Bild:

3 7 8 7 8 1

Goethe schreibt nun recht witzig weiter:

Ich kenn es wohl, so klingt das ganze Buch;
ich habe manche Zeit damit verloren,
denn ein vollkommener Widerspruch bleibt gleich geheimnisvoll
für Kluge, wie für Toren. Mein Freund, die Kunst ist alt
und neu (!).
Es war die Art zu allen Zeiten,
durch Drei und Eins (: 31), u n d Eins und Drei,
Irrtum statt Wahrheit zu verbreiten,
so schwätzt und lehrt man ungestört.
Wer will sich mit den Narren schon befassen?
Gewöhnlich glaubt der Mensch,
wenn er nur Worte hört,
es müsse sich dabei doch auch was denken lassen.

Im Klartext: Die Eingeweihten kommunizierten von jeher ungestört untereinander, indem sie merkwürdige, oft in sich völlig widersprüchliche Worte und Zahlen schrieben, die zwar irgendwie geheimnisvoll und »magisch« klangen, die man jedoch nicht sonderlich ernst nahm und sie als alberne Spielereien abtat. Ein gut funktionierendes System, dessen sich auch Goethe bediente.

Rechnen wir seine Zahl
378 781 : :31 = 122 187 419 354 + 13 =
1 **T** 2 **U** 1 **7** 4 **1** 9 **3** 5 **4**

Ergebnis: »Tu 7 1 3 4« und im zweiten Raster, von rechts nach links: »594 121« (- 7134 = pi 5). Die 5. Zahl in der oberen Berechnung ist, egal, ob man von links oder rechts liest, immer die Eins. Das Ergebnis von 1: pi haben wir ja schon kennengelernt: »Us 4 7 1 3«.
Es gibt unzählige ähnliche Beispiele aus veröffentlichten Dokumenten früherer Zeiten, die beweisen, daß bestimmte Botschaften auf diese Art ausgetauscht wurden. Athanasius Kirchers (1601–1680) schrieb bereits vor mehr als 300 Jahren:

Die Mystik oder Magie der Zahl ist theoretisch und praktisch kei-
ne Geheimwissenschaft in diesem Sinne, so sonderbar dies vielen
auch klingen mag. Es scheint nichts ›Unmystischeres‹ zu geben,
d. h. nichts Klareres und Allbekannteres als die Verwendungsart
dieser geheimnisvollen Erscheinungen . . .

Einer dieser »Eingeweihten« scheint auch Giacomo Casa-
nova (1725–1798) gewesen zu sein, der im 19. Band seiner
Memoiren mehrfach eine von ihm benutzte »Zahlenpyrami-
de« erwähnt, über deren Sinn und Konstruktion sich auch
heute noch viele »Nichteingeweihte« den Kopf zerbrechen,
sofern sie sich nicht ausschließlich für die Amouren des
berühmten Herzensbrechers interessieren.
Wie wichtig es ist, die Pyramide einzusetzen, zeigt auch
das Ende des Nostradamus-Briefs an seinen Sohn Cäsar.
Werfen Sie mal einen Blick auf die allerletzte Seite, die mit
dem Datum vom 1. März 1555 abschließt – pardon, abschließen sollte! Dahinter, scheinbar recht belanglos, erwartet den aufmerksamen Leser noch ein dickes »**PRO**«,
das hier vortäuscht, die nächste (nicht mehr vorhandene
Seite) begänne mit »Pro. . .«, vielleicht »Propheties« oder
ähnlichem. Solche Bogenzeichen benutzten die Drucker
früher, um nicht den Überblick zu verlieren und die nächste
Seite in richtiger Reihenfolge zu drucken und zu binden.
Nun gibt es hier aber keine Fortsetzung. Und sollte, wie es
in älteren Ausgaben heißt, der Brief an Cäsar einst seinen
Platz an anderer Stelle, ganz vorne, als Einführung zum
Buch, gehabt haben – auch da beginnt nichts mit »PRO.«
Derartige Bogenmarkierungen sind in der Regel sehr genau. Alle neuen Titelblätter, Briefe und das erste Kapitel beginnen aber bestenfalls mit »Les Propheties« hier müßte
statt einem »PRO« also ein »LES« stehen. Kurz: Man kann
diese Ausgabe von unten nach oben stülpen: Einen neuen
Abschnitt, der mit den Buchstaben »PRO« beginnt, gibt es
nicht.

Nach der »FOX-Tabelle« kann man nun die scheinbar sinn-
los dastehende Bogenmarkierung auch als »PIO« umsetzen, also in den mathematischen Wert pi ($\pi = 3,14$). Und
wenn man schon genau hinschaut, dann betrachtet man
auch den Punkt am Ende des Briefes unter mathematischen Gesichtspunkten: Dieser Punkt sitzt, da werden Sie
mir sicherlich Recht geben, etwas zu hoch – es sei denn,
man interpretiert ihn als das Zeichen zum Multiplizieren.
Rechnen wir also mal so zum Spaß 1555 mal 3,14 = 427.
Noch einmal also ein Hinweis auf jene Versnummer, wo der
Seher die Pyramide erwähnt!
Untersuchen wir nun einmal die Pyramide aus Vers 4/27,
die sich aus den vier ersten Wörtern der vier Verszeilen bildet. Heranzuziehen sind die Worte SALON (Wohnort des
Nostradamus), OU, VIENDRONT und RACHAPT. Die
Wortpyramide sieht dann so aus:

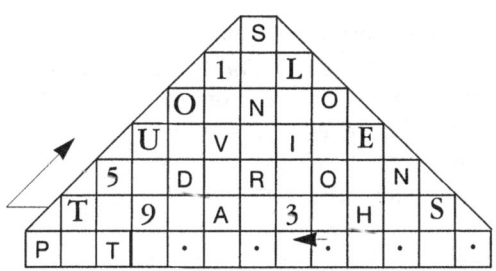

Beginnend links unten, heißt es hier »**Tu 1, les 395** (3 + 9 +
5 = 17)« oder auch »**Tu 1, les URE**«. Rastert man nun die
erste Zeile, wobei der 17. Buchstabe im Raster enthalten
sein muß, liest man von rechts nach links:

RUNEN US 1/31 AN 31(US)
Im Vierzeiler 1/31 gibt es insgesamt 11 »Runen« (Großbuchstaben):
T G O C M V A C L L S
  7   4   3   1

Wenn man die Schlüsselzahl 4713 noch nicht kennt (sie versteckt sich im 2er-Raster des scheinbaren Buchstabensalats), wird alles klarer, wenn man das angebotene Menü nun in die Pyramide umsetzt und ab der 4. Position (»les 31«) mit »up 2« ab der zweiten Position startet. Der Text ist nach unten im Raster zu lesen:

7 1 3 4   T U 1

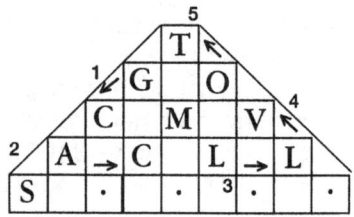

Am Ende dieses Abschnitts sollte nicht unerwähnt bleiben, daß die Versnummer 427, die uns ja auch durch das Multiplizieren des letzten Cäsar-Briefteiles (1555 x pi) bekannt wurde, nun erneut mit dem Wert »pi« multipliziert, dieses Ergebnis beschert:

1 3 4 7

Testen wir nun im »Schah-Vers« 3/77, ob die vier ersten groß geschriebenen Wörter in der Pyramide zu brauchbaren und klaren Ergebnissen führen:

Die vier Zeilenanfänge sind: LE L'AN LE CONFLIT.
Zunächst liest man in der dritten Reihe der Pyramide von rechts nach links oben: »Nue lese 33« = »Nackt lese 3.3« und in der 3. Zeile, ab dem dritten Wort: »DEP ERA« (457 - 4713 = 425) **425 + 1555 = 1980**
Die groß geschriebenen Worte innerhalb des Vierzeilers ergeben ebenfalls eine Pyramide, zu lesen ab rechts unten zur Spitze und dann nach links unten, alles gerastert ab dem »E«:

»ET 993 772« - 4713 = 9959 - 4713 = 425
425 + 1555 = 1980.

Besonders interessant sind die im Klartext geschriebenen Wörter (quer, ab der 4. Reihe:) »Tot Roy Perse Egypte« (= »Tot, König, Persien, Ägypten«), die dem Vierzeiler nun erst in dieser Schreibweise den richtigen Sinn verleihen. Überhaupt scheint die Pyramide der groß geschriebenen inneren Worte – sofern der Seher welche anbietet – oft mehr herzugeben als die Zeilenanfänge.

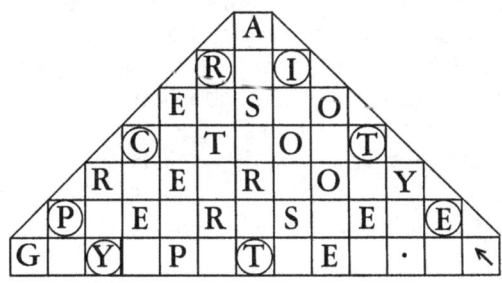

Die inneren Worte: ARIES OCTOBRE ROY PERSE - EGYPTE

Die Nostradamus-Trickkiste –
Ein Wort über »pi«

Der Wert »pi« (π)

Die Grundzahl des Wertes »pi« ist 3,14. Die Namenszuweisung kommt aus dem Griechischen. Nach dem Mathematiker Ludolf von Ceulen, der pi auf 35 Dezimalstellen berechnete, wird sie auch »Ludolfsche Zahl« genannt.

Bei Nostradamus taucht der Hinweis auf pi sehr häufig auf, wobei er die nackte pi-Zahl 3,14 also nur zwei Stellen hinter dem Komma anwendet und das Ergebnis einer Berechnung bis auf wenige Ausnahmen stets in zwölf Stellen bewertet, die oftmals im Raster gelesen werden müssen.

Zuweilen sind die Hinweise auf pi sehr deutlich (z. B. Vers 9/17, Zeile 1: »3529 erste Ära pi 1«. 1: 3,14 = 4713 3529 = 114 + 1441 (erste Ära) = 1555!).

Pi-Hinweise werden stets als Aufforderung zum Dividieren betrachtet, es sei denn, eine andere Berechnungsart wird, wie im vorangegangenen Beispiel am Ende des Schreibens an Cäsar, deutlich hervorgehoben. In den Ergebnissen (auf 12 Stellen zu lesen) werden die Zahlen Sechs, Acht und Null als Null gelesen, aber in der Rasterlesung als »leere Rasterpunkte« berücksichtigt.

Der korrekte Wert von pi beträgt, auf insgesamt 12 Stellen reduziert:

3, 141592 6 5358

Liste der wichtigsten pi-Berechnungen:

1: pi = US 4713 up 57
2: pi = 0,63694267515 (?)
3: pi = Raster: 9 5 1 0 TU (?)
4: pi = 1 2 7 3 nue us

5: pi = 159 tue pi
6: pi = 1.91082802547 (?)
7: pi = Nu 3992 (Raster) (?)
8: pi = 2.54777070063 (?)
9: pi = 1 tu 2422
10 pi = Us 4713 up 5 pi

Inzwischen kennen wir:

- Die Umwandlungs-Tabelle für Buchstaben und Zahlen.
- Die Schlüsselzahl 4 7 1 3, die sich auch aus 1:pi = »us 4713« zeigt.
- Die Startzahlen 1441 und 1555.
- Die Kurzbezeichnungen für Jahr oder Ära: »Era«, »Ere«, »Age«, »An« und »Annee«.
- Die Anwendungs-Kommandos »us«, »use«, »nu«, »nue«, »tue«, »les(e)«.
- »made«, »tu« und »rat«.
- Die Rasterlesung bestimmter Wortgruppen oder Wörter sowie
- Das Umsetzen bestimmter Wörter in Pyramidenform.
- Das Kommando »pi« und seine Umsetzung.

Damit sind Sie mit dem notwendigen Rüstzeug ausgestattet, all das herauszufinden, was für mich im dunkeln blieb oder unerwähnt geblieben ist. Was ich Ihnen nicht mitgeben kann, sind Selbstkritik, Schaffensgeist und ein Hineinwachsen in den Schlüssel. Wie tief man allerdings in das Werk des Sehers eindringen kann, hängt von der individuellen Persönlichkeit ab.
Dabei müssen wir uns jedoch – so aufregend es auch sein mag, mehr über sich und die nächste Zukunft zu erfahren – darüber im klaren sein, daß wir vermutlich nur das werden entschlüsseln können, was uns die Urheber des Faksimiles ganz bewußt zum Dechiffrieren überlassen.
Vorausgesetzt, die These stimmt, daß hier aus einer Chro-

nik Ereignisdaten übernommen und verschlüsselt wurden, um dann mittels eines uns heute noch unbekannten technischen Verfahrens auf eine Reise durch die Zeit geschickt zu werden, dann ist es auch durchaus möglich, daß wichtige künftige Ereignisse fehlen, manipuliert wurden oder ganz einfach nicht zum Entschlüsseln für unsere Epoche vorgesehen sind.

Lehrbeispiel Vers 3/77

Das Ereignisjahr 1980:
Schah Reza Pahlewi stirbt in Ägypten

Setzen wir nun alles ein, was wir inzwischen gelernt haben, um Vers 3/77 (Tod des Schah am 27. 7. 1980 in Kairo) abschließen zu können: zunächst der Originaltext im (vergrößerten) Faksimile-Nachdruck, danach noch einmal die übersetzte Fassung, die bereits im 4. Kapitel besprochen worden ist:

77
Le tiers climat fous Aries comprins,
L'an mil fept cens vingt & fept en Octobre,
Le Roy de Perfe par ceux d'Egypte prins,
Conflit,mort, perte à la croix grand opprobre.

3/77
Die dritte Dekade im Widder wird es verstehen,
das Jahr Tausend Siebenhundert Sieben & Zwanzig im Oktober,
der König von Persien, er ist in Ägypten PRINS,
Konflikt, Tod, Umsturz und großes Schimpfen auf das Kreuz.

Sicherlich haben Sie schon versucht, mit der Schlüsselzahl 4713 das richtige Jahr herauszufinden, sind damit aber nicht so recht glücklich geworden. Und das Auszählen der groß geschriebenen Strukturwörter (wie es gemacht wird, wurde in Kapitel 3, Luftkissen-Fahrzeuge, erklärt) – hat es Sie ein Stückchen weitergebracht, oder bescherten Ihnen die vielen Wörter im vorliegenden Vers nichts als einen verwirrenden Buchstabensalat?

Ärgern Sie sich nicht! Versuchen Sie sich einmal vorzustellen, daß möglicherweise – der Feind mitliest. Es könnte doch sein, daß in einigen Jahrzehnten eine Frau, ein Mann oder eine Gruppe über einem vergilbten Nolan-Exemplar sitzt und darüber nachdenkt, ob man den Ahnen aus der Zeit vor dem Jahrtausendwechsel in dieser Sache ein Appetithäppchen servieren darf und dieses auf die lange Reise schickt.

Theoretisch sind wir für diese Menschen abgehakte Geschichte: merkwürdig gekleidete Leute mit verschrobenen Ansichten und verstaubten Denkweisen. Wenn ich mir heute Fotos von Guy de Maupassant, Conrad Röntgen, Friedrich Engels oder dem ersten »Vorführer von lebenden Bildern«, Max Skladanowsky (alle um 1894) ansehe, kann ich mir lebhaft vorstellen, wie wir in hundert Jahren bei unseren Nachkommen abschneiden.

Wußten Sie eigentlich schon, daß der Name »Nostradamus« korrekt übersetzt »Wir geben das Unsere« lautet? Schieben wir also den Gedanken, daß die Nostradamus-Prophezeiungen vielleicht aus einem Geschichtsbuch stammen, das aus heutiger Sicht noch nicht abgeschlossen ist, nicht allzu weit weg. Noch vor zwanzig Jahren wäre es undenkbar gewesen, daß man mittags in Europa einen Brief in den Schlitz eines Gerätes schiebt, der dann nur mit Sekunden Verzögerung am gleichen Tag morgens um 8.00 Uhr (also Stunden früher!) aus einem anderen Geräteschlitz in den USA wieder herauskommt. Wir nennen das, was für uns längst selbstverständlich geworden ist – obwohl kaum einer, der es benutzt, die technische Funktionsweise präzise beschreiben könnte – , heute »Telefax« und »Zeitverschiebung«.

In Vers 3/77 hält der Seher ein reichhaltiges Menü an groß geschriebenen Wörtern für uns bereit. Die richtige Jahreszahl wird mehrmals präsentiert. Alle Versalien in der richtigen Reihenfolge hintereinander gelesen ergeben das folgende Bild:

L AL OL R P E C
U s3   3 9 7 n u
3 13 O3 9 7 5 3

Mit »Us 3397 nu« kommt man (minus 4713) über das Ergebnis 131 (noch mal minus Schlüsselzahl verrechnen!) zum ersten Mal ins Jahr 425 (+1555) = **1980**. Die vier ersten Buchstaben der Zeilenanfänge lauten: **L-L-L-C**, in Zahlen umgesetzt: 3 3 3 3. Unter Beachtung, daß die Zahlen »8«, »6« und »0« im Rechenergebnis immer als NULL gelesen werden, rechnen wir nun (Schlüsselwert) 4 7 1 3 minus 3 3 3 3 (Start-Buchstaben) und erhalten als Ergebnis: **1 3 8 0**.
Die Null und die Acht verbannen wir aus unseren Augen. Die korrekte Zahl ist (hier von rechts nach links zu lesen) **31**. Sollten Sie der Zahl 13 den Vorzug geben oder mir Willkür unterschieben wollen, dann zählen Sie bitte dreizehn Wörter ab. Sie landen nun automatisch auf »sept« (frz. = »Sieben«). Geht man nun zum siebten Wort, heißt es (in die entsprechenden Buchstaben nach der Tabelle umgewandelt): »3 1 e«.
Wir sind mit der 13 also auf das 31. Wort umgeleitet worden. Es ist das letzte Wort im Vers (in dem fast immer höchst interessante Daten schlummern) und endet mit einem »e«. Von rechts nach links bilden sich hier die Buchstaben: »E-R-B-R-P-P«, bzw. in Zahlen umgewandelt: **5-9-2-9-7-7**. Diesen Wert verrechnen wir jetzt so mit der Schlüsselzahl, wie in der nachfolgenden Abbildung eines Berechnungsfensters auf dem Bildschirm eines Personal Computers gezeigt:

Menü: ERBRPP		
Lese: 5 9 2 9 7 7	592977	1555
Wert: 5 9 2 9 7 7	− 4713	+ 425
Schlüssel: 4 7 1 3	588264	1980
Ergebnis: 4 2 5	* * *	

1 9 8 0

1980 – in diesem Jahr starb der persische Schah Reza Pahlewi im Kairoer Exil. Auch das stimmt zwar nicht mit der Jahreszahl 1727 überein, die der Seher so deutlich in ausgeschriebener Form in der zweiten Verszeile präsentiert, aber auch diese hat ihren Sinn: Man streicht die Eins aus dem Jahr, dann erhält man (von rechts nach links lesend) die präzisen Daten von Todestag und Todesmonat!

Schah Mohammad Reza Pahlewi starb am **27. 7. 1980**.

Damit sind jedoch unsere Möglichkeiten, mit den Großbuchstaben zu arbeiten, noch längst nicht erschöpft. In den ersten beiden Zeilen finden wir, durch Versalien markiert, den Hinweis: »**Us 30**«. Damit kann einmal die dritte Reihe gemeint sein, wo die Buchstaben »3 9 7 5« ebenso ins Jahr 539 (7 als Monat) verweisen wie die Berechnung (»Us 30«) 4713-30 = 4 3 (4. Zeile 3. Wort = PER te, bzw. 759 - 4713 = **3 9 5 4**) bzw. 4713-43 = 47 (4+7=11) und auf dem elften Wort erneut in »V I N G T« das Raster »VNT« (425) + 1555 = 1980.

Zufall? Dann rechnen Sie »VINGT« einmal komplett aus: 49 572-4713= 4459.

4459-4713= 4 5 2 (die Jahreszahl leicht verdreht!). »Vingt« ist das französische Wort für die Zahl 20. Rechnet man 4713-2 = 4711 und dann von rechts nach links 1174 - 4731, ist das Ergebnis:

(3) 5 3 9 (+ 1441=) 1980

Mit drei verschiedenen Zahlen, 425 (+ 1555), 539 (+ 1441) und der offenen Jahreszahl 1980 haben wir also das richtige Todesjahr des Schah Reza Pahlewi ermittelt. Diese drei verschiedenen Ausgangspunkte zur Ermittlung sind sehr wichtig, da zuweilen Zahlen verdreht angegeben werden und ohne weitere Testmöglichkeiten niemals konkrete Ergebnisse zu erzielen wären.

Die verschiedenen Möglichkeiten zu ein und demselben Jahr zu gelangen sind natürlich dann besonders wichtig, wenn das Ereignis noch nicht eingetroffen ist und man dennoch ein Datum im voraus fixieren möchte. Zuweilen sind Verdrehungen von Zahlen sicherlich von Nostradamus beabsichtigt, an anderen Stellen jedoch auch durch die eingeschränkte Wortwahl (um den Oberflächentext kreieren zu können) unvermeidbar.

So findet man an unzähligen Textstellen, wo immer der Seher es einrichten konnte, weitere mehr oder weniger eindeutige Hinweise auf die entsprechenden Daten.

An dieser Stelle möchte ich nur noch auf einige Tricks des Sehers hinweisen: Die getrennt in Worten geschriebene Zahl 1727 kann mit dem vorgesetzten Hinweis in Zeile zwei (»Use«) bis zur Null, die (rein zufällig?) gesperrt bei »O ktober« geschrieben wurde, auch so gelesen werden: »Use 1720 & 755« (sept en).

Rechnet man das Ganze einmal durch, erhält man wieder alles verdreht, aber dennoch als Bestätigung, daß wir richtig liegen die Zahl 4257 (Juli). So könnte auch der Hinweis der ersten groß geschriebenen Buchstaben »Us 3«, ein Hinweis darauf sein, daß wir dem Buchstaben-Menü der dritten Verszeile unsere Aufmerksamkeit schenken sollten. Die Versalien zeigen hier wieder (völlig offen, wenn man beim letzten Buchstaben »E« beginnt und dann vorne weiterliest) :

5 3 9 7 (539 + 1441 = 1980).

Die Verdrehung der Buchstaben ist hier ganz sicherlich nicht unbeabsichtigt durchgeführt worden. Denn liest man die 3. Reihe von rechts nach links als 5 7 9 3 minus Schlüsselzahl, führt uns der Seher mit dem Ergebnis »1« (4713-1 = 4712) und der Berechnung (von rechts nach links) 2 1 7 4 4 7 1 3 = 2 5 3 9 wieder zur richtigen Lesung dieser Zahl (539 + 1441 = 1980).

Es fehlt nun noch die Rasterlesung der durch Versalien angezeigten Wörter. Machen Sie es sich einfach, indem Sie die ersten vier »Runen« als »Us 3 O« lesen und nur die Buchstaben der dritten Zeile zum Rastertext zusammenfügen. (DE MORT MORT PERTE.) Man kann auch hier nichts falsch machen. Mit »ET 252« kommt man auf ein Ergebnis von 4 4 1 (441-4713= 4 2 72 (7-2=5), also 425 (1980).

Ich weiß nicht so recht, ob mein Hinweis, die zweite Rasterreihe einmal genauestens unter die Lupe zu nehmen, für die Ohren und Augen der Öffentlichkeit bestimmt sind. Aber da die Rechnung ausgerechnet in diesem »Muster-Vierzeiler« aufgeführt wird, denke ich, daß die nachfolgende Demonstration mit einem Seufzer und der größeren Überzeugungskraft wegen gewissermaßen »freigegeben« wurde. Das Ergebnis schaltet den Zufall eigentlich völlig aus, denn der hier aufgeführte pi-Wert mit vier völligen »Fremdzahlen« hinter dem Komma mindert die Zufallstrefferchance sicherlich um eins zu einigen Millionen.

D E M O R T M O R T P E R T E
4 4 9 4 , i p 9 5

59 pi, 4944 (=) 59 : 3,144944
1 7 2 7. 4 5 us !

Da ist es also wieder, das berühmte Jahr 1727, mit dem so wenig Experten etwas anfangen konnten! 27. 7. 425. Die Rasterlesung ergibt das Tagesdatum von 124° auf dem astrologischen Meßkreis, was ebenfalls auf den 27. Juli fällt. Das Todesdatum des Schah – und in der Empfehlung »use«:

547 271 – 4713 =5 4 2 5 5 (425 + 1555 = 1980)

Zwei Dinge wären noch zu klären: Der Monat »Oktober« paßt nicht ins Bild. Denn der Schah wurde zwar im Oktober geboren, verstarb aber am 27. Juli 1980 in Kairo. Dann gibt es noch »die dritte Dekade im Widder« zu begreifen.

Nun wäre es etwas peinlich zu behaupten, Nostradamus hätte damit Ray Nolan direkt angesprochen, dessen Geburtstag auf den 30. März, also in die dritte Dekade des Sternzeichens Widder fällt. Weichen wir also dahingehend aus, daß mir die Freunde aus der Zukunft ein bißchen unter die Arme greifen wollten und mir eine nette erste Zeile zum Rastern bescheren. Versuchen wir es einmal mit den beiden vorgegebenen Versalien »L » und »A«. Wir müßten dann das dritte Wort, »Climat« und »Aries« aneinanderketten und rastern. Ich hab's noch nie zuvor getan und bin selbst ziemlich neugierig auf das Ergebnis.

Schöner geht's wirklich nicht mehr! Hand aufs Herz, die Idee kam mir wirklich gerade jetzt, da ich diese Zeilen in die Maschine tippe.

Auch daran läßt sich übrigens ersehen, wie absolut relativ das ist, was wir gemeinhin als »Zeit« bezeichnen. Ich tippe gerade für Sie diese Zeilen, und Sie lesen sie in diesem Augenblick. Ich bin vielleicht schon lange tot, oder Sie sind, während ich für Sie schreibe, noch gar nicht geboren. Ich, der ich gerade an diesem Buch schreibe, weiß noch nicht genau, wie die nächste Seite aussehen wird. Und Sie, in der Zukunft meiner relativen Zukunft, brauchen nur umzublättern, um zu sehen, was ich erst noch zu Papier bringen werde. Im Grunde sind Sie jetzt schon klüger als ich, was meine eigenen Worte angeht.

Da ist es also, das Buchstabenangebot von der anderen Seite der Zeit:

C	L	I	M	A	T	E	R	I	E	S
	3		4		2		9		5	
			4		2				5	
	3						9		5	

Hier stecken die beiden uns inzwischen vertrauten Zahlenwerte drin: 425 und 539 – eine runde Sache, wie ich meine! Probieren Sie nun selbst einmal, ob Sie aus dem zweiten (grau markierten) Raster ebenfalls Jahr und Monat (nur leicht verdreht) herausbekommen. Denken Sie dabei daran, daß von rechts nach links gelesen werden muß, und rechnen Sie plus 4713. Wenn Sie über 1959 weiterkommen, haben Sie's richtig gemacht. Das gleiche nun mit dem Raster 59 243 durchführen.

Na, alles wirklich nur Zufall?

Das am Anfang dieses Kapitels ausgeklammerte Wort »prins« bedarf nun kaum noch einer weiteren Erklärung. Gehen Sie auch dieses Wort von rechts nach links an, und schon werden Sie auch hier zum Jahr 539, also 1980, geführt.

Damit ist das schwierigste Kapitel dieses Buches abgeschlossen. Anhand der vielen praktischen Beispiele müßten Sie jetzt, wenn Sie tapfer durchgehalten haben, selbst in der Lage sein, Verse und Daten richtig zu interpretieren. Wagen Sie sich jedoch nicht – so sehr die Zukunft auch reizen mag – gleich an Verse, die Sie der Zukunft zuordnen. Üben Sie an Vierzeilern, die relativ klar Ereignisse aus unserer Geschichte aufzeigen.

Nur hier lernen Sie Fehlerquellen auszuscheiden und bekommen die »richtige Routine« und ein gutes Gespür für Fakten und realistische Zahlenwerte.

Erklärungen zu den Vierzeilern im 4. Kapitel

Ayatollah Khomeini Vers 1/70 – Seite 112

Wenn meine These vom Entstehen dieses Buches richtig ist, sollte man sich einmal die Schreibung der letzten beiden Worte genau im Faksimile ansehen! Im Wort »estre« wurde unübersehbar eine markante Lücke eingefügt (»est-re parque«), die das Wort in zwei Teile trennt. Verschiebt man diese Lücke und setzt sie in die Mitte von »parque«, wobei man die freie Silbe »re« heranzieht, entsteht daraus nun eine sinnvolle neue Wortkombination: »est repar que« (»sich wiederherstellen«).

> 7º
> Pluye, faim, guerre, en Perſe non ceſſée,
> La foy trop grande. trahira le Monarque
> Par la finie en Gaule commencée.
> Secret augure pour un eſtre parque.

Den ersten Einstieg in den Schlüssel findet man im letzten Wort, das von rechts nach links zu lesen ist.
Das Jahr steht völlig offen in jenem Wort, mit dem die Übersetzer in der Vergangenheit kaum etwas anzufangen wußten »estre parque«.

Zunächst: »E-U-Q« = 538
538 + 1441 = 1979
Danach folgt:
R A P E R
9 1 7 9 (1979)

Liest man nun ab dem »p« rückwärts, wird daraus in Verbindung mit »estre« ein »pertes«. »Repar ses pertes« bedeutet »seinen Verlust wiedergutmachen«, was nach dem fünfzehnjährigen Exil wohl sinngemäß am besten auf den Ayatholla zutrifft: Khomeini wurde in den sechziger Jahren vom Schah so scharf attackiert, daß er schließlich das Land verlassen mußte, in die Türkei floh, dann im Irak lebte, um schließlich 1978 nach Frankreich zu gehen. Interpretieren kann man derartige Textpassagen aber erst, wenn das Ereignis bereits eingetroffen ist und man das entsprechende Jahr kennt.

Der Tod des Ayatollah Khomeini

Das Todesjahr des iranischen Revolutionsführers zeigt Nostradamus völlig offen und nur leicht verdreht, als Jahreszahl 1989 im 12. Wort des Vierzeilers (zweite Reihe) an. Das Wort »trahira« (= sich widersetzen) befindet sich direkt hinter einem Punkt, der hier absolut nichts verloren hat:

T R A H I R A
2 9 1 8 9 9 1

Falschstellung und Wortwahl haben ihre Gründe, denn 1998192 − 4713 liefert ein beeindruckendes Ergebnis:
19 934 79 Lies: 19 93 − 4 = 1989
Hier sind also die Daten der Machtübernahme und das Todesjahr verpackt.
Einen überdeutlichen Hinweis gibt uns der Seher zu Beginn der 3. Zeile, wo es heißt: »Par us finie . . .«, übersetzt: »PAR mache am Ende«. Das letzte Wort des Vierzeilers beginnt tatsächlich mit »par«. Die Buchstaben des Wortes »par-que« lauten (von rechts nach links) in Zahlen umgesetzt: 538 917 minus Schlüsselzahl 4713 ergibt »Nu 4 2 4« (= »nackt 4 2 4«) und in der Addition:

1 5 5 5 + 4 2 4 = 1 9 7 9

Auch wenn man beim Rückwärtslesen von »parque« einen

anderen Weg wählt und liest: »Nackt (nu) 8 9 1 7« kommt man zum gleichen Ergebnis wie zuvor: 4 2 4 (+ 1555 = 1979).
Die innere Pyramide (durch PERSE, MONARQUE, GAULE) zeigt das nackte Datum 1979 (ab unten lies:) »Nu use 7 9 (4) 9 1«. Und ganz deutlich durch: »Nu use 794 917 nu« 4713 = 79 tot (!). Verrechnet man nun 79 mit der Schlüsselzahl 4713 ist das klare Ergebnis 434 (+ 1555 =) 1989.

Untergang der Titanic Vers 3/13 – Seite 114

Die klarste Berechnung für das Untergangsjahr findet man im letzten Wort des Vierzeilers, im französischen »nagera«. Von rechts nach links gelesen ergibt sich hier folgende Berechnung:
A R E G A N = 195715 – 4713 = 191002
Bei Streichung der Nullen also 1912 – punktgenau das Jahr der Titanic-Katastrophe!

Holocaust und Adolf Hitler Vers 9/17 – Seite 116

Mit der Schlüsselzahl verrechnet man das Jahr durch die vier Versalien (von oben nach unten).
Das Ergebnis (222 rechne minus Era 1) 4713 – 222 = 1944. Die Jahre werden also nackt und offen präsentiert. Die Pyramide der äußeren vier Versalien endet in der Rasterlesung unten mit »Lese«. Was vor dem »Lese« steht, ist eine hebräische Botschaft des Sehers.

Irak Hussain 1991 Vers 1/55 – Seite 117

Nostradamus präsentiert uns die Jahreszahl 1991 völlig offen im Raster der ersten ausgezählten Worte (siehe Tabelle unten). Damit man hier auch ja nichts falsch macht, existiert für dieses Abzählen »ab den ersten Runen« ein vortrefflich markierter Hinweis ab dem »S« des ersten Wortes, von wo man senkrecht nach unten liest und bei der extrem langgezogenen Schleife des »Q« wieder nach oben bis zum »O« weiterliest:

»1 RUNA O«. Mit diesen vier Wörtern ergibt sich das in der Tabelle unten gezeigte Bild :

S	O	U	B	S	T	E	R	R	E	I	N	I	Q	U	E	S	E	C	T	E	S
S		U		S		E	R		I		I		U		S		C		N		
A		1		9			9		9				1				n				

Die Pyramide führt zum letzten Wort »CONFUSION«, bzw. rückwärts zu lesen als: »ERA 353« (4713 – 353 = 436) 436 + 1555 = 1991. Dieses Ergebnis wiederholt sich beim Ausrastern der kompletten 3. Zeile (»Lese QE«).

Kuba-Krise
Vers 3/01 – Seite 118

Man beachte auch das 7. Wort »NEPT-UN« und dort die Trennung nach »Nept« sowie den Hinweis »plus«. Die Berechnung von 5527 + 4713 = 521 + 1441 = 1962! Die innere und äußere Pyramide führt mit pi-Hinweisen ins Jahr 407 + 1555 = 1 9 6 2.

Adolf Hitler
Vers 5/94 – Seite 119

Wie kommt man auf den Namen »Hitler«? Wer schon etwas Erfahrung im Entschlüsseln hat, stößt sicherlich auf den Hinweis: »Name, die Großen in Vier«. Die Versalien der 4. Zeile »143« könnten auf die Versnummer 1/43 hinweisen, und tatsächlich taucht hier in der letzten Zeile noch einmal das seltene Wort »Translate« auf: »Mix translate mit rocher. . .« Folgt man diesem Hinweis, die beiden Wörter zu mixen, ergibt sich bei Auslassung des Buchstaben »o« in »rocher« in der Rasterlesung das recht verblüffende Bild: H I T L E R. Den zweiten klaren Namenshinweis findet man am Ende der ersten Zeile im Wort »Germanie«.

```
E     M AN
G E R M A N I E
P   i   1  9
```

19: 3,14 = (von rechts nach links im Raster): 1, 5/95, und im ersten Wort des Vierzeilers 5/95 (»Nautique rame«). Die Abbildung des Ergebnisses (2 Hitler-Silben) findet man auf Seite **121.**

Kennedy-Mord
Vers 6/13 – Seite 122

Den Hinweis auf Vers 5/34, 9 findet man in der ersten Zeile (Zweier-Raster) von rechts nach links zu lesen, ab dem »n« im Wort »loing«, sowie in der Pyramide.
Man wird ständig auf das vierte Wort in der ersten Reihe »V I E N D R A« verwiesen, wo sich das offene Jahr 1963 durch Addition (von rechts nach links) bildet:

1 9 4 5 + 5 + 9 + 4 = 1963

Die Rasterlesung der ausgezählten Versalienwörter beschert auch den Namen der Unglücksstadt als Kürzel »D A L A«, wenn das Wort »grand« richtig umgesetzt wird (Versalien, statt »grand« schreiben!). Die Pyramide führt schließlich mit »1 an VLE« erneut zum Jahr 522 (+ 1441 =) 1963.

Kennedy-Monroe-Affäre
Vers 5/65 – Seite 126

Man sollte auch die markanten Tremapunkte am Ende der dritten Zeile beachten (ganze Zeile rastern, wobei der so deutlich markierte letzte Buchstabe im Raster enthalten sein muß). Nostradamus wartet auch hier mit sehr interessanten Zahlen- und Wortspielereien auf (z. B. »An 9 lese«), von wo man dann über Vers 2/11 (7. Wort) zum Sterbedatum Marilyns geführt wird: 133 auf dem astrologischen Meßkreis (Datum vom 4. 8. 1962)!

Johannes Paul II. (Pius VI.)
Vers 2/97 – Seite 127

Über die ausgezählten Worte liest man im Raster: »8 Ere use 5« und landet mit 4713-8 in Vers 4/75, wo das 5. Wort dechiffriert wird. Viele Hinweise beziehen sich auch auf »use 4«. Lesen Sie das 4. Wort als »4 et«. Nach der pi-Auswertung rastert man die Worte 1, 2, 7, 3 mit dem Ergebnis »An tu pi 5«. Die Buchstaben 1, 5 und 9 aus dem »Romain-Raster« als pi rechnen. Ergebnis: »Us 1779« oder pi neu!

Die innere Pyramide (Pontife) führt über π zum Ziel, die äußere Pyramide mit der nackten Zahl 7244 (244 + 1555 = 1799)

Terrorismus Schleyer
Vers 1/68 – Seite 129

1/68

O quel horrible & malheureux tourment!
Trois innocens qu'on viendra à livrer,
Poison[1]) suspecte, mal garde tradiment[2]),
Mis[3]) en horreur par bourreaux enyvrez[4]).

Deutet man das Wort »Mis« (frz.: »Datum auf Aktenvorgängen«) richtig mit 491 und rechnet 4713 − 491 = 422 2 und erneut 422 + 1555 = 1977, ist die Berechnung relativ einfach. Die Pyramide liest man ab Position 4:
911 975 491 - 4713 = 1977 (offene Zahl!)

Pearl Harbor-USA
Vers 5/97 – Seite 131

Das nackte Datum findet man mit 12/1941 im letzten Wort: »95 512 941 tue«. Die Berechnung dieses Wortes als »9 551 294 (Ära) Eins tue« bringt als Ergebnis »An 459« - (− 4713 = 254° im Transitkalender: 7. Dezember). Den Hinweis auf den »Sonntag« findet man nur mittels eines »Schlüsselwortes« im Wort »Coudom«. Das richtige Schlüsselwort wird über die FOX-Tabelle gesetzt, wodurch sich für je drei Buchstaben in einer Spalte ein neuer Buchstabe ergibt (Coudom = »á sabat«).

---

[1]) *»poison« wurde vielmals als »Gift« übersetzt. Richtig ist wohl vom altfrz. »poiser« = »lästig sein«.*

[2]) *franz.: »traitement« = »Behandlung«.*

[3]) *»Mis« ist nicht nur »gelegt/versetzt«, sondern vor allem in altfr. die Bezeichnung für ein Datum auf Aktenvorgängen (siehe weiter unten »MIS = 491 4713 = 422 + 1555 = 1977«).*

[4]) *von »enivrez« = fig. »verblendet«.*

Die Versalien lies: »Mit 473 mache 3«, dann muß man das dritte Wort von rechts nach links auswerten.

Flugzeugkatastrophen
Vers 5/32 – Seite 133ff.

Ins nackte Jahr 1988 gelangt man, wenn man alle Großbuchstaben von unten nach oben liest, also »5 4 5 3 1 – 4 7 1 3 = (4) 9 8 1 8 « (die nackten Zahlen sind durcheinandergewürfelt). Ein ähnliches Ergebnis erzielt man durch π-Berechnung des 7. Wortes (»Soleil«):
13 593 : 3,14 = »1988 tu«.
Profis gelangen über »Nur NOD« zu »DE« und dann zum klaren Ergebnis 547 + 1441 = 1988.
Der Name »RAMSTEIN« bildet sich aus »sept ism e roche«. ISM= (nach Buchstabentabelle) **RAM** + »roche« = frz. »**STEIN**«.

Rechtsradikale Ausschreitungen in Deutschland
Vers 2/35 – Seite 136ff.

Das nackte Jahr 1992 findet man unter anderem auch im letzten Wort und in der Pyramide als »use 3155« = **1992**.

Mord an Abraham Lincoln
Vers 4/16 – Seite 139

Daß man bei Nostradamus stets auf der Hut sein muß, zeigt sich in der markant veränderten Centurien-Nummer. Dies unterstützt auch die These, daß die vorliegende Ausgabe seiner Centurien von »zukünftigen Autoren« zumindest umfrisiert worden ist.
Hier wurde aus der Vier flugs eine Drei gemacht, was die Versnummer nun auf 3/16 ändert. Von rechts nach links ge-

lesen und mit der Schlüsselzahl verrechnet, führt einen der Trick mit der abgewandelten Nummer punktgenau ins Jahr 1865, wo Lincoln am 14. April von einem Fanatiker erschossen wurde.

Sputnik und EWG
Vers 6/02 – Seite 140f.

Die Rasterworte bringen mit »te (8) 5 1 5 1« = 516 (1441 + 516 = **1957**) ebenso Klarheit ins Jahr wie die ausgeschriebenen Zahlen in der ersten und dritten Zeile: Erste Zeile lies:
»580 + 524 (& MO) = **11 0 4**«, bzw. von rechts nach links zu lesen: 402 + 1555 = 1957. Zweite Zeile lies: 703 – 4713 = 401 (mit 1956 ins ungefähre Jahr). Bei den Berechnungen wird man immer wieder zum fünften Wort »octante« geführt, zu lesen von rechts nach links, als »et 51 tu« = 402 + 1555 = 1957.
Pyramide: komplette erste Zeile machen und Hinweis auf PLUS beachten. Setzen Sie auch den in Klammern gesetzten Textteil in eine Pyramide um.

Herzschrittmacher
Vers 2/13 – Seite 141f.

Faßt man von den vier großen Anfangsbuchstaben die letzten beiden »L« und »V« (3 + 4) als Sieben zusammen, liest man von oben nach unten »397« (+ 1555= 1952). Oder man berechnet die drei Zahlen der ersten Versalien, wobei die stark eingerückte Zahl außer acht gelassen wird (9 34 4 713). Auch hier ist das Ergebnis (verdreht) 397. Das Jahr 397 (+ 1555) führt ins Jahr 1952.
397 findet man auch im Wort »Körper« (»c o r p s« = 3 0 9 7 1«) sowie als 5 1 2 (+ 1441 = 1953) im letzten Wort der

zweiten Zeile »Geburt« (nativité = 5 1 2 9). Dahin führt uns »mis en nativité« (»Datum in nativité«) auch: »Et 949 215« (– 4713 = 944 et, also: 4 713 944 = 379)!

Die Pyramide führt in der zweiten Schrägreihe sehr deutlich, von unten nach oben zu lesen, direkt ins offen ausgeschriebene Jahr »Era 1953«.

Papst Leo XIII.
Vers 2/28 – Seite 143ff.

Das Datum – Dianas Geheimnis! Denn im Wort »Diane« steckt das romanische »Dia« = »Tag«. Diesen Tag ermittelt man im Raster des Wortes:

```
D I A N E
4   A N
  9   5
```

Lesen Sie »An 594« und rechnen Sie 4713 – 594 = (4) 119 (der 20. Juli fällt im astrologischen Kalender auf genau 119°).

Das gleiche wiederholt sich im letzten Wort in der 4. Zeile, wo der 119. Tag und der 7. Monat völlig offen zu lesen sind (ändert man das »P« in ein »G«, liest man »TAG«):

```
D I M G O A T S
  9  (7)  1   1
```

Die Restzahlen 2 4 4 mit der Schlüsselzahl verrechnet führen über das Ergebnis 449 4713 erneut ins Jahr 462 (4).

462 + 1441 = 1903
Den Tag des Ablebens ermittelt man durch das Verrechnen der ersten vier Versalien mit der Schlüsselzahl, also: 3 7 3 5 4 7 1 3 = π.

Dividiert man nun die gleichen vier Ziffern mit 3,14 (π), zeigen die ersten drei Zahlen mit 119° das astrologisch richtige Datum für den 20. Juli an (siehe Transitkalender im Anhang).

Die Restzahlen hinter dem Komma ergeben, verrechnet mit der Schlüsselzahl, erneut eine π-Berechnung, nämlich 24: 3,14 (ab 4. Stelle im Ergebnis zu lesen).

Das Ergebnis (ab der 4. Stelle in der Rasterlesung) lautet »Us 111«. Wir rechnen:

4713 – 111 = 4602 und: 1441 + 462 = 1903 !

Welt im Sterben?
Vers 2/95 – Seite 148f.

Nicht nur die Versalien (Einrückung oben beachten!), sondern auch der Hinweis in der zweiten Zeile, »Große durch 5 dividieren« (danach die Worte 7, 5 und 9 rastern und ab 4. Stelle »Age« lesen), führen mit 392 ins Jahr 1947.

Dresden brennt
Vers 2/51 – Seite 149f.

Zum Datum des Angriffstages wird man durch das Wort »LONDRES« (lesen Sie UND 951; zum 9. Wort »tue« oder direkt) zum 5. Wort in der 4. Zeile geführt, wo mit plus 95391 erneut addiert wird und das Ergebnis mit 114 + 4713 zum 27. Wort führt, wo es heißt »Ere tu 391. Rechnet man das komplette Wort, also 3391, ist das Ergebnis noch eindeutiger.

Die Jahreszahl errechnet man unter anderem mit den 4 Versalien am Rand, von unten nach oben zu rechnen: 4323 – 4713 = 390 (1945).

Der Hinweis in der 2. Zeile »Von 23 die Sechs« führt wieder

ins Jahr 1945. Lesen Sie ab dem 23. Wort sechs Buchstaben, fassen Sie eine 4 + 5 als eine Neun zusammen, und das Jahr bildet sich, leicht verdreht, völlig offen als 1945. Die 6 Ziffern mit 4713 verrechnet, bringen Licht in die Angelegenheit, auch wenn hier das nackte Jahr 1944 nur die korrekte Zeit andeutet, 1666 aber nun völlig ausschließt.

World Trade Center
Vers 2/77 – Seite 151f.

Naheliegend ist, daß man zunächst einmal das 24. Wort untersucht (»Mitternächtliche Stunde«). Zählt man nun die Worte ab, landet man schließlich auf »les traditeurs fuis«. Die Rasterlesung führt uns zunächst an das Ereignisdatum vom 27. 2. heran. Das Datum findet sich auch im Lateinischen »cunicule« wieder (Schlüsselzahl = 335°.88.*62.2*). Der 26. 2. fällt im astrologischen Kalender auf 336. Die Berechnung der vier Großbuchstaben ergibt mit 438 (+ 1555) 1 9 9 3. Das gleiche nackte Datum erhält man durch Abzählen der durch Versalien gekennzeichneten Worte FEUX-SUR-PAR in der Lesung »3 9 9 un (1)«, also von rechts nach links: 1 9 9 3 !

Paraguay-Stroessner
Vers 3/19 – Seite 154f.

Der 17. Mai fällt im astrologischen Meßkreis auf 57°. Das nackte Jahr wäre 1954. Diese Zahlen müßten – vorausgesetzt, das Ereignis liegt nicht noch vor uns – also mehrmals in diesem Vierzeiler auftauchen. Die vier Versalien (es gibt nur die vier groß geschriebenen Anfangsbuchstaben) bringen, mit der Schlüsselzahl verrechnet, das Ergebnis »7«, was wohl auf das 7. Wort im Vers hindeutet. Das 7. Wort ist »pleuvoir« (= »regnen«), bzw. in Ziffern: 7 353 499 – 4713

= 7347 und noch einmal: 7347 − 4713 = 2634. Von rechts nach links zu lesen wäre das 432, oder bei Zusammenfassung der »6« minus »2« als »4« käme man mit 434 + 1555 = **1989** auf das Jahr der Entmachtung Alfredo Stroessners. Das bringt einen nicht viel weiter. Denn die im Vers beschriebene Situation trifft auf das Jahr 1989 nicht zu. Es gab, bevor der Regierungschef wechselte, weder Blut noch Krieg noch »Pest«. Dennoch wird man ganz klar auf das 7. Wort verwiesen. Lesen wir also einmal »pleuvoir« von rechts nach links als 9 943 537 4713 = 9 930 024 (!). Nun bekommt das Wort einen Sinn, denn von rechts nach links ist 399 + 1555 = 1954!

LAICT-CHANGEMENT-SOIF-MOURRA				
S	U 7	5	9	3

Warum es ausgerechnet Blut und »Milch« regnete, versteht man, wenn man die zu rasternden vier Worte, die durch Versalien angezeigt werden, liest, wie oben aufgezeigt: 3957 − 4713 = 57°, und daraus resultiert: Das gesuchte Datum ist der 17. Mai auf dem astrologischen Meßkreis!
Noch beeindruckender finden wir das Tagesdatum 57 in der Pyramide. Die Leseweise »An 55493« ergibt minus Schlüsselzahl 50 700.

Teilweise entschlüsselte Textversion des Nachlaßbriefes an Sohn Cäsar

Diese Worte, mein Freund, gedeihen dir zum Dank und zeigen dir den Weg, der in den biblischen Worten des anderen Schreibens beginnt und hier endet.

Wisse das Geheimnis zu würdigen, welches dir hier nun offenbart wird. Siehe, so nimm das Geschenk der Voraussagen und lerne, richtig zu deuten, was nicht meinem Geist entspringt, der sich irren könnte, sondern alles, was geschrieben steht, wird so eintreffen, wie es geschrieben ist. Lerne also, was in diesem Buch an künftigen Ereignissen bevorsteht.

Es sind drei Dinge notwendig, die es ermöglichen, die Reime zu deuten.

Nur mit einer Pyramide lassen sich künftige Ereignisse richtig erfassen und verstehe, daß derartige Tests notwendig sind und mehr Sicherheit geben.

Dazu sind jedoch gewisse Kontrollen unumgänglich. Verse, die sehr klar das gesamte Geschehen der Menschheit widerspiegeln, Kriege und Unglücke, Führer und Vernichter. Aber, mein Freund, du mußt all diese wunderbaren Ereignisse und die entsprechenden Zahlen miteinander in Einklang bringen.

Als Grundvers zur Prüfung nehme das einschneidende Ereignis aus dem Jahr 1559, wo sich alle Zahlen deutlich widerspiegeln, auch der genaue Tag.

Da dies verstanden wurde und du zwischen einem Teil des Feldes anlangtest, rechne 152 240 von der bekannten Schlüsselzahl ab und mache in 111 438 nun erneut die Berechnung des genauen Tages, den du gekürzt und nach den alten, astrologischen Tabellen und Graden wiederfindest. Berechne nun so in der dir eigenen Form die genauen Daten.

Insbesondere ließen sich nach der astrologischen Tabelle

die Tage stets in der Pyramide der gerasterten dritten und kompletten Zeile ermitteln.

Als gutes Beispiel dafür dient Vers 127 659. Das Datum hier sehr deutlich ganz hinten berechnen.

Die Berechnung der Tage und Monate ist jedoch nicht leicht, da ihnen eine besondere Zahl obliegt, die du im mittleren Vers der 7. Centurie findest.

Als Grundlage dafür dient die Zahl, die ich selbst mit 4713 vorgegeben habe.

Nun habe ich noch eine Bitte:

Nicht alles, was du entschlüsselst, sollst du klar und zu offen wiedergeben.

Wenn meine Annahme zumindest im Groben richtig ist, dann versuche, ob dies möglich ist und diese Zeilen unbeschadet deine Zeit erreichen können.

Vorher werden einige versuchen, das Geheimnis zu lüften, dabei aber erfolglos sein. Nach dir jedoch kommt eine große Unruhe. Doch dein Vorgehen kann nicht ich beurteilen, sondern nur du selbst wirst dies wissen.

Folgendes: Sollte es dir möglich sein, dann gehe folgendermaßen vor:

Öffne niemals alle Verse, sondern nur die der wichtigen Ereignisse, Kriege sowie der Wechsel des Stuhls Petri und dessen Name in 132 319, und markiere bestimmte, künftige Ereignisse mit einem Zeichen, das in Vers 54 029 als »secret« zu lesen ist. Derartige Reime sind ohne Hinweise auf Schlüsselstellen oder bestimmte Worte vorzustellen, da hier alles deutlich, Datum und die Zahl ist richtig, angezeigt ist. Interessante Ereignisse mit klaren Daten.

In meinem Vorwort, mein Sohn, findest du darüber hinaus an vier Stellen die wichtigen Wege, die es dir ermöglichen, Namen zu entschlüsseln, und, als Kontrolle von Vers 913 630, dann endlich dein Jahr selbst im letztenTest. Verrechnet mit der Schlüsselzahl 53 042 ergibt dann der erste Hinweis den korrekten ausgeschriebenen Namen. Nimm die letzte Zeile des gespiegelten Verses hinzu, und du erkennst am Zeilenende genau die Versnummer mit meinem Abschiedsjahr. Dann folgt das Jahr des Glücks.

Über mein Leben und Wirken und das Echo meiner Schriften gebe in Vers 3797 Obacht. Achte auf das richtige Lesen aller acht neuen Zeilen, denn es kennzeichnet immer die richtige Versnummer, also acht in der Centurie. Du erwartest einen Hinweis. Auch dies, mein Freund, ist am Ende interessant.

Du erkennst es an dem neuen Reim, nur die 4. Zeile lasse aus, da sie das wirkliche Ereignis verzerrt und verschleiert. Lese also alles richtig in der Folge in 49 854 rechne 70 762. Das Zeichen dafür in 50 696 markieren.

Auch wenn ich zuweilen eigene Wege gehen mußte, um den Forderungen der geschichtlichen Ereignisse zu entsprechen, mein Freund, so entdecke auch weitere Hinweise zum Schlüssel : Teile Era Null durch drei und verstehe deiner Zeit gerecht zu werden. So ist dies der einzig mögliche Weg einer Verbindung zwischen den unteilbaren drei Zeiten, dessen Durchführung ich hier aber nicht weiter erklären kann, eine jedoch sehr wichtige Verbindung, mein Freund, die ich mit großem Dank und dem Respekt, der dir gebührt, nun hier beende.

Salon, am 1. März 1555   PRO

Ausklang

Wer sich mit den Vierzeilern des Michel Nostradamus, seinen Briefen und den sechszeiligen Voraussagen des letzten Kapitels intensiv auseinandersetzt, wird sehr rasch erkennen müssen, daß eine halbwegs prognosesichere Dechiffrierung nur auf verschlungenen Pfaden zu erarbeiten ist. Es scheint zuweilen, daß sich Nostradamus – das gilt in jedem Fall für seine beiden Nachlaßbriefe an Cäsar und Heinrich II. – die Thora als Vorbild nahm, die auch heute noch in ihrer handgeschriebenen Form ohne Verseinteilungen, Einrückungen oder Lesezeichen (wie Punkt oder Komma) auskommt. Dieses nahtlose Ineinandergreifen von Sätzen, Abschnitten und geschilderten Ereignissen sowie das Auslassen der Interpunktion an wichtigen Stellen der Vierzeiler tragen natürlich nicht gerade dazu bei, die Entschlüsselungen und Übersetzungen zu erleichtern.

Und als ob das nicht schon genug wäre, verdreht der Seher hin und wieder selbst die entschlüsselten Jahreszahlen und Daten, womit schließlich eine absolut sichere Fixierung von Ereignissen (speziell von jenen, die aus Sicht des Dechiffrierers noch nicht eingetroffen sind) schlichtweg unmöglich wird.

Es kann daher nicht oft genug betont werden, daß die vorangegangenen »Prophezeiungen« aus heutiger Sicht zwar zukünftige Ereignisse beschreiben, daß aber deren Interpretation und Zeitangaben vor Eintreten des betreffenden Ereignisses keinen Anspruch auf Unfehlbarkeit haben.

So logisch auch manche Rechenwege zum Ziel führen – die Möglichkeit, daß die nur neun Ziffern unserer Mathematik oftmals mit einer unbegreifbaren Eigendynamik nahezu zahlenmystische Wunder vollbringen können, ist nicht völlig von der Hand zu weisen. Die angegebenen Jahreszahlen und Daten auf den vorangegangenen Seiten habe ich mir nur schweren Herzens abgerungen. Sie stellen also keine verbindlichen zukünftigen Geschichtsdaten dar! Selbst wenn einige Voraussagen zum vorausberechneten Zeitpunkt richtig eintreffen, könnten spätere Prophezeiungen Fehler enthalten. Andererseits können nach einer irrigen Berechnung oder Deutung andere Voraussagen aber wieder absolut korrekt sein. Der kleine Spalt, der es uns jetzt ermöglicht, einen winzigen Blick in unsere Zukunft zu werfen, läßt heute– leider – noch keine konkreteren Ergebnisse zu.

Mit dem in »Das Nostradamus-Testament« vorgestellten Schlüssel stehen wir gewissermaßen auf einer der unteren Stufen zur Zukunftsberechnung. Der Anfang ist getan und neue Bücher werden folgen: sachliche, kritische, euphorische, aufklärende, aber auch völlig absurde Werke. Wenn also »Das Nostradamus-Testament« mit seiner gewagten These, die Nostradamus-Prophezeiungen seien entweder verschlüsselte Botschaften »aus der Zukunft«, oder nichts anderes als die eingebildeten Visionen eines Mannes, der es verstand, sich mittels irgendwelcher von ihm entdeckten Essenzen in einen Rauschzustand zu versetzen, in dem er seine Halluzinationen für von Gott gesandte Botschaften hielt. Wenn dieser Gedanke tatsächlich bei einigen Menschen ein gewisses Umdenken hinsichtlich zukünftiger Literatur prophetischen Inhalts bewirkte, so wäre mit diesem Buch schon eine Menge erreicht.

So war auch der manchmal forsch-schnoddrige Schreibstil, der dem Thema »Prophezeiungen« zumindest aus esoterischer Sicht überhaupt nicht angemessen erscheint, durchaus beabsichtigt. Ich denke, daß gerade in Büchern dieses Genres ein bißchen frischer Wind in der Präsentation der Themen und im Schreibstil angebracht sind. Tiefschürfendes muß nicht unbedingt mit hehren – und langweiligen – Worten niedergeschrieben werden.

Möglicherweise könnte aber durch meine Art, Dinge anders auszudrücken, als man es von der esoterischen Literatur her kennt, bei einigen Lesern der Eindruck entstanden sein, Ray Nolan lebe fernab von jeglichem Glauben, und er lehne die Zusammenhänge bzw. das Zusammenspiel von göttlicher Schöpfung, Inspiration und der unsterblichen Seele grundsätzlich ab. Das ist sicherlich falsch.

In diesem Buch geht es ausschließlich um die Entmystifizierung der Person Michel de Notredame, was keine anderen esoterischen oder religiösen Themen berührt oder gar in Frage stellen soll, auch wenn dieser Eindruck hier und da entstanden sein könnte.

Auch der recht lockere Stil, mit dem die meist sehr widersprüchlichen Deutungen und Übersetzungen anderer Nostradamus-Autoren zum Vergleich gegeneinandergestellt wurden, trug sicherlich nicht dazu bei, die Herzen der »betroffenen« Autoren im Sturm zu erobern. Daß gerade jene Bücher für die Vergleichsanalysen herhalten mußten, die ich mir in den vergangenen zehn Jahren zugelegt hatte, oder die mir anderweitig zugänglich waren, ist reiner Zufall. Ich möchte daher noch einmal betonen, daß ich die Verdienste meiner schreibenden Kollegen zu keinem Zeitpunkt schmälern wollte, sondern daß es einfach unumgänglich war, anhand von möglichst vielen Beispielen aufzuzeigen, zu welch unterschiedlichen Ergebnissen man in der Auslegung der Nostradamus-Prophezeiungen kommen kann – meine Auslegung eingeschlossen.

Insbesondere die Werke der Autoren Eilenberg/Kraus (»Entschlüsselte Zukunft, gedeutete Vergangenheit«, Verlag W. Roller, 1981) und Kurt Allgeier (»Die Prophezeiungen des Nostradamus«, München 1988) betrachte ich persönlich als ernstzunehmende Werke, die sicherlich mit viel Fleiß und Sorgfalt erstellt wurden. Daß die absolut konträren Deutungen von Ereignissen und Daten ihre Ursachen nicht bei den Autoren haben, sondern vielmehr in der Problematik zu finden sind, die verqueren Wort- und Satzgebilde des Nostradamus überhaupt übersetzen oder interpretieren zu können, wurde ja schon mehrfach erwähnt.

Es ist eine bekannte Lesergewohnheit, Vorworte, Nachworte und ähnliche Abschnitte in einem Buch nur zu überfliegen oder gar nicht zu lesen. Wer sich dann aber doch noch tapfer selbst durch die letzten Seiten hindurcharbeitet, die mit dem langweiligen Titel »Ausklang« starten, den darf man getrost zum harten Kern der Nostradamus-Interessenten zählen und hiermit im Club der ausdauernden Codeknacker begrüßen. Willkommen also im engen Kreis der übriggebliebenen fünfzehn Prozent, die diesen Ausklang noch zu Ende lesen!

Ich denke, Sie haben sich ein Extrabonbon verdient: Nach wie vor – auch wenn mir sicher eine Menge Fehler unterlaufen sind – bin ich der Meinung, daß die Ausgabe von 1668 ihre Wurzeln in der Zukunft hat und daß hierzu ein hieb- und stichfester Schlüssel existiert, dessen Grundsubstanz in der Umsetzungstabelle liegt.

Weiterführende Elemente wurden in den vorangegangenen Kapiteln zwar mehrfach erwähnt, aber dann bewußt nicht weiterverfolgt. Haken Sie hier ein!

Ein Beispiel dieser »Auslassungssünden«, bestimmte Gedanken wieder unter den Tisch fallenzulassen und der Sache nicht weiter nachzugehen, findet man im ersten Verschlüsselungsversuch, wo der Rastertext der ersten Zeile im ersten Vers darauf verweist, bestimmte Worte zu untersuchen. Ohne das tatsächlich durchzuführen, ging ich sogleich seicht zum nächsten Thema über.

Es existieren mehrere dieser Hinweise, die den aufmerksamen Leser zumindest an den gleichen Schlüssel heranführen, mit dem ich meine Berechnungen auf ihre Richtigkeit überprüft habe. Diese Schlüsselzahl sagt Ihnen auch, ob ein Wort im Vers und wenn ja, welches, tatsächlich mit der bekannten Zahl 4713 berechnet wird. Darüber hinaus habe ich an drei Stellen recht deutliche Tips zur richtigen Leseweise der Verse gegeben. Ich sage hier bewußt nicht Vierzeiler.

Um auch das noch zu verdeutlichen, erinnere ich an die sogenannte »Spiegelachsen-Theorie« der Autoren Eilenberger/Schubert, die es sich leider etwas zu leicht machten. Testen Sie also folgenden Arbeitsvorgang: Die geheimnisvolle Schlüsselzahl aus dem Brief an Sohn Cäsar hat sich nach unserem Experiment um eine Zahl verlängert. Auch das wurde nicht sonderlich weiterverfolgt. Verrechnen Sie diese Zahl mit der »Fragezeichen-Era« in der ersten Centurie (auf die ich auch nicht näher eingegangen bin). Das »d« wird dabei nicht mitgerechnet, da es durch ein Zeichen vom Rest getrennt wird. Wenn Sie diese Zahl subtrahiert haben, deuten Sie das Ergebnis richtig, damit Sie die Standardzahl für diese Centurie ermitteln können. Sie deutet irgendwie auf das bekannte Jahr 1547 hin. Dieses Ergebnis verrechnen Sie nun beispielsweise mit der Khomeni-Versnummer 1/70, oder mit dem Napoleon-Vers 1/60. Sie werden überrascht sein!

Wenn Sie mit der fünfstelligen Schlüsselzahl arbeiten (Versalien verrechnen), werden Sie immer wieder deutlich auf diese Zahl verwiesen.

Und noch ein Tip: Hämmern Sie nicht unermüdlich auf dem Taschenrechner herum, um irgendwelche Rechenvorgänge zu prüfen. In Ruhe nachdenken, sich einmal den Aufbau eines beliebigen Verses ansehen und logische Schlußfolgerungen ziehen, bringt sicherlich mehr Erfolg als stundenlanges Tastenklopfen.

Wie gesagt, es muß nicht stimmen, daß jeder Vers so konstruiert wurde, daß (zumindest bei einigen Vierzeilern) zwar ein zusammenhängendes Ereignis durchscheint, tatsächlich aber andere Zeilen herangezogen werden sollten. Aber bei genauer Betrachtung der korrekten, unausgeschmückten Übersetzungen kann man sich des Eindrucks nicht erwehren, daß möglicherweise doch nach einer völlig neuen Lesart gesucht werden muß.

Nun, ich denke, daß ich Ihnen mit diesen Sätzen einen entscheidenden Schritt weitergeholfen habe. Aber leicht wird es damit immer noch nicht. Denn neben einigen anderen

»geheimnisvoll anmutenden« Hinweisen und Sätzen, die, wenn man den richtigen Dreh gefunden hat, plötzlich sehr sinnvoll werden, findet man weitere Einstiegsmöglichkeiten natürlich im Original des Sehers, insbesondere in seinen beiden Nachlaßbriefen!

Verlieren wir also bei allen Zweifeln, die durchaus entstehen können, weder Neptun aus den Augen noch aus der Bibel das Hesekielsche fliegende Ungetüm mit den Rädern, die »der Wirbel« genannt wurden. Vergessen wir nicht die Legende vom untergegangenen Kontinent Atlantis und den gewaltigen Blitz, der Sodom und Gomorra dem Erdboden gleichgemacht haben soll. Was ist Geschichtsschreibung, und wo beginnt die Prophetie oder Voraussage?

Denken wir einfach einmal darüber nach, was es wohl bedeuten mag, wenn in der Bibel immer wieder zu lesen ist: »Es steht geschrieben«. Denn wenn unsere These stimmt, dann hat der Seher der Menschheit ein überaus bedeutsames Testament für die Zukunft überlassen! Für eine Zukunft, die wir selbst bestimmen, gestalten oder zumindest in hohem Maße mitbestimmen können. Die Zukunft ist noch nicht geschrieben: »Sie wird geschrieben«.

Ray Nolan, im Jahre 861 355

Und sollte Sie dieses Buch ein wenig neugierig gemacht haben oder Ihnen alles ein bißchen zu schwierig erscheinen – auch hier gibt es Abhilfe: Über die Internet-Adresse **http://www.paraguay-infotour.com/nolan** können Sie stets die neuesten Erkenntnisse über die Nostradamus-Forschung abrufen, oder den Autor per e-Mail direkt kontaktieren . . .

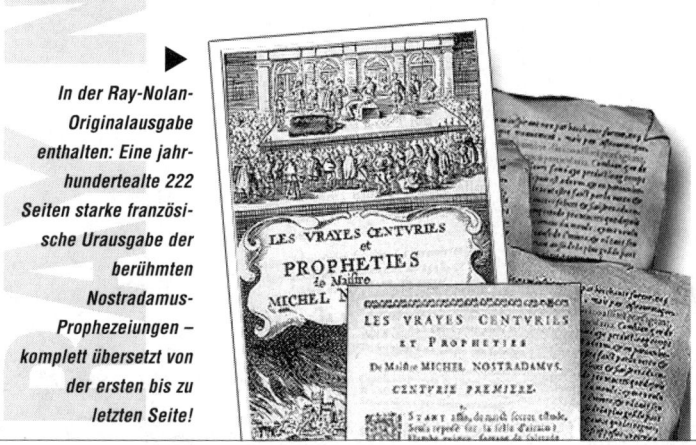

Mythologie der Völker

Herbert Gottschalk
Lexikon der Mythologie
19/266

Murry Hope
**Magie und Mythologie
der Kelten**
*Das rätselhafte Erbe
einer Kultur*
19/81

John und Caitlín Matthews
**Lexikon der keltischen
Mythologie**
19/280

Jan Knappert
**Lexikon der afrikanischen
Mythologie**
19/338

19/338

Heyne-Taschenbücher